…ゃ◉ブックレット 21

コロナ禍を乗り越え 新しい地方自治のあり方を考える

とちぎ自治白書2020

とちぎ地域・自治研究所［編］

はじめに　――目的と構成

とちぎ地域・自治研究所では、二〇〇二年の設立以来、知事選のある年に過去四回「県政白書」を発刊してきましたが、今回は新型コロナウイルス感染拡大（以下「コロナ禍」とします）の下で、地方自治の基礎単位である市町も含めた栃木の自治のあり方を考えるという視点から編集することとしました。そのためタイトルも「コロナ禍を乗り越え新しい地方自治のあり方を考える―とちぎ自治白書二〇二〇」としました。

新年に入ってコロナ禍が発生し、このコロナ禍と当面どう向き合うのか、コロナ禍で明らかになった公衆衛生をはじめとした国や地方自治体行政の現状と教訓、そしてコロナ禍をのりこえた時にどんな地方自治、自治体を目指すのかが問われることになりました。

一九八〇年代から続く新自由主義政策による行政改革、行政の民間化、産業化による保健所等行政機関の統廃合、正規職員の削減、非正規職員の増加、さらに平成の大合併による地方自治体の体制の脆弱化はコロナ禍対策だけでなく近年頻発する豪雨災害の対策でも明らかになりました。

コロナ禍対策の遅れを理由にＡＩやロボティクスの導入など行政の標準化・共通化と一体となったデジタル化推進の加速化が叫ばれています。一昨年の総務省研究会報告「自治体戦略二〇四〇構想」では「スマート自治体」による自治体職員の半減が提言され、今年六月の第三二次地方制度調査会答申では行政のデジタル化推進が強調されています。さらに、新たに発足した菅内閣では重点施策としてデジタル庁の設置を掲げて強力に推進しようとしています。

コロナ禍で明らかになった教訓は国からの指示による一律の対策でなく、地域の実情に合った柔軟できめ細かな対策が必要だということです。そのためには、独自の対策ができる地方自治体の役割が重要であり、公衆衛生など地方自治体の体制の強化とそのための財源保障が不可欠です。

本書では、こうした立場からコロナ禍をのりこえた栃木の地方自治のあり方を提言することを目的に編集しました。

●総論

「新型コロナの教訓と新常態をめぐる地域のあり方と課題」では、新型コロナが明らかにした教訓が、社会・経済の備えるべき「持続性」と新自由主義が招いた社会・経済の「脆弱性」にあるとしたうえで、コロナショックの「惨事便乗型」により社会と経済のデジタル化が一挙に推進されようとしていることを示しています。その具体的な表れとして、スーパーシティ、スマート自治体、行政のデジタル化の動向と本質を分析し、Society5.0をめざす県次期プラン素案への提言を行っています。

「人口減少時代の県土・まちづくり」では、都市づくり、都市計画分野での県の動向、県政の課題、県内の都市で策定されている立地適正化計画の分析から課題を提言しています。

「SDGsと地方自治体の環境政策」では、国および地方自治体の環境基本計画とSDGsについて概略を整理したうえで、自治体の環境基本計画のあり方、マルチベネフィットの視点などによるSDGsの推進について提言しています。

「コロナ禍における県・市町財政の現状と課題」では、コロナ対策での国、県等の補正予算の対応状況、県、市町の財政状況を踏まえて、今後の自治体財政の課題を検討しています。

●各論

「新型コロナと地域医療および公衆衛生」「栃木県の介護保険の到達点と地方自治体の役割の増大」では、安倍内閣が進めてきた「全世代型社会保障改革」で脆弱性・危機が深まってきているなかで、コロナ禍を踏まえた地域医療と介護保険について、国の社会保障政策のあり方も含めて提言しています。

「ポスト・コロナに向けた持続可能な循環型地域経済をめざして」「コロナ禍のもと、労働者の生活と権利の向上へ」では、アベノミクスや昨年一〇月の消費増税、コロナ禍で疲弊した「地域経済」の立て直し、コロナ禍で進んだ非正規労働者の失業などの雇用・労働問題を取り上げました。

「多発する水害―復旧・防災の課題」では、昨年の台風一九号など頻発する豪雨災害の教訓と今後の災害対策について課題を提起しています。

「指定廃棄物処分場建設問題について」では、長期化する放射性廃棄物の処理問題についての現状と解決に向けての県の役割を提言しています。

「思川開発事業の現状と県南の地下水源を守る市民運動」では、思川開発事業の現状と県南の広域水道事業計画の概要と問題点、地下水源を守る市民団体の活動を紹介しています。

〔とちぎ自治白書二〇二〇編集委員会〕

第Ⅰ章

総論　コロナ禍を乗り越え
新しい地方自治を考える

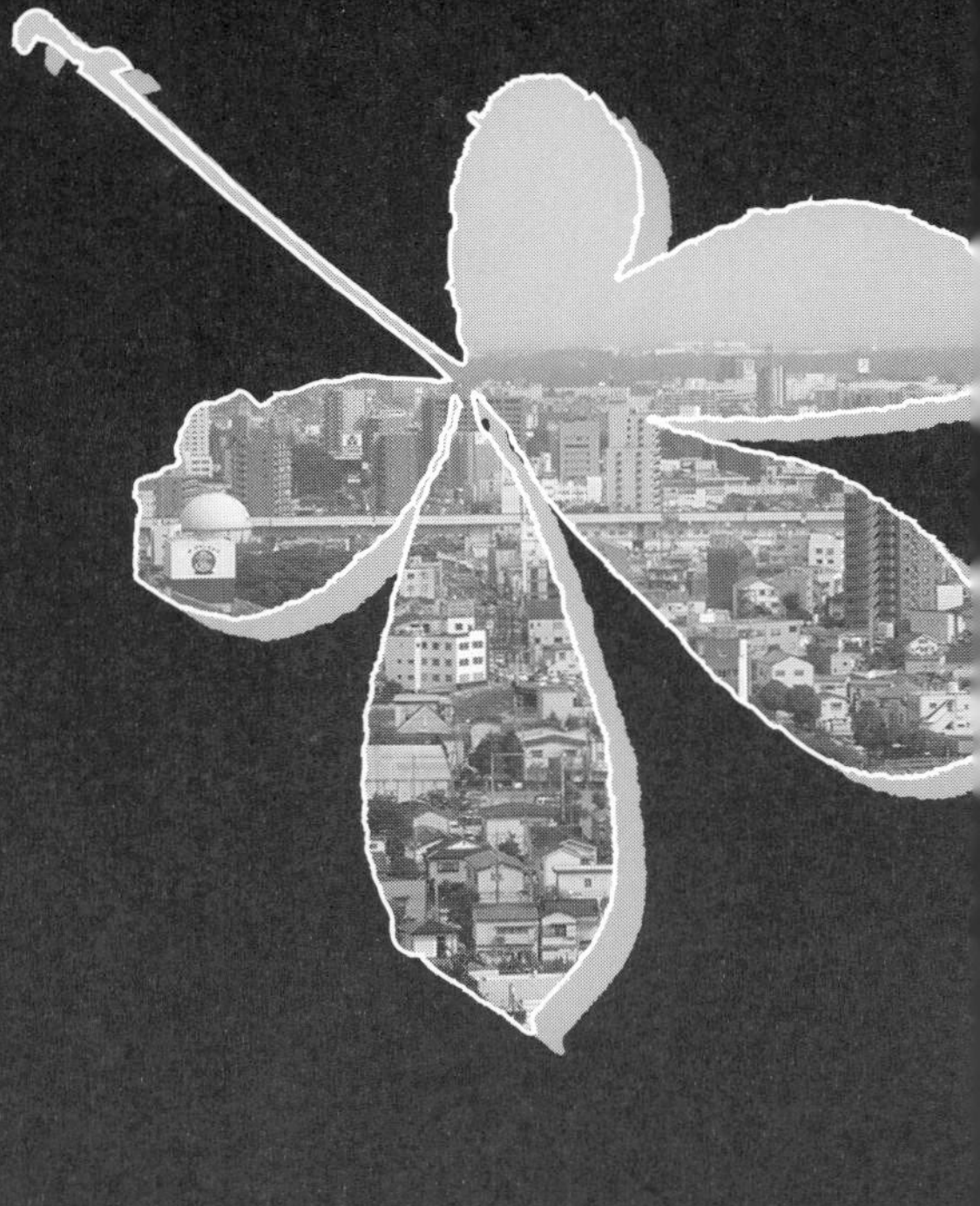

新型コロナの教訓と新常態をめぐる地域のあり方と課題

一　問われる〝継続か転換か〟の選択

新型コロナウイルス感染症（以下「新型コロナ」という）のパンデミック（世界的大流行）は、世界各国に多大な犠牲と困難をもたらし、社会と経済に甚大な影響を与えています。こうした感染症のパンデミックは、過去には歴史を変えるトリガー（引き金）ともなりました。その一方で、ナオミ・クライン氏が指摘するように、「社会にとって本当に必要なものが何かを教えてくれた」（NHK特集「コロナ危機・未来の選択」）ことも忘れるべきではありません。

彼女が番組の中で強調したのは、①医療従事者や宅配を担う労働者など日々の暮らしを支える〝エッセンシャルワーカーの存在〟、②人々の接触を遠ざける隔離やリモートのなかで気づかされた〝人と人との直接的なつながりの重要性〟、③人々に安らぎを与えてくれる〝人と自然との関係の大切さ〟です。言い換えると、これまで私たちの社会や経済は、個人も企業も、そして病院や自治体ですら、生き残りをかけた競争に駆り立てられ、こうした視点を見失ってきたのではないかということです。自戒の念を込めて、これらの視点に立ち戻るならば、従来からの延長線上に私たちの未来を描くことはできません。

そうした状況のもと、本年（二〇二〇年）八月七日に県庁で開かれた記者会見において、福田富一知事は多選批判を覚悟のうえで、栃木県政史上初となる五選出馬を正式に表明しました。一方、同じく八月二八日には首相官邸での記者会見において、「安倍一強」といわれ憲政史上最長政権を担ってきた安倍晋三前首相が、二度目となる突然の辞任を表明しました。

　片や多選（五選）の出馬表明、片や長期政権トップの辞任表明となりましたが、ともに未曾有のコロナ禍のもとで、これまでの政治（国政・県政）の〝継続か転換か〟が厳しく問われることになります。このことは、国や自治体の「トップリーダーを誰にするか」を決める選択であるとともに、そのもとで実行される「基本政策の基調と展開をどうするか」を判断する選択でもあるのです。

　その後、自民党内の出来レースのような権力闘争を経て、安倍政治の継承を前面に掲げた菅内閣が発足しました。新内閣の陣容と基本政策の全容が徐々に明らかになりつつありますが、9月時点で判明している本質は「安倍なき安倍政策の継承と加速」ということです。それは安倍政権七年八カ月の負の遺産を引き継ぎ、国民の批判をいったんリセットしつつ、やり残したことを完遂することを使命とする内閣といえます。その意味で、コロナ禍を逆手に取って、安倍政治の負の遺産を復活させ、その実現を加速させる危険性があり、そうした菅内閣の骨格構造を概念的に示すならば図表1―1のように捉えることができます。

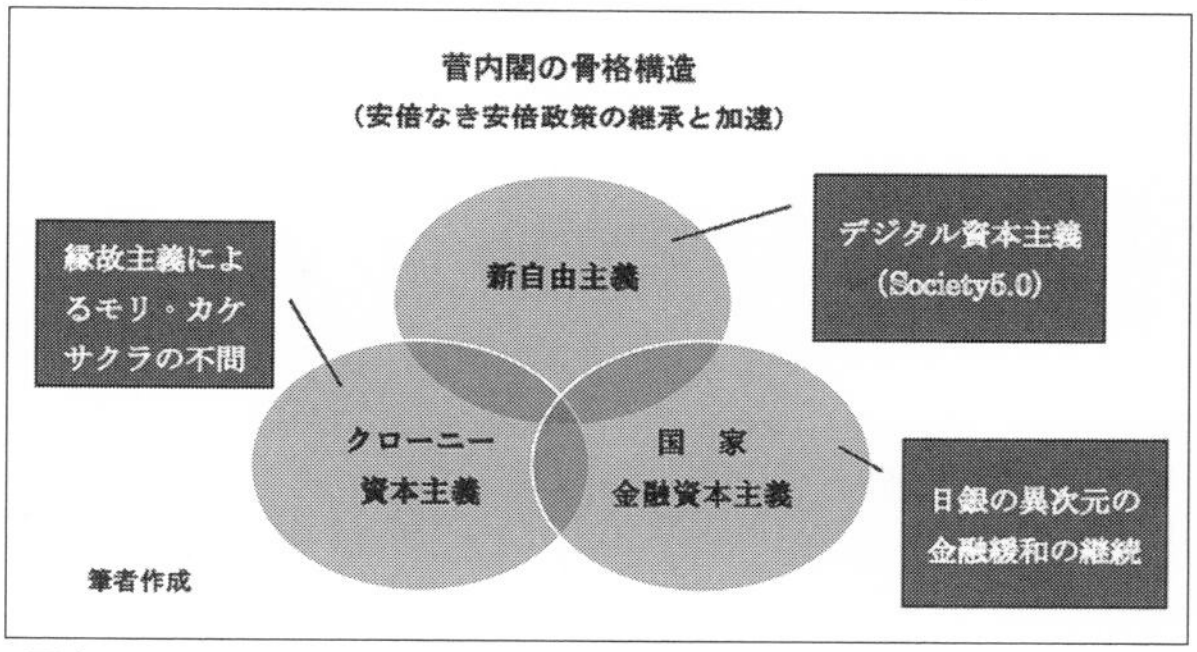

図表1-1

二　新型コロナが明らかにした教訓とは何か

　私たちは、新型コロナの経験から何を学び、何を教訓とすべきなのでしょうか。そして、未だ収束の目処が立たない新型コロナを含む未知の感染症に対して、あるべき感染症対策を適宜・適切に講じつつ、いかにしてあるべき社会や経済を再構築していくべきなのでしょうか。

直視すべきことは、新自由主義による市場化と効率化の飽くなき追求とともに、その裏側で跋扈《ばっこ》する「モリ」「カケ」「サクラ」に代表される権力の私物化（縁故主義）が、社会と経済から柔軟性（余裕）と公共性を奪い、他方で社会的な公平性や適正な経済活動を歪めることにより、危機への対応能力を脆弱なものにしてきた事実です。

たとえば、医療を担う病院経営の実情について、日本医師会前会長の横倉氏は、「競争や効率重視の新自由主義の影響が、医療機関にも及んでいる」として、「病床が九割くらい埋まらないと採算が取れない仕組みなので、今回のような非常事態が起きると、すぐにお手上げになってしまう」（「毎日新聞」二〇二〇年五月二七日）と指摘しています。また、公衆衛生の砦ともいえる保健所の場合も同様で、保健所数と職員数の大幅な削減によって、多くの保健所が新型コロナ対応でパンク状態になり、そのことがＰＣＲ検査数の頭打ちの要因の一つにもなりました。

さらに、そのもとで年々増幅し蓄積された貧困と格差は、非正規雇用が四割を占め実質賃金が減少を続けることにより、負の連鎖となって社会の分断と不平等を固定化させ、足元の地域経済や国民生活に深刻な打撃を与えています。しかも、アベノミクスの名のもとに、マネーゲームの資金源泉化した異次元の金融緩和とトリクルダウン（大企業の利益が国民を潤すとする説）の虚構によって、実体経済（日常の生産や消費）にはお金が回らず、その一方で株価だけが高騰する資金循環の矛盾を構造化させ、危機からの復元力までも著しく弱体化させてきたのです。

新型コロナの教訓とすべきことは、図表２—１に示すように大別して二つです。ひとつは、社会・経済の「持続性」で

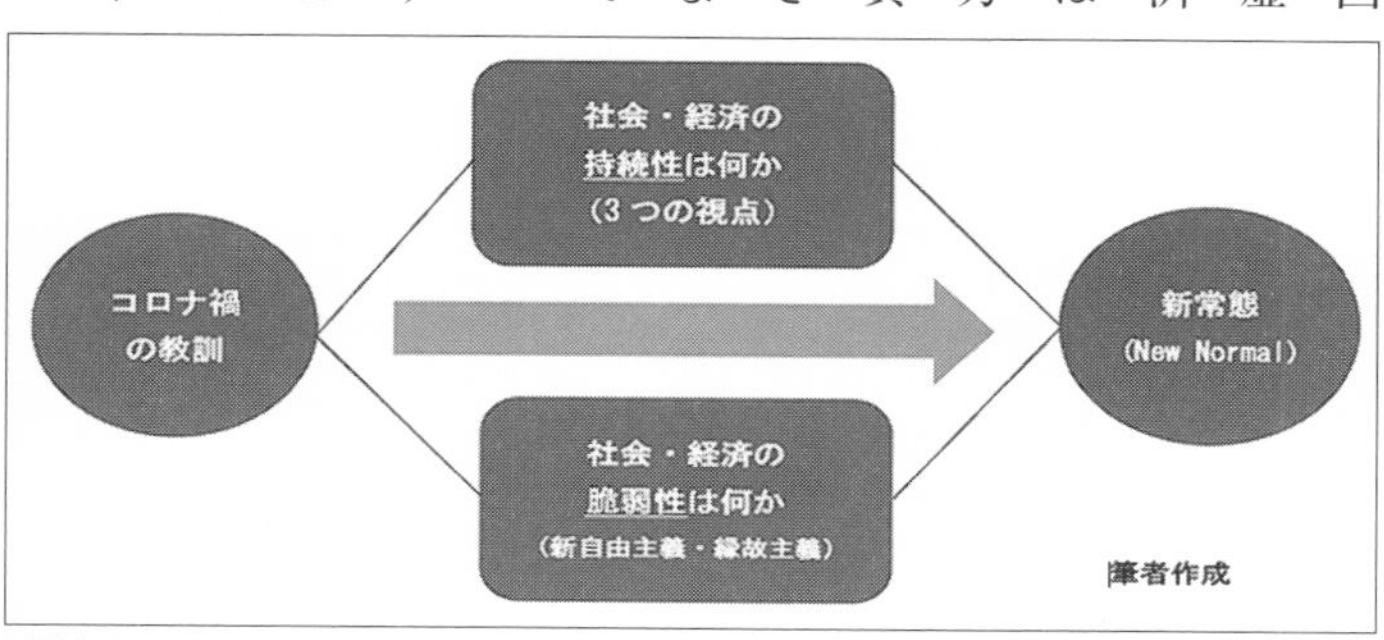

図表2-1

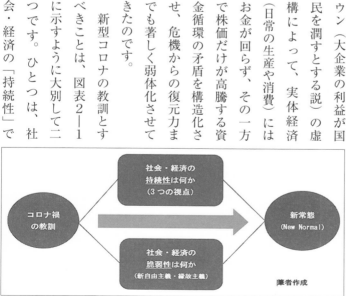

あり、ナオミ・クライン氏が指摘した「社会にとって本当に必要なものが何か」を再認識できたことです。指摘された三つの視点（エッセンシャルワーカーの存在、人と人の直接的なつながりの重要性、人と自然との関係の大切さ）は、社会と経済の持続性を高めるために不可欠であることに気づかされました。もうひとつは、社会・経済の「脆弱性」です。生命（医療崩壊）の危機と経済・生活の危機が現実のものとなり、目先の利益や効率性をひたすら求める市場主義が社会や経済を脆弱化させ、危機への対応能力を奪ってきたことが露呈したのです。私たちは、こうした教訓に基づいて、今後のあるべき社会と経済を再構築し、新常態（New Normal）として定着させていく必要があります。

三 「新しい生活様式」に関する二つの〝変容〟

⑴ コロナ禍のショック・ドクトリン

政府は、恐怖心と不安感が渦巻くコロナ禍にあって、国会開催を求める国民の声と憲法の規定に背を向けたまま、本年七月一日に「選択する未来2.0（中間報告）」（以下「未来2.0」という）を発表しました。その冒頭で語られているのが、「世界は大きく変わろうとしている。今起こりつつある変化を前に進め、社会全体を変革するべき時である。通常であれば一〇年かかる変革を一気に進め得る可能性がある」とする認識です。ここには、〝千載一遇のチャンス〟と言わんばかりの高揚感あふれる期待が示されていますが、これこそ戦争や災害などの危機（ショック）に乗じて、民主主義の手続きを省き民意を問うことなく市場主義的な「改革」を断行する「ショック・ドクトリン」（惨事便乗型資本主義）そのものといってよいでしょう。ここでいう「社会全体の変革」「一〇年かかる変革」とは、社会と経済のデジタル化ですが、このことについては後述します。

新型コロナの今後をめぐって、「もはやパンデミック以前には戻らない（戻るべきでない）」との認識が立場の違いを超えて広がっています。そのことを象徴する一方の側からの表明が、前述の「未来2.0」であり、より身近な日常化されたものが、〝ｗｉｔｈコロナ〟のキャッチフレーズに乗せて、広く社会に喧伝された「新しい生活様式」や「新常態（New Normal）」です。こうして、新たな社会と経済そして地域をめぐる相克はすでに始まっているといえます。

前者の「新しい生活様式」が公式見解として最初に示されたのは、政府の専門家会議による提言（五月四日発表）でした。そこにおいて、各種感染症の拡大を防ぐために、「市民お一人おひとりが、日常生活の中で『新しい生活様式』を心がけていただく」との呼びかけがなされ、四五に及ぶ具体的な実践例が示されました。その中にはテレワークやオンライン会議なども入っていましたが、「感染防止の三つの基本」として最も重要視されたのは、①身体的距離の確保、②マスクの着用、③手洗いでした。

一方の「新常態」については、今回の新型コロナを契機に初めて登場した言葉ではなく、二〇〇八年のリーマンショックの際に、経済や産業が再び元の状態に復帰するわけではなく、「新たな常態（New Normal）」に移行するとの意味合いで用いられたものです。これがところを変えて、コロナ禍の下で再登場した格好です。しかし、両者の用語に関する明確な定義はなく、ポスト・コロナに向けた立場や意図の違いに応じて、さまざまな使われ方がされています。

たとえば、新型コロナの第二波、第三波の感染拡大が懸念される中で、政府は「Ｇｏ　Ｔｏトラベル・キャンペーン」の前倒し実施を強行するなど経済重視の姿勢を鮮明にしています。その際には、「新しい生活様式」の徹底を前提に、「感染防止と経済活動の両立」が当たり前のように唱えられています。しかし、ブレーキとアクセルを同時に踏む〝カミワザ〟ような「両立」が果たして可能なのでしょうか。本来は「新型コロナ対策が最大の経済対策」だったはずです。具体的な感染拡大を防止する有効な手立てを講じることなく「両立」を掲げても、国民が抱く不安が払拭されることなく増幅されることにより、巨額の税金を投入し迷走を続ける「Ｇｏ　Ｔｏトラベル・キャンペーン」の効果もいよいよ怪しくなっています。

それとも、政府は経済活動の再開と回復を急ぐ余り、これまで進めてきた感染拡大の防止・封じ込めから感染の拡大を容認し、集団免疫の獲得を目指す方向に切り替えたのでしょうか。集団免疫をめぐっては、国民のおよそ六割の人口が感染すれば感染拡大は止まるとの説がありますが、その正当性は科学的に立証されてはいません。また、厳しい外出制限を行わずに集団免疫の取得を目指したスウェーデンでは、人口一〇〇万人あたり死者数が周辺の北欧諸国に比べ約四倍から八倍超に上り、その評価は大きく分かれています。もし政府が集団免疫の取得を目指す方向にシフトするのであれば、国民への事前の説明と承認が不可欠といわねばなりません。

にもかかわらず、政府は新型コロナの収束後に実施するはずであった「Ｇｏ Ｔｏトラベル・キャンペーン」を前倒しにより強行し、人々の広域的な移動を促すことは、実質的に「集団免疫路線」に舵を切ったことと同じです。実際に観光地として人気の高い沖縄県では、十分な医療提供体制の準備がないなかで感染者数の急増を招き、医療崩壊寸前に陥り患者の本州への救急搬送などが行われました。そこで、沖縄県知事は独自の緊急事態宣言を発し、観光客の来県について自粛を要請せざる得なくなったのです。やはり感染拡大の防止を最優先にすべきであり、観光が地域経済の主要な柱である場合には、国民を危険に晒すのではなく、関係事業者などへの十分な休業補償により対応すべきなのです。

仮に取り組む場合であっても、全国一斉・一律ではなく、いわゆるマイクロツーリズムとして、感染拡大が起きていないエリア内またはそうしたエリア間に限定して行う必要があります。また、財源については、これこそ各地域に一斉・一律に交付し、地域の実情に応じていつどのように使うかは地域の主体性（自治）に委ねるべきです。

(2) 新しい生活様式と新たな視点（次期プラン）

同時に、こうした混迷のなかで冷静に注視すべきことは、〝ｗｉｔｈコロナ〟の呼びかけとともに「新しい生活様式」への移行が当然視され、さらにはポスト・コロナや新常態という触れ込みで、あたかも希望あふれる未来社会が到来するかのような「期待」感が醸成されようとしていることです。図表3―1はそうした状況を表現したものですが、「新たな生活様式」として掲げられている事柄は、おおむね三つのカテゴリーに大別することができます。

①の「マスク・手洗い・消毒」の励行は個人ベースの〝行動変容〟といえます。一人ひとりが自覚して行うものであり、誰もがすぐに実行可能な対応です。これに対し、②の「三蜜」（密閉・密集・密接）対策と呼ばれるものは、そこに個人が含まれるとはいえ自分以外の人との関係（接触）を前提としたものであり、自分が属する会社などの集団や空間または環境に左右されるといえます。これら①と②は個人や個人が属する集団などを単位としたものであり、新型コロナの感染拡大が収束した暁には注意深く徐々にではあっても、基本的には解除されることになる時限的な〝行動変容〟といえます。

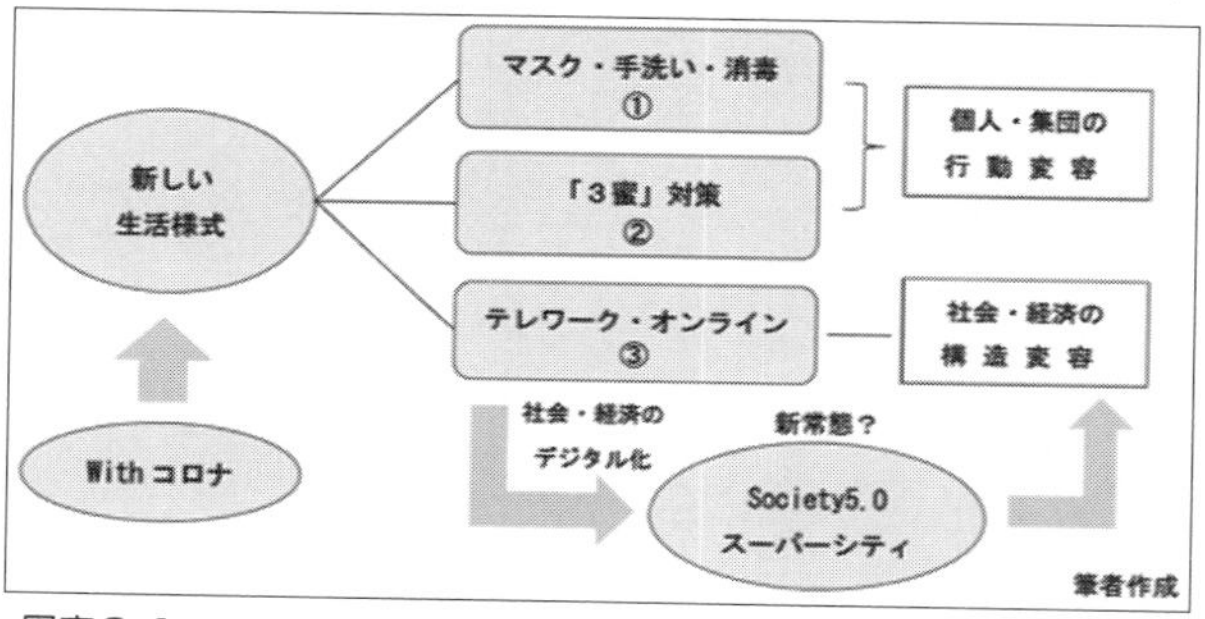

図表3-1

こうした①②と明確に異なるのが、③の「テレワーク・オンライン」です。その契機は個人または会社などの集団かもしれませんが、インターネットの高度な利用（5Gなど）が可能となる状況を社会的に整備し、利用を社会全体に広げていくことで効果が飛躍的に高まるものです。したがって、これは個人や集団にとどまるものではなく、社会や経済の〝構造変容〟に関わるものです。いわゆる「社会や経済のデジタル化」を意味していますが、このテーマは新型コロナ以前から政府・財界がめざしてきた「デジタル・トランスフォーメーション（DX）」と呼ばれるものであり、安倍政権（および後継政権）が掲げる最後の「成長戦略」の核心ともいえるものです。そのグランドデザインがSociety5.0であり、それを実際に地域社会に実装化するのがスーパーシティです。

栃木県では、今後五年間（二〇二一～二〇二五年度）

の県政の「基本指針」となる次期「とちぎ元気発信プラン」（以下「次期プラン」という）の策定作業が進行中です。その素案において「新しい時代の流れ」と称して三つの流れが掲げられていますが、そのトップを飾るのが「Society5.0 の実現に向けた未来技術の活用」です。説明によれば、「社会的課題を解決するためには、ＡＩやＩｏＴ（Internet of Things）などの未来技術が身近な生活の中で活用され、モノやサービスの生産性・利便性を向上させることにより、地域・年齢・性別等による格差をなくし、経済発展と地域課題の解決を両立していける社会（Society5.0）の実現をめざしていく」とあります。〝未来技術による経済発展と地域課題の解決〟というフレーズは、政府の解説そのものです。また、県では次期プランの開始を待つことなく、図表３―２にあるように、本年四月に知事を本部長とする「栃木県 Society5.0 戦略本部」を立ち上げ、具体的な検討を開始しています。

なお、「栃木県ＩｏＴ推進ラボ」とは、ＩｏＴプロジェクトを創出する取り組みを支援する組織であり、二〇一八年九月に設立されています。これは、経済産業省が

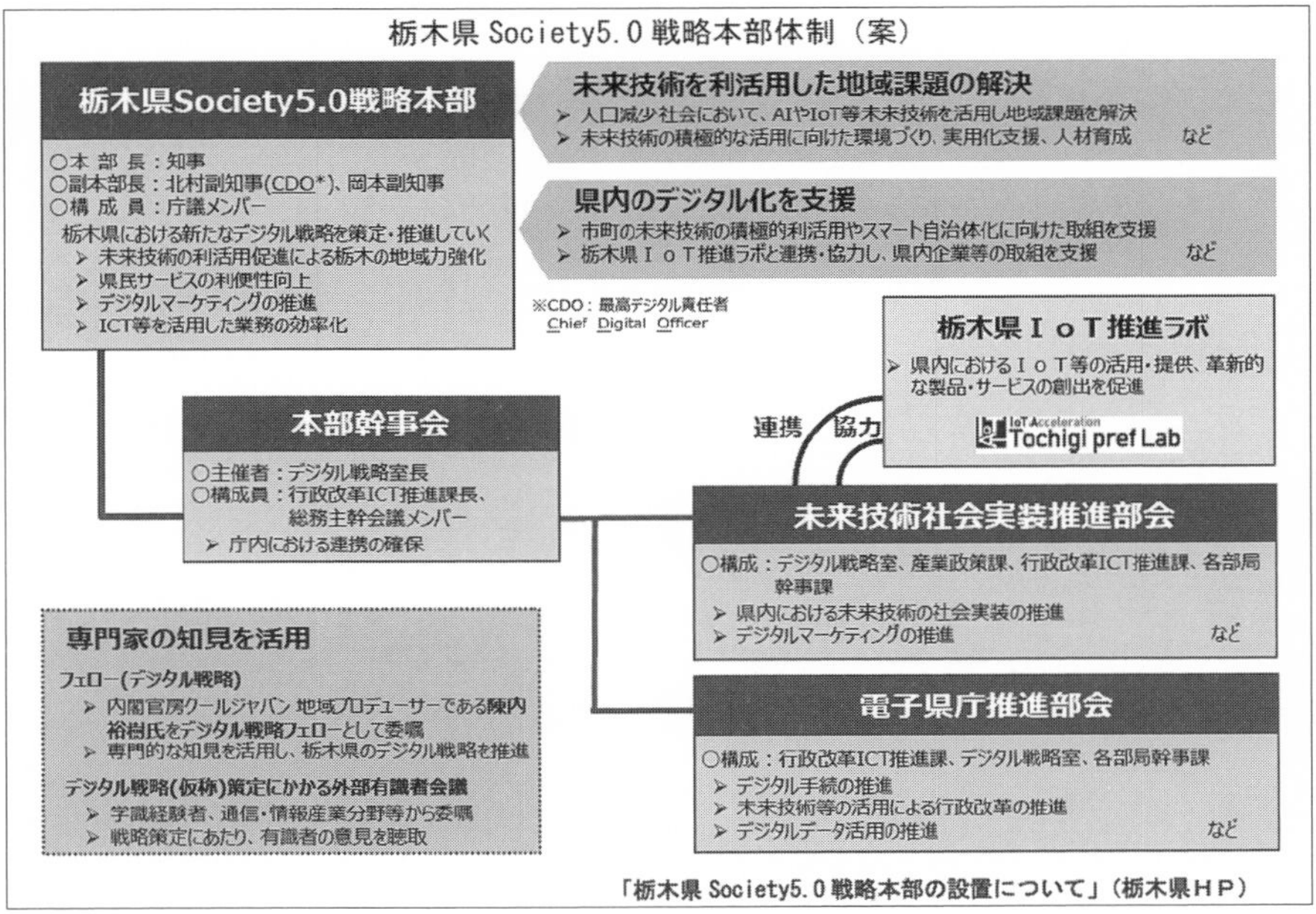

栃木県 Society5.0 戦略本部体制（案）
栃木県Society5.0戦略本部
○本部長：知事
○副本部長：北村副知事(CDO*)、岡本副知事
○構成員：庁議メンバー
栃木県における新たなデジタル戦略を策定・推進していく
➢ 未来技術の利活用促進による栃木の地域力強化
➢ 県民サービスの利便性向上
➢ デジタルマーケティングの推進
➢ ICT等を活用した業務の効率化
未来技術を利活用した地域課題の解決
➢ 人口減少社会において、AIやIoT等未来技術を活用し地域課題を解決
➢ 未来技術の積極的な活用に向けた環境づくり、実用化支援、人材育成　など
県内のデジタル化を支援
➢ 市町の未来技術の積極的利活用やスマート自治体化に向けた取組を支援
➢ 栃木県ＩｏＴ推進ラボと連携・協力し、県内企業等の取組を支援　など
※CDO：最高デジタル責任者 Chief Digital Officer
栃木県ＩｏＴ推進ラボ
➢ 県内におけるＩｏＴ等の活用・提供、革新的な製品・サービスの創出を促進
IoT Acceleration Tochigi pref Lab
連携
協力
本部幹事会
○主催者：デジタル戦略室長
○構成員：行政改革ICT推進課長、総務主幹会議メンバー
➢ 庁内における連携の確保
未来技術社会実装推進部会
○構成：デジタル戦略室、産業政策課、行政改革ICT推進課、各部局幹事課
➢ 県内における未来技術の社会実装の推進
➢ デジタルマーケティングの推進　など
専門家の知見を活用
フェロー（デジタル戦略）
➢ 内閣官房クールジャパン 地域プロデューサーである陳内裕樹氏をデジタル戦略フェローとして委嘱
➢ 専門的な知見を活用し、栃木県のデジタル戦略を推進
デジタル戦略（仮称）策定にかかる外部有識者会議
➢ 学識経験者、通信・情報産業分野等から委嘱
➢ 戦略策定にあたり、有識者の意見を聴取
電子県庁推進部会
○構成：行政改革ICT推進課、デジタル戦略室、各部局幹事課
➢ デジタル手続の推進
➢ 未来技術等の活用による行政改革の推進
➢ デジタルデータ活用の推進　など

「栃木県 Society5.0 戦略本部の設置について」（栃木県ＨＰ）

図表3-2

「地方版IoT推進ラボ」として選定した全国一〇二地域の一つで、「IoT、ビッグデータ、AI等の活用、人材育成等を加速し、地域課題の解決とともに地域の経済発展を推進していく」（地方版IoT推進ラボHP）ことを目的としています。この下で、栃木市・小山市・日光市と連携した五つのプロジェクトが実施されています。栃木市におけるプロジェクトでは、市立保育園を対象に「ネットワークカメラにて撮影された人物の顔をAI分析し、不審者と認知した場合、保育士等へ通知」（栃木県HP）する実証実験が行われています。このように「未来技術」を活用した取り組みは、部分的ではありますが既に行われています。

この意味において、③は決して新型コロナに対応して「新たに」提起されたものではありません。これまでは思うように推進または浸透できていなかった社会的状況がコロナ禍を契機に大きく変わり、これを機に一気に加速させていこうとする「惨事便乗主義」の側面を色濃く有するものです。要するに、新型コロナ対応を命題にした「新しい生活様式」には、質的に次元の異なる二つの〝変容〟（①②と③）が含まれていることになります。入り口は国民が受け入れざる得ない新型コロナ対応としての〝行動変容〟であっても、出口は国民が十分な理解を得る間もなく、社会的な議論もなされないままに、社会や経済の〝構造変容〟に組み込まれる懸念を生じさせるものです。このことが、平常時であれば国民の理解を得るために時間がかかり、もしくは実行できない〝構造変容〟も、コロナ禍による「新しい生活様式」の名の下で可能になるという「未来2.0」に示された期待です。

しかし、そうした「期待」によりもたらされるデジタル社会の現実にも目を向ける必要があります。たとえば、見た目の便利さと引き換えに差し出す個人情報のほか、インターネットなどを通じて知らぬ間に収集された膨大な個人情報が、AIによって解析され、点数を付けて個人を格付けすることがすでに現実となっています。具体的な実例として、大手銀行と通信会社が提携し、AIを使って個人を一〇〇〇点満点で評価し、そのスコアに応じてローン金利を決める事業が始まっています。また、中国では政府が公共の場所で国民を格付し、「無賃乗車や車内での暴力行為など、秩序を乱すとされた二〇〇〇万人以上が、高速鉄道や飛行機の利用を禁止され」、「信用が低い人は、ネットで名前とＩＤが公表される」（ＮＨＫクローズアップ現代「個人情報格付け社会」二〇一九年二月一二日放送）ことが報じられています。

一方、コロナ禍でのデジタル化の好例として紹介されたのが、全国の大学で広がった「オンライン授業」と、通院や受診に代わる「オンライン診療」でした。しかし、アメリカでは一〇〇を超える大学が学生から訴えられる集団訴訟が起きています。それは「各種サービス、体験教育のために学費を前払いしているのに、大学側はそうしたサービス、アクセス、体験を提供していない」とするものです（Newsweek 二〇二〇年七月三一日）。日本でも、立命館大学での学生調査（一一一五人）で、「学生の多くは対面授業を望んでおり、オンライン授業によって精神的に落ち込んだり、生活が乱れたりしている学生が少なくない」（朝日新聞ＧＬＯＢＥ二〇二〇年七月二三日）ことが明らかになりました。

オンライン診療についても、医療の現場からは「採血やレントゲンなどの検査をすることができません。頻繁に検査が必要な疾患の場合はオンライン診療に向きません。状態が安定しない病状の方の場合はオンライン診療が望ましくない場合があります」とし、「オンライン診療を過信しすぎると重大な病気を見落としてしまったり、発見が遅れたり、病状が悪化してしまうということがあり得ます」と警鐘を鳴らしています（医療法人正幸会・正幸会病院ＨＰ）。

四　スーパーシティとスマート自治体の本質

(1)　Society5.0 とスーパーシティ

図表４―１は、スーパーシティのイメージ図ですが、テレワークや各種のオンライン化（オンライン診療、オンライン授業、リモート会議など）のほか、医療での電子カルテ化、マイナンバーカードによる国民の一元管理、国・地方を問わない行政事務のデジタル化、ＩｏＴによる身の回りのモノのネットワーク化、自動運転の実用化、物流シス

テムのデジタル化、キャッシュレス社会、そして個人情報をビッグデータ化しＡＩを使ってビジネス等に活用することなど、デジタル技術を駆使して今までにないイノベーション（第四次産業革命）を起こし、社会を「まるごと未来都市」にしていこうとするものがSociety5.0であり、それを社会実験のようにして地域に実装化するのがスーパーシティ構想です。

図表4-1

しかし、こうした「まるごと未来都市」の実現は、新たな社会システムへの転換を意味し、そのためには現在の社会システムを支えている社会的な規範やルールを根底から変えていく必要が生じます。野球にたとえるならば、「スリーアウトチェンジ」が「ツーアウトチェンジ」になるようなものです。このことから、政府も「大胆な規制改革」を標榜し、「まるごと規制改革都市」との異名を付け、政府（内閣府・首相官邸）主導による国家戦略特区の下で実現しようとしています（内閣府ＨＰ「スーパーシティ解説」）。

このように、スーパーシティの法的実体（根拠）は国家戦略特区制度であり、本年五月に成立した「スーパーシティ法案」も、正式には「国家戦略特区法改正案」です。そもそも国家戦略特区とは、「〝世界で一番ビジネスをしやすい環境〟を作ることを目的に、地域や分野を限定することで、大胆な規制・制度の緩和や税制面の優遇を行う規制改革制度」（首相官邸ＨＰ「国家戦略特区とは？」）です。すなわち、医療や教育、労働など国民の生命・生活・安全にかかわる規制を「岩盤規制」と呼び、そこに穴をあける「ドリルの刃」（安倍前首相の発言）となる仕組みです。具体的には、首相を議長とする「国家戦略特別区域諮問会議」を設置し、トップダウンで「規制改革」を推進する体制がつくられ、そこには財界人でもある竹中平蔵氏らが名を連ねており、加計学園問題に象徴されるような縁故主義に基づく利益誘導が疑われる実態が指摘されています。

スーパーシティ構想には、こうした枠組みと実態に関する問題とともに、重大な二つの懸念が存在します。ひとつは、スーパーシティそのものが「さまざまなデータを分野横断的に収集・整理し提供する『データ連携基盤』（都市ＯＳ）を軸に、地域住民等にさまざまなサービス等を提供し、住民福祉・利便向上を図る都市」（国家戦略特区諮問会議）として定義づけられていることです。

図表４—２は、この定義を表す概念図ですが、サービスアプリケーションとデジタルデータを結ぶものとして、中心に位置する「データ連携基盤」（都市ＯＳ）が基軸になっていることが示されており、ここにこそスーパーシティ構想の構造的な本質があることが分かります。つまり、自治体が保有・管理する住民の個人情報（住民データ）を含む各種の情報が民間事業者と共有され活用されることになります。

具体的には、政府や他都市とも接続する「データ連携基盤」（都市ＯＳ）を介して、個人情報を含むさまざまな情報が収集され提供と活用が図られることで、複数のサービスの連携が可能になるという基本設計なのです。その際に必要とされる自治体からの住民データを含む情報提供の取り扱いについては、各地域の「区域会議」（特区担当大臣・首長・民間事業者・住民代表等）が基本構想として取りまとめることになっています。しかし、個人情報でありながら住民個人の関与や権利が明確ではなく、公益性など「特別な理由」がある場合には、住民の同意なく個人情報が

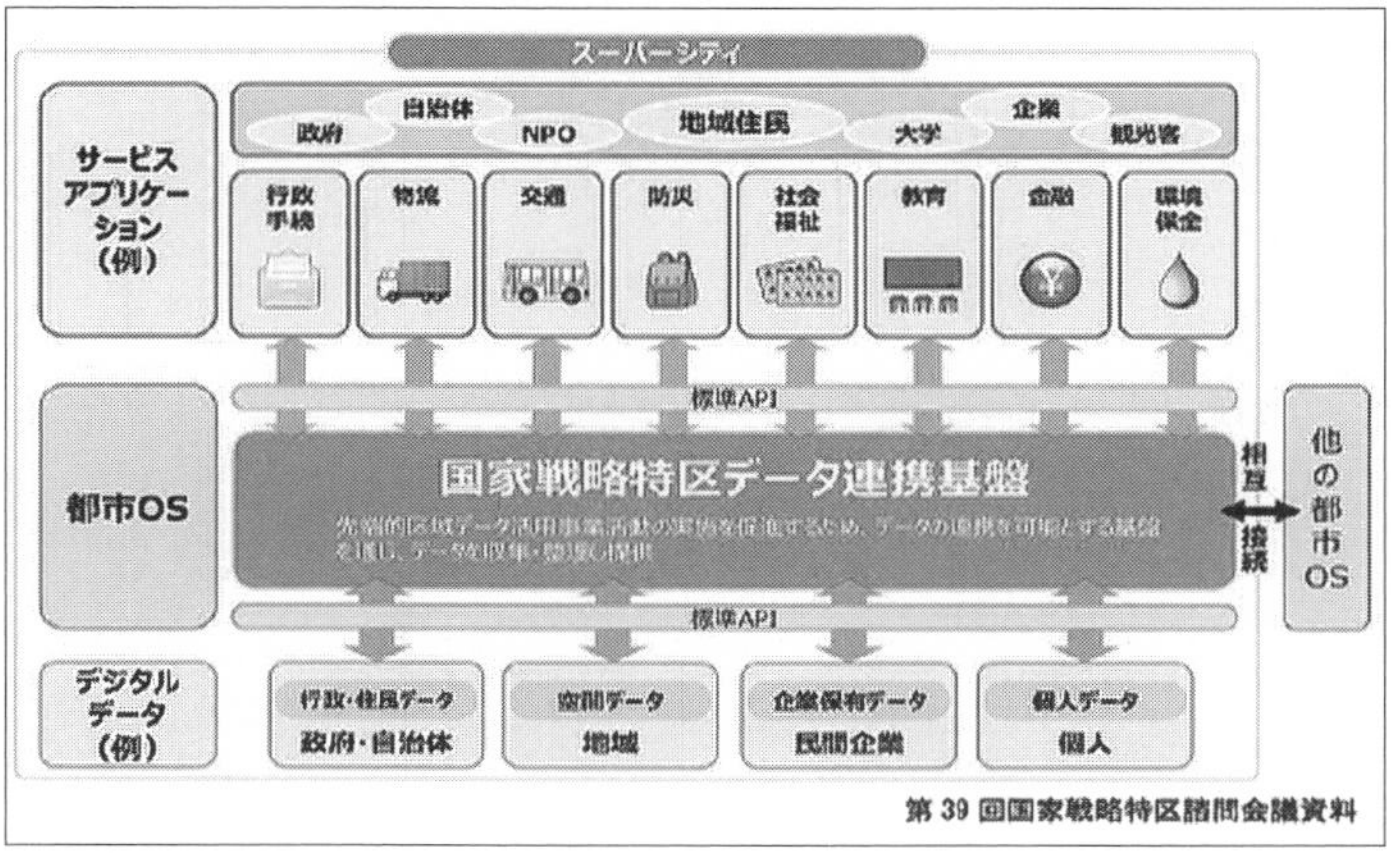

第39回国家戦略特区諮問会議資料

図表4-2

提供される可能性があり、このことを政府も否定していません。

もうひとつは、住民の参加と合意をめぐる問題です。先の住民代表が加わる「区域会議」が、スーパーシティの基本構想を策定し、それを国に申請することになります。その際に行う「住民その他利害関係者の意向確認」については、法制化（政省令）が予定されていますが、住民合意は必ずしも十分とはいえません。具体的には、①区域会議が事前に公聴会や説明会を開催したうえで、②次の四つの方法（ア関係者による協議会の議決、イ議会の議決、ウ住民の投票、エ区域会議が適切と認める方法）のいずれかをとればよいとされています。しかし、少なくともイやウ以外は、住民合意とはいいがたいものです。

スーパーシティに似た名称に「スマートシティ」がありますが、スーパーシティの名付け親は竹中氏といわれるように、国際的にはスマートシティが一般的です。国土交通省の定義では、「都市の抱える諸課題に対して、ICT等の新技術を活用しつつ、マネジメント（計画、整備、管理・運営等）が行われ、全体最適化が図られる持続可能な都市または地区」とされています。その特徴は、道路・交通などの都市基盤（インフラ）を情報技術により効率的に管理・運用する意味合いが強く、スーパーシティが国家戦略特区を用いた「まるごと規制改革都市」なのに対し、スマートシティは「まるごと」ではなく、個別事業分野の寄せ集めであることも大きな違いといえます。

内閣府が、つい最近まで「Ｇｏｏｇｌｅ系列会社が行政と連携し、ありとあらゆる場所、ヒト・モノの動きをセンサーで把握し、ビッグデータを活用した都市設計」（内閣府「スーパーシティ構想について」）と紹介し、スーパーシティのお手本としてきた事例が、カナダ・トロントでの「スマートシティ開発事業」です。ところが、本年五月にＧｏｏｇｌｅは事業からの撤退を表明し、事業は頓挫することになりました。その最大の要因として挙げられたのが、街中にセンサーを配置し民間企業が住民の行動データを収集することなどが、プライバシーの侵害や監視社会に道を開くとする住民の強い懸念の声でした。

社会・経済のデジタル化については、政府や企業による個人情報の収集・活用に対する保護規制、テレワークやギグワーカー等の新たな就労形態に対する労働者保護規制、デジタル化に対応できない中小企業が切り捨てられることへの対策など多くの課題が山積しており、それらを不問にしたバラ色の未来社会はありえません。あるべき新常態をめぐっては、表面的な利便性のみを過大に強調した未来都市への転換をめざすのではなく、転換すべきは新自由主義による公的サービスの効率化・市場化や身内による縁故主義政治であり、めざすべきは国民の生存権を保障する貧困や格差のない社会への転換です。

(2) 行政のデジタル化とスマート自治体

スマート自治体については、「自治体戦略二〇四〇構想研究会第二次報告」(二〇一八年七月)が、その考え方を示しています。つまり、①人口減少による労働力制約の下で半分の職員数でも担うべき機能が発揮される自治体、②業務の自動化・省力化に繋がる破壊的技術（AI、ロボティクス、ブロックチェーン等）を使いこなす自治体、③情報システムや行政手続などの自治体行政が共通基盤（標準化）とされた自治体であり、これらをイメージ化したものが図表4—3です。

このようにスマート自治体とは、その機能が「AI、ロボティクスによる業務の自動化・省力化」と「業務システム・プロセスの標準化」によって条件づけられた自治体であり、そのため半分の職員数で運営できる自治体といえます。また、先の研究会第一次報告（二〇一八年四月）では、コンピューターになぞらえて、各省庁と自治体の施策をアプリケーション（以下「アプリ」という）としたう

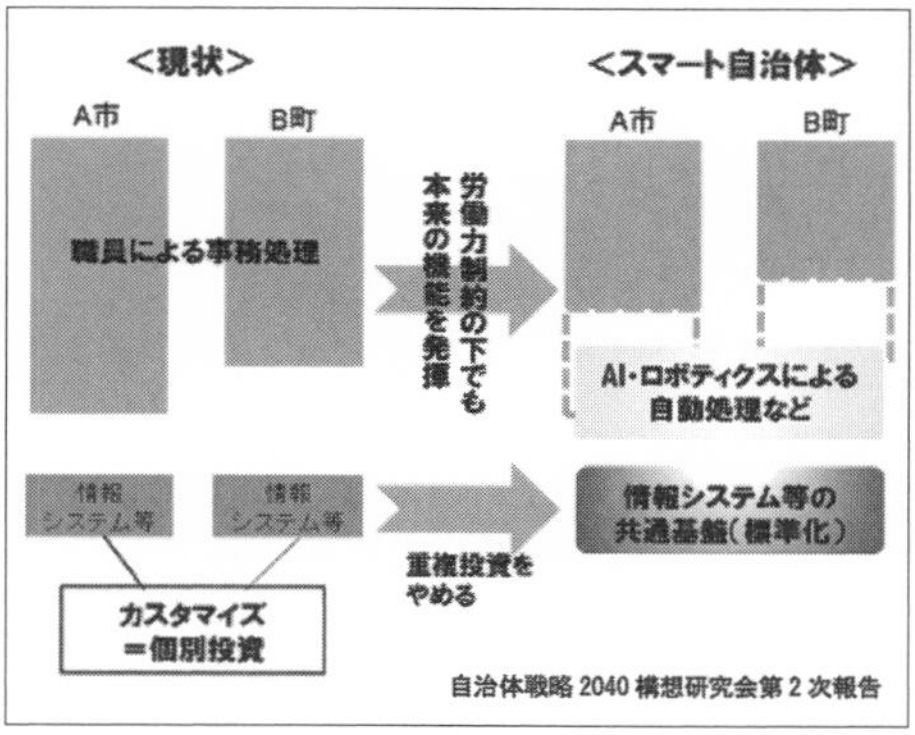

図表4-3

えで、各自治体それぞれの行政システムを統合管理し、さまざまなアプリを動かすための基本的なソフトウェア（オペレーション・システム：ＯＳ）を自治体ＯＳと呼んでいます。

そして、研究会報告が二〇四〇年頃に到来するとしている「内政上の危機」を乗り越えるため、必要となる新たな施策（アプリ）を開発し効果的に動かすと同時に、国の施策が自治体の施策となって全国一斉に行き渡るようにするため、全国自治体に求めているのが「自治体ＯＳの書き換え」と「業務システム・プロセスの共通基盤（標準化）」です。ただ、共通基盤（標準化）とは、この上で情報がアプリにより処理されるプラットフォーム（動作環境）と考えられますので、これはＯＳと同じ意味です。すなわち「共通基盤（標準化）＝自治体ＯＳ」ということです。

県の「次期プラン」素案やSociety5.0戦略本部でも、「スマート自治体への転換」や「市町のスマート自治体化に向けた取組の支援」が掲げられています。そこでは、「人口一人当たりに投じる行政コストが増大する一方、これらに充当可能な経営資源（財源や職員など）の制約がより一層強まる」とし、「ＡＩ、ロボティクス（ＲＰＡ等）の活用により業務の自動化・省力化」や「行政コストの削減」を図ることが表明されています。また、戦略本部の「電子県庁部会」では「デジタル手続の推進」や「未来技術等の活用による行政改革の推進」などが示されています。このように、県の「次期プラン」等は、先の「二〇四〇構想研究会報告」と同様の見解に立っています。

しかし、そもそも各自治体が業務システム等をカスタマイズしているのは、地域の多様性を考慮し個性あるまちづくりを進めようとすれば、それぞれに異なる施策や方法が必要となるからです。それを無理やり標準化していくことは、地域の独自性と自治体の主体性を奪うことに等しいものです。こうした標準化は、地方自治の本旨（団体自治と住民自治）をなし崩し的に空洞化させることになり兼ねません。第二次報告が、「新たな法律が必要になるのではないか」としているのはこのためですが、行政のデジタル化を介し新たな中央集権化が進みつつあります。

また、研究会第二次報告では、「労働力の厳しい制約条件を共通認識として」と述べ、半分の公務員数で運営するスマート自治体が、あたかも不可避であるかのように指摘しています。しかし、このことはコロナ禍で保健所がパンク状態に陥ったことに象徴されるように、これまで行政改革と称し強引に進めてきた定数削減の破綻をすり替えるものです。図表4―4に示すように、地方公務員数はピーク時（一九九四年）に比べ三五・五万人も削減されており、高齢化や災害の頻発化と激甚化などに伴う行政需要の増大に反比例して、計画的で継続した削減が図られてきました。ところが、図表4―5により国際的視点（人口千人あたりの公務員数）から見ると、国防関係職員を除いても、欧米諸国に比べ日本の公務員数は極端に少なく、フランスは日本の約二・二倍もあり、小さな政府といわれるアメリカと比べても日本の水準は約半分（五五％）でしかありません。

世界の常識に反して削減を繰り返し、過少化した公務員数を見直すこともなく、これを前提にさらに削減していく代替手段となるのがAIやロボットの活用です。しかし、これらが公務員に代わって、自ら現場に出向き状況を見ながら住民ニーズを吸い上げるという、顔が見え

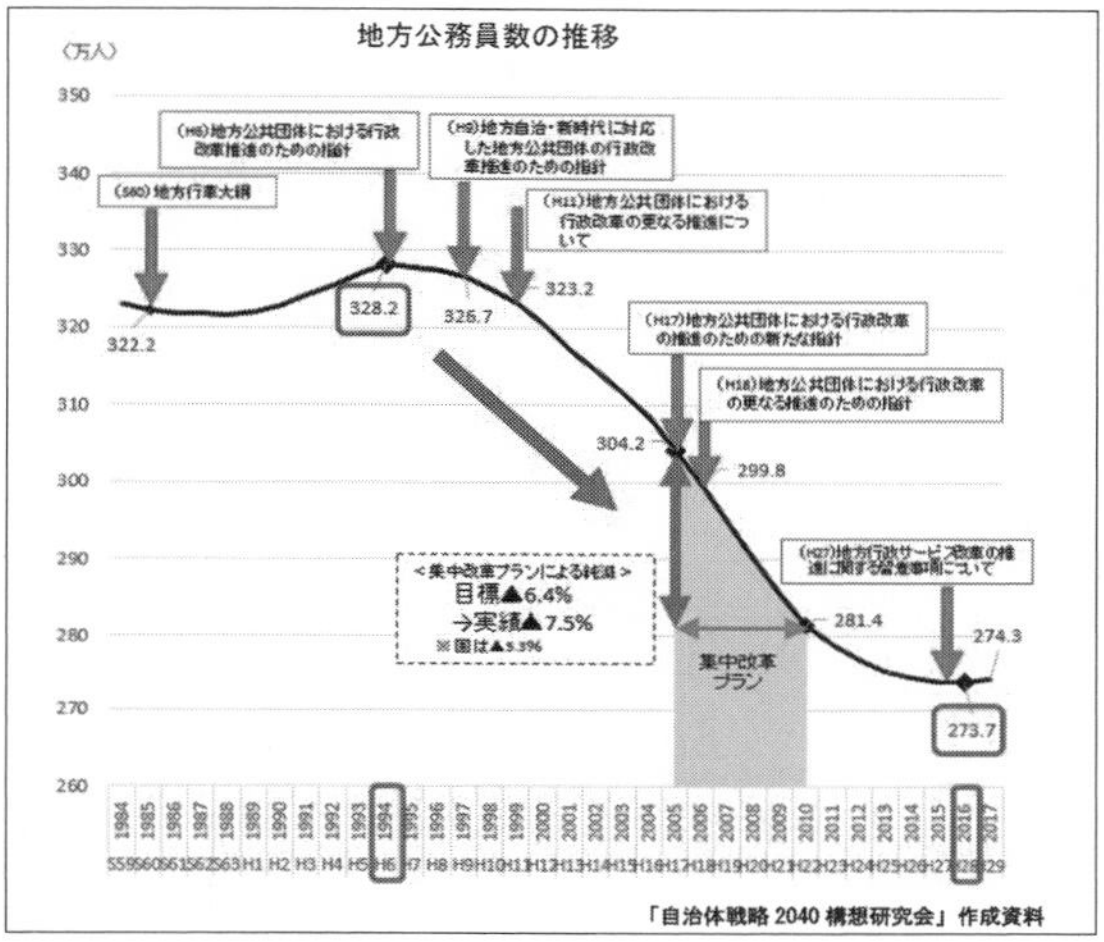

図表4-4

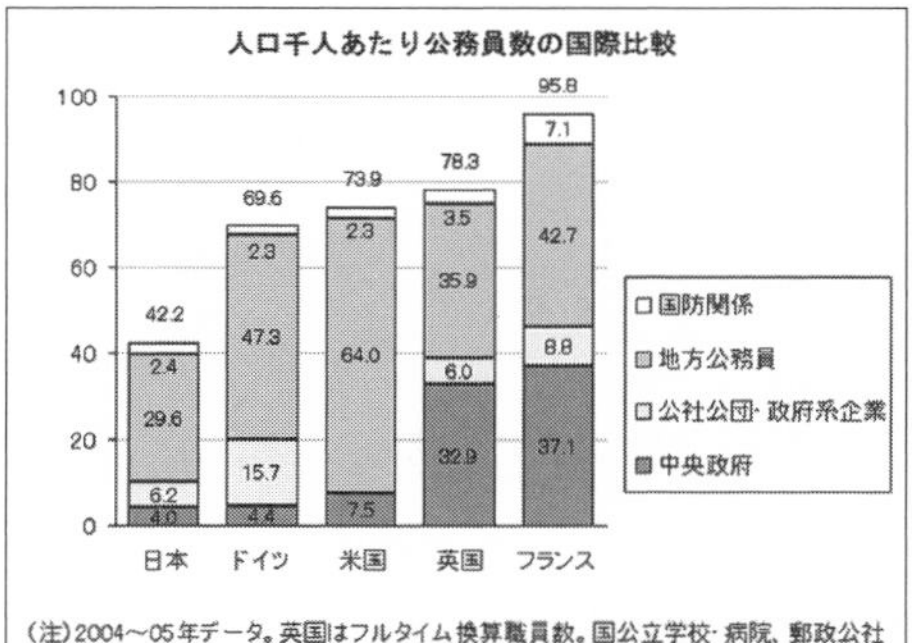
(注) 2004～05年データ。英国はフルタイム換算職員数。国公立学校・病院、郵政公社職員を含む。地方公務員には地方自治体出資の公社・公営企業職員を含む。
(資料)（株）野村総合研究所「公務員数の国際比較に関する調査報告書」(2005.11)
社会実情データ図解

図表4-5

る血の通った行政を担えるわけではありません。すでに、公務職場には数多くの非正規職員が配置され、「官製ワーキングプア」ともいわれる不安定・不十分な処遇の下で就労していますが、これを今度はＡＩやロボットに代替させることになります。こうした自動化・効率化による人減らしは、行政と住民との距離をますます遠ざけ、複雑化しきめ細かな対応が求められる公務労働の中で、職員の負担をかえって高めるだけでなく、業務の貴重な経験やノウハウは代替されるにつれて失われることになるでしょう。

ところで、自治体ＯＳが扱う情報とは、本来、法令や議会決定などで定められた行政目的に基づいて、住民データを含む情報を行政情報として収集・蓄積するデータベースであり、認められた目的の範囲を超えて使用できない性格のものです。これに対して、都市ＯＳが扱う情報は、ビッグデータ（巨大で複雑なデータの集合）であり、収集された膨大な情報を分析・活用して、これまでにない新たなサービスやビジネスを創出していくことを含意したものであり、両者が扱う情報はその範囲や意味が大きく異なるものです。ところが、自治体ＯＳが都市ＯＳの構成要素（図表３―１参照）として組み込まれ、両者のＯＳが接続されることで、実質的にスーパーシティの全国化が図られる構図になっています。

このことは、承認済の目的に基づき収集・蓄積された個人情報がビッグデータに取り込まれ、知らぬ間にビジネスに利用される可能性を秘めていることになります。「栃木県ＩｏＴ推進ラボ」が実証実験として実施した市立保育園での監視カメラとＡＩを使った顔認証プロジェクトも、一歩間違えると重大な個人情報の流出や監視社会に繋がる危険があります。単なる自治体のスリム化や業務の効率化にとどまらない重大な問題といわねばなりません。

五　コロナ禍における次期プラン素案への疑問

図表５―１は、県政の基本政策の全体像を表したものですが、二つの指針（「元気発信プラン」と「地方創生総合戦略【15戦略】」）により構成されていることが示されています。この「元気発信プラン」は、一般的にいう「総

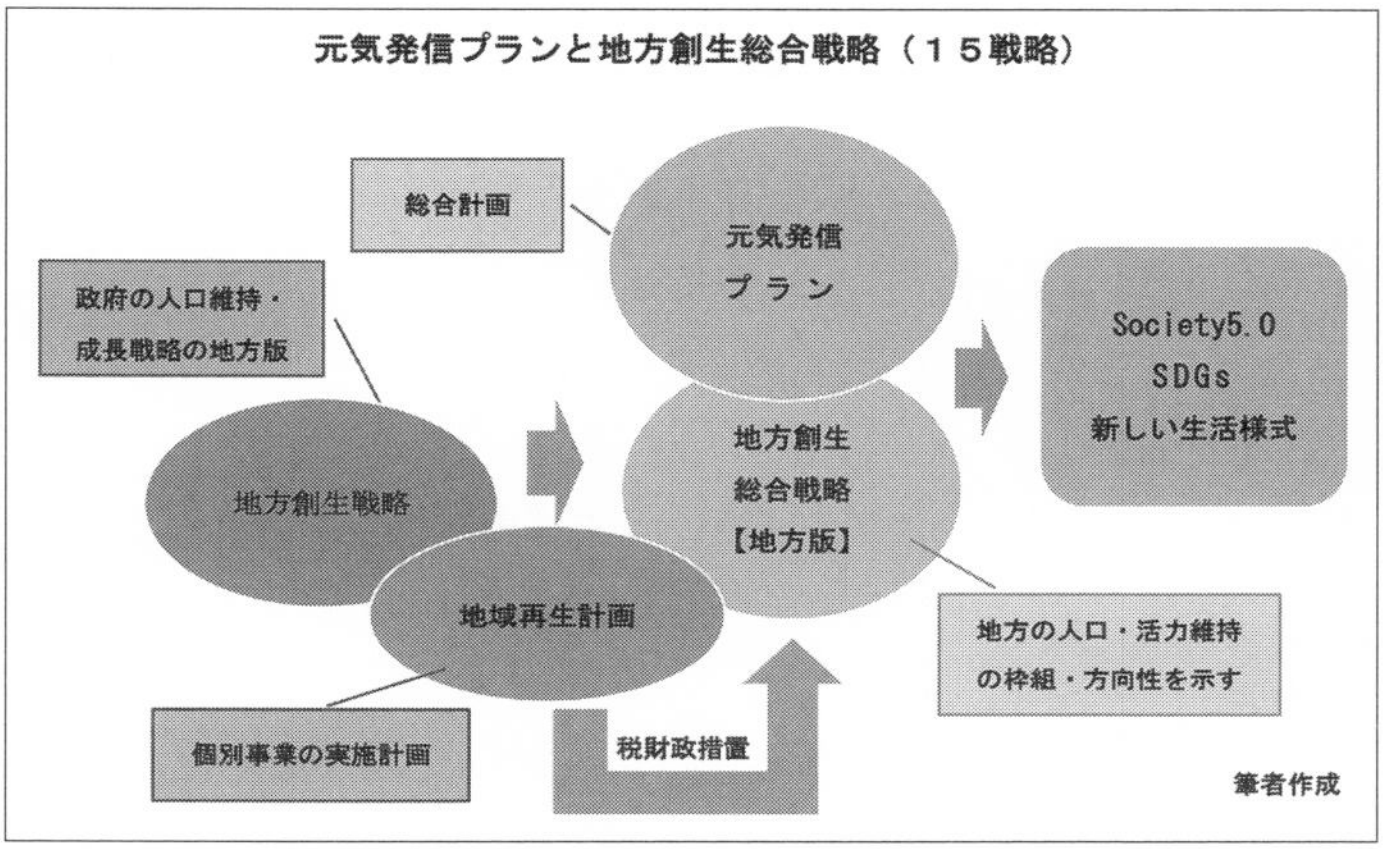

図表５-１

合計画」として、自治体行政の最上位計画に位置づけられているものです。ただし、栃木県の場合には「重点戦略」となっており、必ずしも「総合」計画ではなく、期間も五年間とされ「長期計画」や「基本構想」というよりも「中期計画」に類型化されるものです。これに対し、市区町村で策定されている「総合計画」は、かつて地方自治法により策定が義務付けられていた「基本構想」（一〇年間）に相当しますが、現在の計画期間は一〇年もあれば五年としているところもあります。こうして、地方分権改革により市区町村の義務付けが外された以降も、都道府県・市区町村を問わず多くの自治体では、行政運営の基本指針として、実質的な「総合計画」がさまざまな名称を付して策定されています。もう一方の「地方創生総合戦略【一五戦略】」（以下「総合戦略」という）は、安倍政権の成長戦略を全国化するために、「まち・ひと・しごと創生法」に基づき、人口の維持と地域の活性化を軸に、全国自治体に努力義務として策定が求められたものです。この総合戦略は、関連して策定された「人口ビジョン」に基づいて、地方創生の枠組みや方向性を定めるものです。これに対し「地域再生計画」は、総合戦略を受けた個別事業の実施計画とされています。しかも、個別事業については手上げ方式で申請させ、国が認定したものに税財政措置を講じる仕組みになっています。

　このように総合戦略は、国が基本方針を策定し、それを受けて各自治体が策定するものですが、それを具体化する個別事業への税財政措置は、「関係省庁が一体となって、意欲ある地方公共団体の主体的な取り組みを総合的に支援する」（地域再生法の一部を改正する法律案に係る趣旨説明、二〇一四年一〇月一四日―傍線は引用者）とされ、中央集権的な評価と選別によって自治体を競わせる自治体間競争を仕掛けるものとなっています。

そうした総合戦略はほぼそのままプランに反映され、最終的には国が掲げる「Society5.0」「ＳＤＧｓ」「新たな生活様式」の実現と定着が目指される構図になっています。いわば、地方分権改革により策定の義務付けが外され、自治権の行使として主体的に策定するはずの総合計画が、総合戦略と地域再生計画を絡ませることにより、なし崩し的に国の政策が地方の政策となる仕組みが出来ているのです。

策定途中のプラン（第一次素案）では、こうした構図をそのまま受け入れているだけでなく、社会や経済を大きく変える未曾有のコロナ禍を経験したにもかかわらず、このことに対する分析や評価が全くなされないままに、従来の延長線上でプランを更新する内容になっています。また、Society5.0に向けたデジタル化についても、個人情報の保護や管理、スマート自治体化による職員数削減がもたらす弊害などの〝影の部分〟（負の課題）に対する十分な検証と検討がなされないまま、社会・経済のデジタル化を当然視した展開が示されています。そこで、とくにコロナ禍にあって何を教訓とし、そこから何を学び、どのような将来像を展望するのかという基本的視点から、素案のいくつかの問題点を指摘します。

(1) 新常態をめぐる構造変化が反映できていない

前述したように、コロナ禍が明らかにした教訓として、社会・経済に関する「持続性」と「脆弱性」が厳しく問われ、これからの社会・経済はこうした教訓に基づき再構築する必要があることが鮮明になりました。ところが、次期プラン（第一次素案）ではこのような認識が共有されず、「新しい時代の流れ」のなかで、「新型コロナウイルス感染症を契機とした新たな生活様式定着への取組」を追加したにとどまり、そこでは「必要な医療提供体制の確保」と「新たな生活様式の構築」が項目として掲げられているに過ぎません。いわば素案の全体や基調が見直されることも、本文の書き換えが行われることもなく、状況認識の一部が修正されたに過ぎないということです。

このことについて、「次期プラン策定懇談会」のある委員は、ポスト・コロナの世界について、「大きな時代の変革の契機と捉えるべきであり、県のプランについても一部修正ではなく、骨格自体を作り直さなくて良いのかという問題提起をしたい」とし、「世界的に人の行動様式が変容していく中では、産業構造すら変容する可能性もあり、理想どおりに成長、豊かさがもたらされるとは考えにくく、課題は多い」と指摘したうえで、「理想を前面に掲げるより、もっと現実（実態）に即したプランに練り直すことも検討してはどうか」（「第三回栃木県次期プラン策定懇談会（書面開催）の意見聴取結果」）と提起しています。まさに正鵠を得た見解といわねばなりません。他の委員からは、「現在のコロナショックで時代の潮流が大きく変化する可能性が高い問題も有り、もう少し見極めが必要ではないかと思う。今のタイミングで次期プランを検討する事に疑問を感じる」との意見も表明されており、いずれもが新常態をめぐる「大きな変化（変革）」に注目しています。もはや「継続」や「継承」を売り物にして、従来の延長線上に未来を描くことは出来ないことは明らかです。

⑵ コロナ禍に向き合う医療体制の行方が見えない

コロナ禍をめぐって、何よりも県民を不安にさせたのが「県内の医療は大丈夫か」という思いではないでしょうか。この点で図表5―2に示すように、第一波の感染流行期において、病床および重症病床ともに稼働率が三〇％に迫る事態となり緊迫した局面を迎えました。その後の第二波では、第一波に比べ低く抑えられてはいますが、稼働率の基礎となる受入病床数は、確保されているとはいえ直ぐに使えるとは限りません。しかも、実際にコロナ患者を受け入れれば受け入れるほど赤字になり、医療スタッフの負担も大きくなりますが、こうした状況への支援体制はきわめて不十分です。そもそも本県の医療提供体制の現状は、人口一〇万人あたり医師数で全国平均に比べ二二人も少なく、同病床数も全国平均を一割以上も下回っているうえに、こうした医療資源の県南エリアへの集中が著しいという課題を抱えています。

一方、図表5―3に示すように医療の現場からは、栃木県保険医協会が緊急アンケート結果（回答数一一九件）に基づいて、福田知事に対し「新型コロナウイルス感染拡大防止に関する要望書」

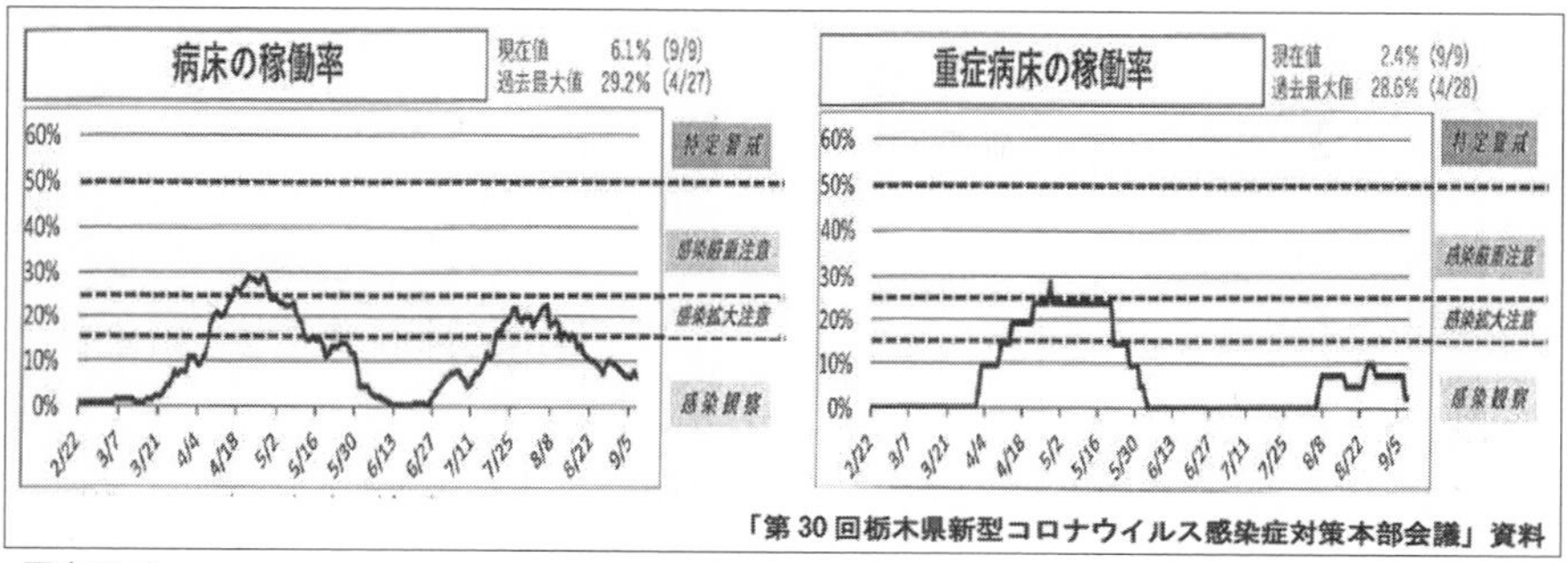

図表5-2

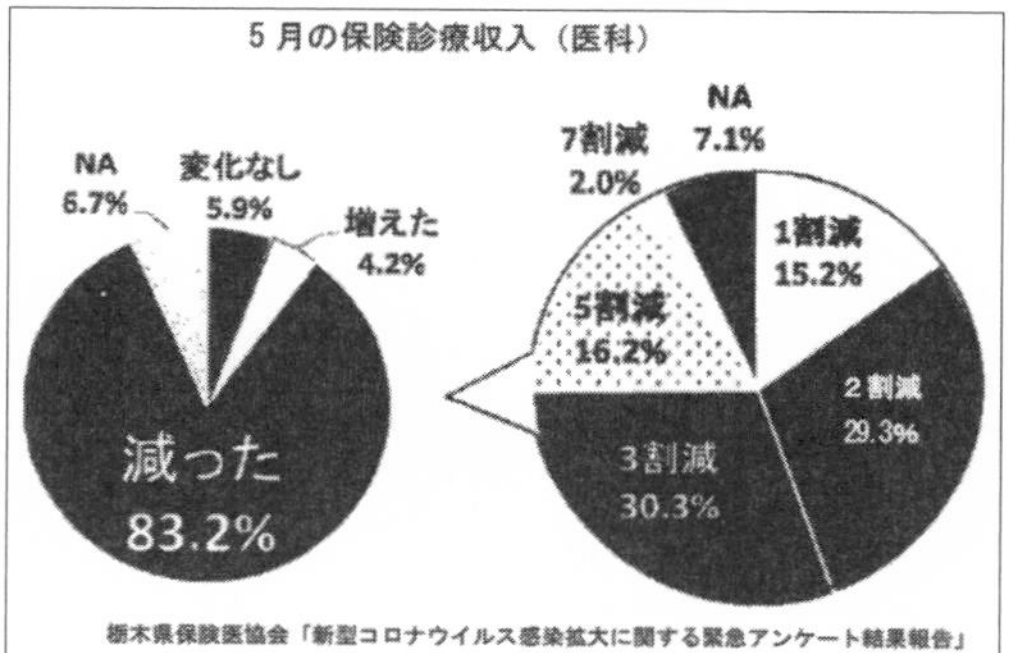

図表5-3

（七月二〇日付）を提出しています。そのなかで同協会は、①医療機関の保険診療減収分について、公費による補填を行うよう国に対して要請すること、②県民の健康保持のため、県民に対して医療機関への適切な受診を訴えること、③医療機関・介護事業所におけるクラスター発生を防ぐため、希望する事業所の医療・介護従事者に対して公費負担でPCR検査を実施することなど、四項目を要望しています。いずれも当然な要望ですが、こうした緊急を要する医療現場の声にどのように応えるのかが問われるとともに、医療崩壊を招かない医療体制の今後のあり方が問われています。

しかし、知事が策定した栃木県の「地域医療構想」（以下「構想」という）によれば、二〇二五年までに急性期病床を中心に、二〇〇〇床以上もの病床を削減する計画となっています。この構想は、医療費抑制を強く求める国の方針を受けて、全国の各都道府県で策定されていますが、そこには新型コロナなどの感染症対策は一切含まれていません。そのため、構想に基づき国が作成した四四〇にも及ぶ公立・公的病院の統廃合リスト（本県の二病院を含む）には、感染症指定医療機関が五三病院も入っています。このことは国会でも厳しく追及され、六月四日の国会答弁で安倍前首相は、新型コロナの収束後に「地域の実情もよく踏まえつつ、感染症対策も含めた必要とされる医療提供体制の議論を地方自治体と連携し進めたい」と答弁するとともに、「公立・公的医療機関は感染症病床を担い、感染症対策で重要な役割を果たしている」と認めざるを得ませんでした。

こうして、当初は本年九月に統廃合リストの検討結果報告を求めていた厚労省も、その先送りを正式に発表するなど構想の見直しが避けられない状況になっています。県内の医療提供体制については、こうした構想の見直しをはじめとして、不足する医師の確保や医療資源の偏在是正など、根本的なあり方の再検討が必然でありながら、第一次素案にはそうした視点も何らの言及もありません。

⑶　コロナ禍の観点を欠く地域経済の分析と展望

「産業・経済」については比較的饒舌な印象を受ける次期プラン（第一次素案）ですが、ここにおいてもコロナ禍の深刻な影響や、新常態をめぐる構造変化の観点はほとんど見られず、従来の延長線上による内容に終始しています。たとえば、「一九九〇年代以降、本県の県内総生産は八兆円前後で推移しているとともに、一人当たりの県民所得も全国上位で推移しています」と記されています。しかし、コロナ禍の現在ではこうした認識や分析は、もはや通用しない状況となっています。

たとえば、図表5—4はあしぎん総合研究所による「景況調査」（本年八月実施）による景気状況判断ＤＩ（いわゆる「景気動向指数」）の変化を示したものですが、製造業はリーマンショック並み、非製造業はそれを上回る激しい落ち込みとなっています。しかも、いずれも新型コロナの感染収束の目処が立たない状況の中で、景況の悪化が年単位で長引くと予測しており、この下で新常態への模索が続いています。

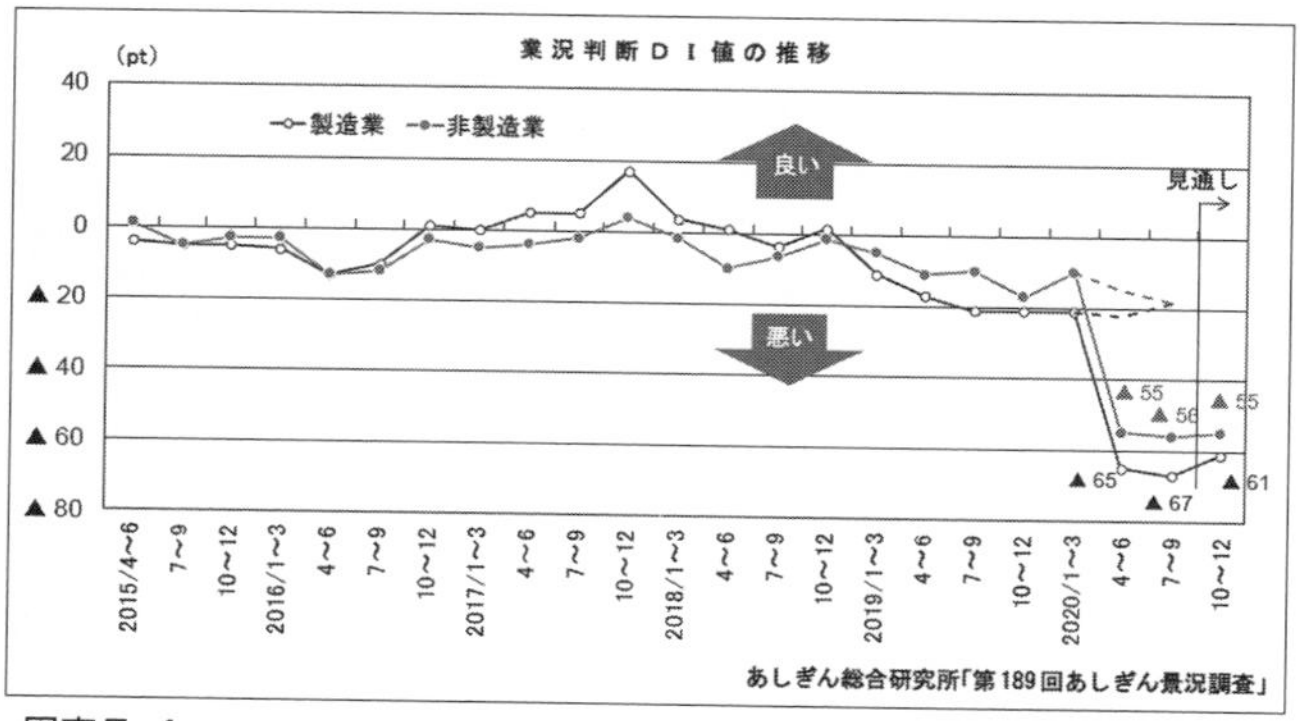

図表5-4

また、こうした情勢を受けて雇用状況についても厳しい局面を迎えており、図表5—5に示すように有効求人倍率はとうとう一・〇を割り込み、七月現在で〇・九七となっています。雇用指標には遅行性があり、今後は非正規雇用を中心に休業者が失業する可能性があることも含め、雇用情勢は厳しさを増していくと思われます。これまで非正規雇用を増やして失業率を低く見せかけてきましたが、そのツケが回って来たことになります。そして、その矛盾が身分も処遇も不安定な非正規雇用就業者の犠牲となって現れ始めています。この点で、次期プラン（一次素案）が福田県政の成果とする「県民所得が全国上位で推移」についても、その実態を指摘することにします。「県民所得」とは、「雇用者報酬」「企業所得」「財産所得」を合計したものであり、その実態は県民所得の構成項目の状況を見ないと分かりません。そこで図表5—6は、県民所得の内訳項目別の推移（二〇一二年を一〇〇とする指数）を示すとともに、雇用者報酬から

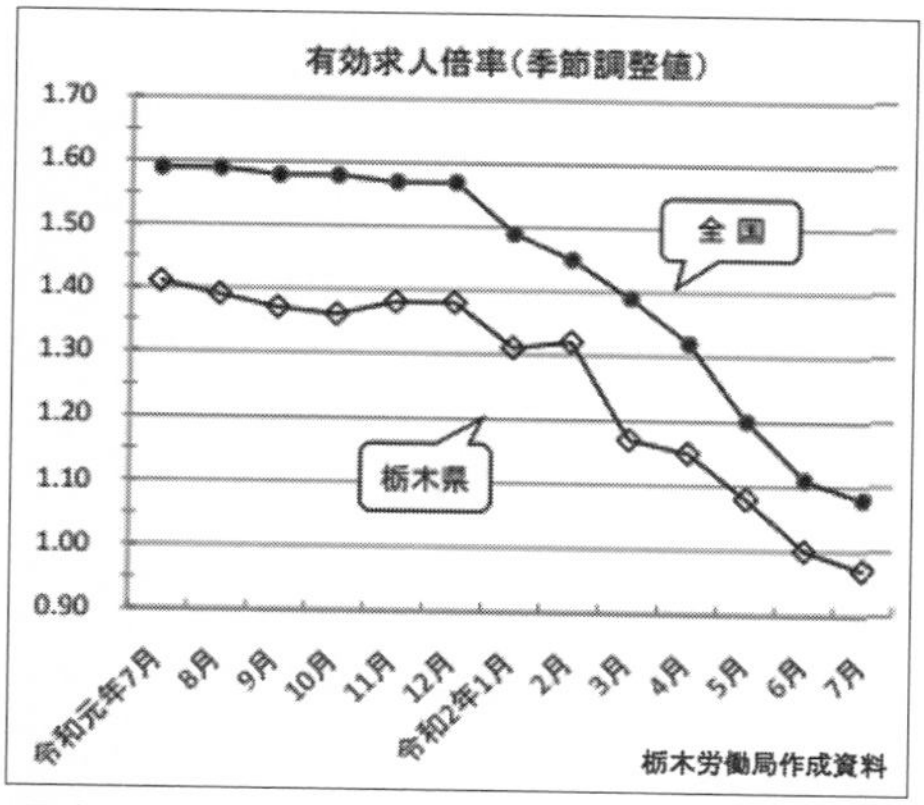

図表5-5

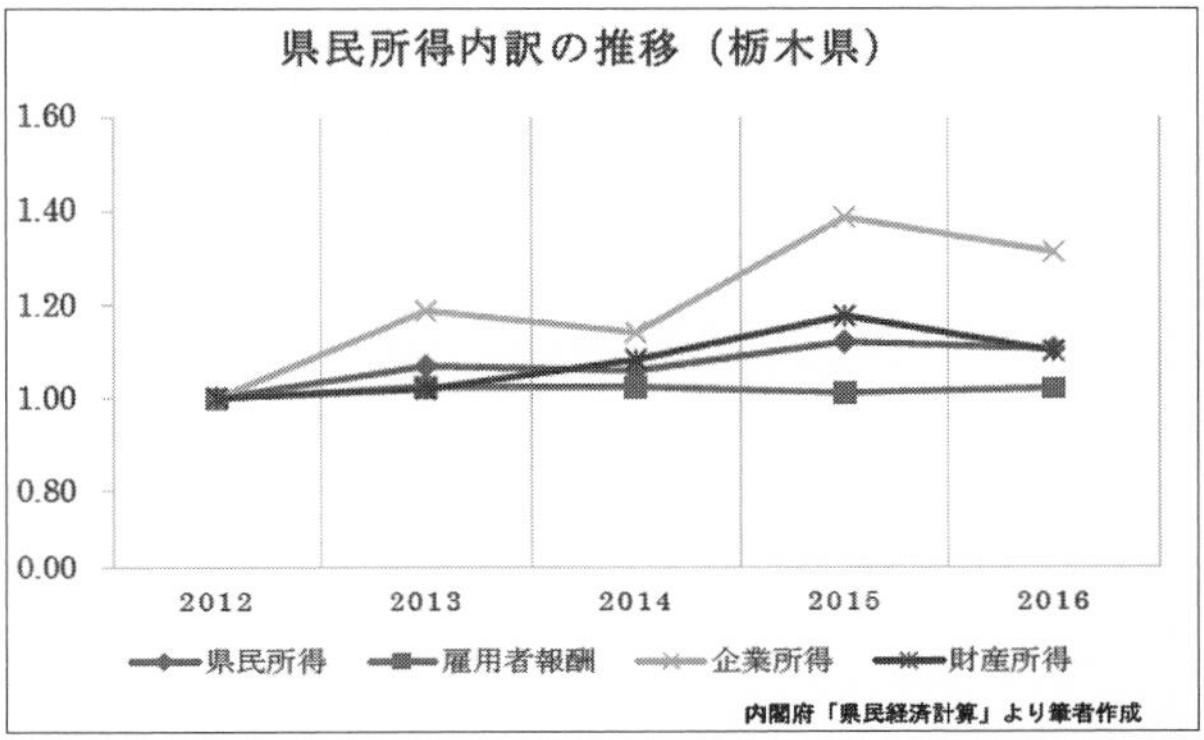

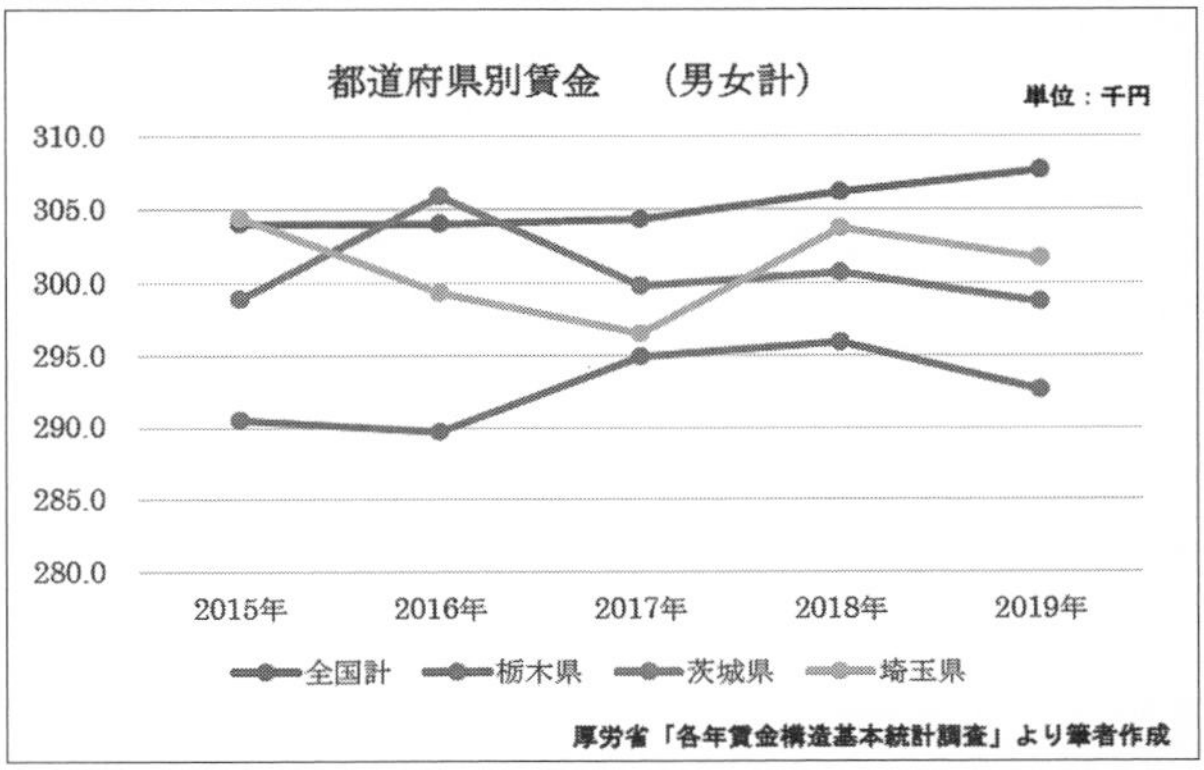

図表5-6

賃金を取り出し、全国および隣県と比較したものです。

これらを見ると、県民所得が全国上位にあり上昇傾向にあるといっても、それは企業所得に代表されるものであって、雇用者報酬は横ばいが続いています。また、本県の賃金水準は、全国水準を下回る位置にあるとともに、隣県（茨城県、埼玉県）と比べても劣後する位置にあることが分かります。本県は工業団地の造成が盛んで、さまざまな優遇措置を講じて企業誘致を進めてきましたが、これらを見てもその果実が労働力を提供している県民には十分に還元されていないことが示されています。その一方で、これまで立地する大手企業の撤退が繰り返され、そのたびに雇用の維持や地域経済への影響対策など、撤退後の事後対応に追われてきました。今後はさらにコロナ禍への対応や新常態への移行などにより、とりわけグローバル展開する大手企業は、自社の業績状況と企業戦略に応じ、またサプライチェーンの見直しなどによって、立地の最適化を図る可能性が高く、予断を許さない状況が続くことになります。

このような現実を直視するならば、今後さらなる悪化が予想される雇用の維持、とりわけ非正規雇用に対する雇い止めや賃金未払いなど、急を要する対策に万全を期す必要があります。併せて、セーフティネットとしての地域別最低賃金の底上げを図るとともに、脆弱な就業構造の改革に本格的に乗り出す必要があります。また、中小企業対策については、政府がコロナ禍の環境変化に対応するだけの投資余力がない中小企業数の減少を容認し、規模拡大を促して生産性を高める戦略に移行する（「日本経済新聞」七月一七日）と報じられています。しかし実際には、中小企業の実質労働生産性は大企業に引けをとらないにもかかわらず、価格転嫁力が弱いため生産性が低く抑えられているとの分析もあり、大手企業の買い叩きを厳しく規制する必要があります。中小企業は全企業数の九九％（小企業は八五％）以上を占め、全従業員数の七〇％以上が働く地域経済の主役です。生産性向上を名目に規模拡大やデジタル化投資を迫り、対応できない中小企業を淘汰していくことは認められません。地域の特性に基づく中小企業を基盤に、循環型の地域経済を再構築する必要があります。

発表時期のタイミングがあるとはいえ、これまで指摘してきたように、すでに半年近くを費やし一次素案にとどまっている点も含め、次期プランには重大な欠陥があります。それは、何よりもコロナ禍の教訓に基づく新常態をどのように構想し、社会・経済・地域をいかに再構築していくのかという明確な視点とビジョンが見られないことです。いわば全体として、国の政策を焼き直した従来の延長線上にある更新プランに過ぎないということです。こうした基本的な構造のうえに、県民のいのちと暮らしにかかわる政策が立てられていますが、残念ながら県民の切実な願いに寄り添った希望や期待が持てる内容とはいえず、抜本的な見直しを強く求めるものです。

〔当研究所理事長、作新学院大学名誉教授　太田　正〕

人口減少時代の県土・まちづくり——コンパクト＋ネットワークのビジョンに係る提言——

一　はじめに

栃木県では、平成一七（二〇〇五）年に人口がピークを迎え、以後緩やかな減少局面で推移している。市町ごとに見ると、総じて国土幹線である東北新幹線、東北自動車道、北関東自動車道が通る県央、県南地域を中心に減少は緩やかであり、県北、県西地域などで減少率は高い。他方、第二次産業就業人口が全国的に見ても高く、ものづくり県としての性格が強い栃木県では製造業が比較的好調なため、高い県民所得を維持している。しかし、こうした状況が今後も持続していくかは、国際的な経済動向に大きく依存している。折しも新型コロナウイルス感染症の世界的な流行はグローバル化した経済社会の危うさを浮き彫りにさせた。観光産業に典型されるインバウンド依存、国外需要依存の行き過ぎた経済体質を少しでも国内需要向けに軌道修正し、県の豊かな諸資源を生かした産業の創造と振興、域内経済循環を図っていくことが強く求められている。それとともに、安全安心な日々の暮らしを成り立たせるための生活基盤のいっそうの充実が必要である。

このような観点から、本稿では栃木県の生産・生活基盤に関するひとつの中心テーマである、都市づくり、都市計画の分野について県の動向を概観し、県政の課題について提言を行いたい。

二　栃木県における都市づくりの方向性と現状

立地適正化計画制度が創設される前年、栃木県では「とちぎの都市ビジョン」[参考文献(1)]（以下、ビジョン）を策定した。県総合計画である「新とちぎ元気プラン」の下位計画に位置付き、二一世紀中ごろを見据えた都市づくりの基本的な考え方や都市政策展開の方向性を示したものである。ビジョンでは、まず、人口減少と超高齢社会という全国に共通する課題による都市の抱える問題点を四つに整理した。

① 都市機能の低下と市街地中心部の活力低下
② コミュニティの維持困難
③ 交通ネットワークの維持困難
④ 都市経営コストの増加

続けてこれら問題を解決するため、都市づくりの課題、方向として以下の五点を挙げる。

（1）役割に応じた拠点づくりの強化
（2）交通ネットワークの強化
（3）都市経営の効率化
（4）新技術の活用（省エネルギー、ＩＣＴなど）
（5）とちぎの魅力や強みを活かした都市づくり

こうした都市づくりビジョンを実現すべく、現在、県内では都市計画区域を対象とした立地適正化計画の策定が進行中である。市町ごとの策定状況を表1に示す[参考文献(2)]。宇都宮市、小山市、那須塩原市などが先行しており、他の市町がこれに追従する。栃木県では宇都宮市以南は市街化区域と市街化調整区域を設定する線引き都市計画区域、これより北では非線引き都市計画区域となっている。前者については、首都圏に近接するとして広域的な複数市町から構成される区域設定が行われている。宇都宮（三市四町）、足利佐野（二市）、栃木小山（三市一町）の三区域である。

表1　県内市町における都市計画区域の立地適正化計画策定状況

都市計画区域種別	都市計画区域名	市町名	立地適正化計画策定状況
線引き都市計画区域	宇都宮	宇都宮市	公表済
		鹿沼市	作成中
		真岡市	公表済
		上三川町	
		芳賀町	公表済
		壬生町	
		高根沢町	
	足利佐野	足利市	作成中
		佐野市	作成中
	小山栃木	栃木市	作成中
		小山市	公表済
		下野市	公表済
		野木町	

都市計画区域種別	都市計画区域名	市町名	立地適正化計画策定状況
非線引き都市計画区域	日光	日光市	作成中
	大田原	大田原市	公表済
	矢板	矢板市	
	那須塩原	那須塩原市	公表済
	さくら	さくら市	
	那須烏山	那須烏山市	作成中
	益子	益子町	
	茂木	茂木町	作成中
	市貝	市貝町	
	塩谷	塩谷町	
	那須	那須町	
	那珂川	那珂川町	

（注）令和２年４月１日現在（出典：「栃木県の都市計画」栃木県都市計画

三　栃木県における都市の立地適正化計画にみる課題

(1)　策定体制について

都市計画の分野では地方分権の動きの中で県から市町への権限移譲が進んでおり、都市計画マスタープランなどに県の一定の関与はあるものの、市町独自の裁量範囲は拡大していると見られる。事実、都市づくりに関して国が二〇一四年に制度創設を行った「立地適正化計画」については、現在、県内の主な市で既に策定され、あるいは策定が進行している。この計画は市総合計画および各法定都市計画を上位計画とするが、県内では個別に市レベルの策定が先行しており、広域的な調整については不透明である。県内の主な法定都市計画である「宇都宮都市計画」は前述のように宇都宮市をはじめ関係七市町、「小山栃木都市計画」では四市町がそれぞれ一体の都市計画区域として設定されているが、それぞれ中心的な市における立地適正化計画が先行しているのが実態である。また、内容に関してもそれぞれの市域で完結するものであり広域的調整・検討が行われているようには見えない。

宇都宮都市計画では、宇都宮市とともに芳賀町も策定済であるが、後者の都市的集積は小さいこと、またLRT整備に絡んで両市町の連携はとれていると考えられるために実質的には支障は少ないと考えられるが、佐野市と足利市、大田原市と那須塩原市などは互いに都市機能の面で密接に連携すべき関係にある。計画では都市機能誘導区域の設定に関して誘導すべき都市機能（施設）を特定しており、高次都市機能については市域を超える機能を果たすものも含まれるはずである。この広域的な都市機能立地の調整については県のより積極的な関与が必要ではないか。

⑵ 策定内容および進行管理について

立地適正化計画の策定において、県内各市町が掲げる計画策定の主旨について、上位計画である都市計画マスタープラン、総合計画との整合を図るのみならず、個別の保健医療計画、福祉介護計画、交通計画、住宅計画などとの整合についても十分に考慮することが謳われている。それは当然のことであり、策定された計画についてはこれら個別計画を参照しつつ将来的な人口予測をもとに都市機能誘導区域、居住誘導区域の検討を行っている。しかし、後述するように、商業施設など立地規制の対象としてコントロールするはずの民間施設での齟齬、防災に関しての主として土地利用規制上の齟齬、さらには上記個別計画おいても民間の役割が大きい医療、介護、交通などの分野で将来的な問題発生が予測される。以下に主なものについて記述する。

⑶ 購買施設に関して

宇都宮市におけるスーパーマーケットの立地動向について調査した研究[参考文献(3)]によれば、市街地（都市機能誘導・居住誘導区域）に現在立地している店舗の多くは、二〇〇〇年以前の旧大規模小売店舗法にもとづいて建設されており、その多くが今後建て替え時期を迎えることとなるが、新たな大規模小売店舗立地法に従えば、旧法以上に駐車場の確保などより広い敷地面積の確保が求められている状況である。営業を継続しながら建て替える方法は実質的に不可能であり、新たな敷地を同じ近隣市街地に確保することは容易ではない。近年の市内建て替え事例では、広い敷地が得やすい郊外に移転する傾向を強めているのが現実であり、残された敷地はより小規模のコンビニエンスストアまたはドラッグストア、あるいはマンションや住宅地に置き換えられている。日用品や食料品の購買には支障はなくとも、野菜や精肉・鮮魚など生鮮食料品は得にくくなり、高齢者など移動手段の乏しい住民にとってはいわゆる「買い物難民」の発生が引き起こされる懸念がある。これは宇都宮市内の現状報告ではあるが、県内の他市にもある程度共通する状況であると考えられる。

立地適正化計画では、計画の進行管理としてＰＤＣＡサイクル（計画→実施→評価→改善）によって、現実の都市計画区域の動向について評価指標（ＫＰＩ）を用いて計測評価し計画の見直しなどを行うとしているが、民間資本の動きは機動的かつ迅速であり、スーパーマーケットの撤退を確認した後にその対策を検討するのでは住民の生活環境基盤を維持・修復することは叶わない。大規模小売店舗の将来的な撤退と生鮮食料品店の不足が予測される地域にあっては、あらかじめ動向を予測し事前に方策を検討し実施することが必要である。これを購買施設の分野に適用するならば、都市機能誘導区域ごとの土地利用（低未利用地の賦存）などを勘案して必要に応じて駐車場台数の緩和措置を行うなど適切な立地支援策が求められる。

(4)　防災に関して

二〇一九年台風第一九号による河川氾濫により水害が県内各地で発生した。特に栃木市、佐野市、宇都宮市、足利市、鹿沼市、那須烏山市、小山市などで床上・床下浸水家屋等が多数発生した。被害が集中したのは河川沿いの低平地市街地で、立地適正化計画で設定された都市機能誘導区域や居住誘導区域などを多く含んでいた。

　全国的な動向についてみると、二〇一九年一二月の時点で立地適正化計画を公表していた二七五都市のうち、居住誘導区域に浸水想定区域を含む都市の数は実に八八%に及んでいる。[参考文献(4)]一般に河川沿いの低平地に発達したわが国都市の成立経緯を考慮すれば驚くにはあたらない。旧来から水害常習地に市街地が形成されてきた都市は、宇都宮市をはじめ県内にも多い。

　事実、県内某市において公表された立地適正化計画のこの件での対応策としては、「本市では河川洪水による被害低減のため、洪水ハザードマップを作成し、洪水浸水想定区域内全戸に配布し事前周知を行っているほか、ラジオ放送やメール配信サービスによる避難情報の伝達や地区防災計画の策定・周知による避難体制の整備等のソフト対策を進めています。また、県による河川改修などの防災対策も進められているため、洪水浸水想定区域を居住誘導区域へ含めることとします」として、居住誘導区域と浸水想定区域との重複を容認している。

　しかし、ハザードマップを作成して周知を行い、避難誘導などが円滑に行えたとしても、災害の発生により家屋が浸水し一時的に避難所への退避が避けがたい以上、少なくとも新たな住宅の立地誘導は、より多くの貴重な財産の滅失を容認することに他ならず問題は大きい。河川改修などのハード整備によっても災害を根本的に抑え込むには、多くの社会資本の長期にわたる投資が求められるであろう。地球温暖化の進展により今後も気象の激甚化が予想されることを勘案するならば、地域の合意などのハードルをはじめとしてさまざま支障が生じるとはいえ人命や財産の保全と引き換えにはできないはずである。浸水想定区域については、原則として今後、居住誘導区域から除外する措置をとるべきではないだろうか。

　国においては、台風第一九号による災害を受けて、新規開発の抑制や既存住宅地での防災移転の促進など、都市計画法や都市再生特別措置法を改正する。こうした動きと連動させて、県から市町への指導を積極的に行うよう提言したい。

　さらに、去る七月四日に発生した熊本県球磨川流域の大水害では、球磨村の高齢者施設では隣接する支川の急激な水位上昇により一四名の高齢者が亡くなった。ハザードマップにより洪水の危険性が指摘され施設側でも定期的な避難訓練が行われていたにもかかわらず起こった。これを他山の石とせず、ハザードマップにより浸水の危険性の高い県内の高齢者施設等について、改めての一斉点検と対策の強化が求められる。

なお、現在新型コロナウイルス感染症により避難所運営が難しさを増している。災害時、避難者の密集を避けるために避難所ごとに定員の見直しや避難の多角化（垂直避難や縁故避難など）も議論されるようになっている。本県でも早急に避難計画の見直しを確実に行う必要がある。それとともに、避難生活の質の向上も欠かせない。キーワードはＴＫＢ、すなわちトイレ、キッチン、ベッドである。参考文献(5)特に改善すべきは避難生活の根幹となる睡眠を支えるベッドである。従来のように、体育館の床などに直に横になることは厳に避けるべきであり、段ボールベッドの導入で床からの距離をとり、冬の寒さや室内の埃を避けることは感染症の防止からも強く要請される。幸い、本県は今年、東日本段ボール工業組合と災害協力協定を締結しており、非常時に遅滞なく被災市町に提供される体制を確実なものとしたい。

(5) 交通計画について

県内では特に今後人口減少が一段と加速する可能性がある非線引き都市計画区域の市町において、あるいは都市計画区域外も含めて、赤字の拡大に起因する公共交通網の縮小あるいは減便などが起こる見通しである。こうした事態に至らぬよう、少なくとも都市機能誘導区域、居住誘導区域を設定することは立地適正化計画が想定するおおむね二〇年後において公共交通の維持を公的に担保することが必要であると考えられ、この実現に向けた市町の取り組みに対して、県として財政支援を含めた働きかけを望みたい。

四　おわりに

都市のコンパクト化は、性急な取り組みは却って都市交通やインフラなどに弊害が生じることが予測されることから、長期的かつ継続的な取り組みが期待され、中心的な施策は住宅建設の誘導ではないかと考えられる。その都市機能に対する基底的な考え方は、公共的な性格の施設を除く主として市場原理にゆだねるべき都市機能施設、例えば、医療、福祉、購買（商業）、一部の教育などの立地誘導である。これら立地はその需要の発生源として一定の人口規模と密度をもった居住地があってはじめて成立する。現在、多くの都市では旧市街地内において商業地はおろか住宅地もが空洞化しつつあり駐車場など低密度の土地利用が一般化しつつある。ときに市街地再開発事業において高層マンションのような一定規模の集合住宅が供給されることがあるが、周辺地域の建物の高さや密度とのギャップが大きく、良好な都市環境の形成には必ずしもつながらない場合が多い。

　今後もこうした地区では居住者の高齢化が進行し多くの空き家が発生することが予測される。こうした住宅地での住居更新、居住修復のための強力な施策が求められる。現立地適正化計画においてもこうした観点からの施策が掲げられているが、空き家の活用など既存住宅を対象とするものに偏っている。現持家世帯が一定規模の賃貸住宅（シェア居住等）と合築した建て替え、あるいは下階が事業所、上階が住宅などの商住混合住宅の建設などに対する一定割合の助成など住宅の積極的な更新を促す誘導施策が必要ではないか。現居住者の将来的な居住意向や地区ごとの住宅需要などの調査にもとづく新たな施策の構築が検討されるべきであろう。

　加えて、新型コロナウイルス感染症の蔓延を経て、今後の長期的な人口動向等を論じた言説[参考文献(6)]では、地方中核都市の人口増加、オフィス需要の増加などが予想されている。栃木県では宇都宮市、そして小山市、那須塩原市など東北新幹線駅立地の都市における今後の動向を注視し、必要に応じて適切に対応する体制の構築が望まれる。

【注・参考文献】

（1）「とちぎの都市ビジョン」（改定版）、栃木県、令和元年7月、なお初版は平成26年7月。
（2）「栃木県の都市計画」、栃木県県土整備部都市計

画課、令和2年4月
（3）田部井優也：「食料品購買環境の持続に向けた課題に関する研究」、『市政研究うつのみや』第16号、69—78、うつのみや市政研究センター、2020年3月
（4）日経アーキテクチュア No.1162（2020年2月27日）、「危険エリアの新規開発にノー」、48—51
（5）榛沢和彦：避難所のTKB改善を（上）、季刊地域、No・42、100—105
（6）ポストコロナの世界と日本—レジリエントで持続可能な社会に向けて—、2020年7月14日、（株）三菱総合研究所、38—41
https://www.mri.co.jp/knowledge/insight/ecooutlook/2020/20200714.html（7月20日取得）

〔宇都宮大学名誉教授　三橋　伸夫〕

SDGsと地方自治体の環境政策

一　はじめに　―環境政策を俯瞰する―

(1)　リオ・サミットと環境基本計画

ノルウェーのブルントラント首相が委員長を務めた、国際連合の「環境と開発に関する世界委員会」が、最終報告書Our Common Future（『地球の未来を守るために』）を発表したのは、今から三〇年以上前の一九八七年であった。その中心的な理念が「持続可能な開発」(Sustainable Development、SD）であり、持続可能性(Sustainability）はその後、環境政策や企業活動、市民生活において重要性を増すことになる。

一九九二年に「環境と開発に関する国際連合会議」（リオ・サミット）がリオ・デ・ジャネイロ（ブラジル）で開催され、わが国では本サミットに合わせて審議された環境基本法が一九九三年に成立した。竹本（二〇二〇）によれば、本法の施行により、わが国の政策体系が一本化され、「持続可能な社会実現に向けた政策展開の礎」参考文献(1)が構築されたことになる。本法に基づき、国は五年間を一期とする環境基本計画を定めなければならず、一九九四年一二月に第一次計画を閣議決定している。地方自治体においては、独自に環境基本計画を策定する場合もあれば、環境基本条例を定めて計画を策定する場合もある。栃木県では、環境基本条例を一九九六年三月に制定し、第一次計画を一九九九年三月に策定している。

(2) ＥＳＤとＳＤＧｓ

持続可能性を実装していくために日本政府とＮＧＯが協働し、二〇〇二年のヨハネスブルクサミット（持続可能な開発に関する世界首脳会議）で、「持続可能な開発のための教育」（Education for Sustainable Development、ＥＳＤ）を提案した。この提案が「国連持続可能な開発のための教育の一〇年」（二〇〇二年一二月国連にて採択）へと繋がっていったことは、持続可能な社会の構築にとって大きな前進であったと評価できる。わが国では、主に文部科学省と環境省がＥＳＤに関する施策を所管し、ＮＰＯ法人持続可能な開発のための教育推進会議（ＥＳＤ―Ｊ）がＥＳＤの普及において重要な役割を果たしてきた。

「ＥＳＤの一〇年」が二〇一四年に終了し、次にＳＤＧｓが地球規模での共通した目標となった。「我々の世界を変革する：持続可能な開発のための二〇三〇アジェンダ」（二〇一五年九月国連サミットで採択）に記載された国際目標（目標年次：二〇一六年～二〇三〇年）が、ＳＤＧｓ（持続可能な開発目標、Sustainable Development Goals）である。現在は二〇二〇年であるから、採択から約１／３が経過したことになる。わが国でもＳＤＧｓ推進の動きは、政府・地方自治体に限らず、経済界、教育界などにも広がっている。

二　環境基本計画とＳＤＧｓ

前節では、ブルントラントレポート以降の環境政策に関する動向の概要を述べた。その間、わが国では一九九八年に特定非営利活動促進法（ＮＰＯ法）が施行され、環境に関する市民活動の組織化が進み、また、環境庁が二〇〇一年に環境省へ改組されるなど、環境政策を取り巻く状況は改善されたように見える。本節では、環境基本計画とＳＤＧｓの概要を紹介する。

(1) 環境基本計画の概要

環境基本計画の根拠法である環境基本法の目的は以下のとおりである。

「第一条　この法律は、環境の保全について、基本理念を定め、並びに国、地方公共団体、事業者および国民の責務を明らかにするとともに、環境の保全に関する施策の基本となる事項を定めることにより、環境の保全に関する施策を総合的かつ計画的に推進し、もって現在および将来の国民の健康で文化的な生活の確保に寄与するとともに人類の福祉に貢献することを目的とする」

つまり、本法は環境保全を通じてわが国だけではなく、地球規模での貢献を目指すものであり、その推進体制はマルチパートナーシップ（多様な主体の協働）が基本であることを定めているのである。

前述のとおり、本県の環境基本計画が策定されたのは一九九九年三月であり、その後、二〇〇六年三月に同計画見直し（第二次計画）。二〇一一年三月に、「地球と人にやさしいエコとちぎ」の実現を目指し、栃木県地球温暖化対策実行計画、栃木県廃棄物処理計画、生物多様性とちぎ戦略などの個別計画と連携し、各種施策を展開するとした第三次計画を策定。二〇一六年三月には、「栃木県環境基本計画　―守り、育て、活かす、環境立県とちぎ―」（第四次計画）を策定しており、本年（二〇二〇年）が第四次計画の最終年度である。[参考文献(2)]

県内基礎自治体の策定状況については、一四市全てが策定しているが、一一町のうち六町で策定されていないようである。[注1] 財政的にも人材的にも十分でない自治体で策定ができていない状況がうかがえる。ちなみに、川崎市（神奈川県）が一九九四年二月に策定した計画が、定量的目標を持つ最初の本格的な環境基本計画であると言われている。[参考文献(3)]

(2)　ＳＤＧｓの概要

「持続可能な社会づくり」という社会変革を目指しているのがＳＤＧｓであるが、人口減少と超高齢化、気候変動に伴う自然災害の多発化や環境共生などを勘案すれば、「持続可能な社会づくり」はわが国の地域社会が直面する大きな課題であり目指すべき方向性であると言える。つまり、ＳＤＧｓは他人事ではないのである。

目標　一：あらゆる場所で、あらゆる形態の貧困に終止符を

図－１　ＳＤＧｓの17目標

目標　二：飢餓をゼロに

目標　三：あらゆる年齢のすべての人々の健康的な生活を確保し、福祉を推進

目標　四：すべての人々に包摂的かつ公平で質の高い教育を提供し、生涯学習の機会を 促進

目標　五：ジェンダーの平等を達成し、すべての女性と女児のエンパワーメントを

目標　六：すべての人々に水と衛生へのアクセスを確保

目標　七：手ごろで信頼でき、持続可能かつ近代的なエネルギーへのアクセスを確保

目標　八：すべての人々のための包摂的かつ持続可能な経済成長、雇用およびディーセント・ワークを推進

目標　九：レジリエントなインフラを整備し、持続可能な産業化を推進し、イノベーションを拡大

目標一〇：国内および国家間の不平等を是正

目標一一：都市を包摂的、安全、レジリエントで持続可能に

目標一二：持続可能な消費と生産のパターンを確保

目標一三：気候変動とその影響に立ち向かうため緊急対策を

目標一四：海洋と海洋資源を保全し、持続可能な形で利用

目標一五：森林の持続可能な管理、砂漠化への対処、土地劣化の阻止および逆転、ならびに生物多様性損失の阻止を
目標一六：公正、平和かつ包摂的な社会を推進
目標一七：持続可能な開発に向けてグローバル・パートナーシップを活性化[参考文献(4)]

「持続可能な社会づくり」は、当然ながら政府も各種施策に反映させている。教育分野では、『教育振興基本計画』（二〇一八年六月閣議決定）において、ＳＤＧｓと関連した教育の重要性が指摘（本計画一六頁）されている。一方、気候変動への対応や環境共生などを目指して環境省は地域循環共生圏を構想している。地域循環共生圏は、第五次環境基本計画（二〇一八年四月閣議決定）の基本的方向性に係る柱として示されている。環境省の地域循環共生圏ポータルサイト[参考文献(5)]によれば、地域循環共生圏は次のように説明されている。

・「地域循環共生圏」とは、各地域が美しい自然景観等の地域資源を最大限活用しながら自立・分散型の社会を形成しつつ、地域の特性に応じて資源を補完し支え合うことにより、地域の活力が最大限に発揮されることを目指す考え方。
・「地域循環共生圏」は、農山漁村も都市も活かす、我が国の地域の活力を最大限に発揮する構想であり、その創造によりＳＤＧｓや Society 5.0[注2]の実現にもつながる。

地域循環共生圏の考え方は図—2に示すとおりであり、農山漁村と都市それぞれで自立する地域社会を形成する一方、農山漁村と都市が連携する広域な共生圏の構築を目指すものである。

地域循環共生圏は環境的側面からの取り組みを広域的に構築しようとするものである。しかし、このような制度や構想を実現していくには、一人ひとりの意識変革と行動が必要なことは言うまでもない。したがって、持続可能な社会づくりを担う人材の育成が重要なのである。

環境基本計画とＳＤＧｓの関係について竹本（二〇二〇）は、「日本ではＳＤＧｓに関する推進本部設置や実施指針策定、環境基本計画への反映など主流化が進められており、この流れの中で環境政策の更なる進化が問わ

農山漁村
森
◆自然資源・生態系サービス
・食料、水、木材
・自然エネルギー
・水質浄化、自然災害の防止 等
里
都市
自立分散型社会

○各地域がその特性を生かした強みを発揮
→地域資源を活かし、自立・分散型の社会を形成
→地域の特性に応じて補完し、支え合う

図－２　地域循環共生圏
（出典：『地域循環共生圏に向けて（循環分野）』環境省）

れている」(参考文献6)と指摘している。ＳＤＧｓを、一九九〇年代から推進されてきた環境政策の土台である環境基本計画と関連づけることで、環境政策を一層推進させることが本県や本県の基礎自治体にとって重要であると言えよう。

三　ＳＤＧｓの認知度について

朝日新聞社では、二〇一七年から年二回、ＳＤＧｓの認知度についてウェブアンケート調査を実施している。調査対象は、東京都か神奈川県在住の一五～六九歳の男女であり、毎回約三、〇〇〇人の回答を得ている。二〇一九年までの六回の調査結果をみると、ＳＤＧｓの認知度（ＳＤＧｓという言葉を聞いたことがある）は、二〇二〇年三月の第六回調査では三二・九％であり、第一回より五・六ポイント高くなっている。第六回調査における一七目標への関心度については、「目標三　健康と福祉」が三二・一％で最も多く、続いて「目標一　貧困」、「目標一三　気候変動」、「目標一一　住み続けられるまちづくり」、「目標一四　海の豊かさを守ろう」であった(参考文献7)。

では、県内での認知度はどうであろうか。本研究室が実施した、高校生と大学生を対象とする調査結果を参考までに紹介したい。

【高校生】

◆資金・人材などの提供
・エコツーリズム等、自然保全活動への参加
・地域産品の消費
・社会経済的な仕組みを通じた支援
・地域ファンド等への投資 等

①身近な地域課題を考えるワークショップ参加者（二〇一八年八月、二三名）、②高校生まちづくり団体（とちぎ高校生蔵部）のミーティング参加者（同年九月、一四名）、③高校生まちづくり団体主催イベント（高校生合同

文化祭）の一般参加者（同年九月、一六名）を対象に、SDGsの認知度などについてアンケート調査を実施した（回答者は栃木県内在住の高校生）。その結果、「SDGsという言葉を知っていた」者が、①九名、②五名、③八名であり、合計二二名（四一・五％）であった。一七目標から関心のあるものを選択する設問については、「一一　住み続けられるまちづくり」が①の回答者に、「一　貧困をなくそう」「二　飢餓をゼロに」「一六　平和と公正をすべての人に」が、②、③の回答者に多く見られた。

【大学生】

U大学教育学部の学生一七二名（一年生一六五名、三年生四名、四年生三名）を対象に、アンケート調査を実施した（二〇一八年一〇月、回収数一七二）。その結果、「SDGsという言葉を知っていた」者は一六名（九・三％）にとどまった。関心のある目標については、「四　質の高い教育をみんなに」（二二名）が最も多く、次いで「一　貧困をなくそう」「一六　平和と公正」という結果であった。

高校生のSDGs認知度が高かったのは、元々まちづくり、環境問題などに関心の高い層が調査対象であったことが影響しているのではないかと考えられる。そのため、大学生を対象に行った結果、つまり、一〇％程度の認知度がより現実的な数字であると推察できる。いずれも二〇一八年に実施した調査であり、また、サンプルが高校生、大学生に限定されていることに留意する必要がある。関心のある目標については、朝日新聞社調査、高校生および大学生調査ともに、「一　貧困をなくそう」が挙げられており、世代を超えた共通した問題認識であることがうかがえる。

なお、二〇二〇年度から本格実施となる新学習指導要領でSDGs達成の担い手づくりが取り上げられていることから、今後子どもたちのSDGs認知度は格段に高まるものと考えられる。

四　提言　栃木県における環境政策の推進に向けて

以上、わが国および地方自治体の環境政策の基本的方向を示す環境基本計画とＳＤＧｓについて概略を整理した。本論のまとめに当たって、本県における環境政策の推進について、環境基本計画とＳＤＧｓに焦点を絞って述べることとする。

⑴　環境政策の土台としての環境基本計画

最初に明確にしておきたいのは、環境基本計画は、当該自治体の環境行政における総合的な環境計画である、という点である。栃木県および県内基礎自治体の環境政策の推進において、環境基本計画が土台であるということをしっかりと認識したい。

本県の現行の環境基本計画である第四次計画は本年度（二〇二〇年度）が最終年度であり、二〇二一年度から第五次の計画期間となる。国の第五次環境基本計画（二〇一九年四月閣議決定）は、「環境・経済・社会の統合的向上」を掲げており、地域における自然資本、人工資本、人的資本を持続可能な形で最大限活用する重要性を示している。[参考文献(8)]また、国は第五次計画にＳＤＧｓを明確に位置づけ、ＳＤＧｓの推進を環境基本計画と関連づけて取組んでいる。これらは、本県の第五次計画の策定においても大切にしたい視点である。

⑵　afterコロナ、withコロナの環境政策と組織改革

新型コロナウイルス感染症（ＣＯＶＩＤ―19）のパンデミックにより、温室効果ガスの排出量が世界的に激減したのではないかと言われている。[参考文献(9)]経済活動が停滞したことが大きな要因であると考えられるが、一方でそのために日々の生活に困窮する人々が増加したことも事実である。しかし、地球規模での環境危機に直面している今日、経済活動再生のためにbeforeコロナの状態、つまり温室効果ガスの排出など環境にダメージを与えることを許容する政策に立ち戻るべきではない。環境・経済・社会（トリプルボトムライン）[注3]のバランスを構築し堅持していく環境政策を構築することがいかに重要なのか、Ｃ

ＯＶＩＤ―19によって人類に突きつけられた喫緊の課題である。これは、本県の環境政策にとっても避けて通ることはできない重要なテーマである。本県が本気でトリプルボトムラインを実現していく環境政策に取り組むのであれば、庁内の組織改革やマルチステークホルダー[注4]との協働を一層進める必要がある。第五次環境基本計画の策定やＳＤＧｓの主流化においても、同様である。

(3) マルチベネフィットの視点

ＳＤＧｓが環境政策へもたらす影響の一つとして、竹本（二〇二〇）は、マルチベネフィット、つまり「他政策との統合による環境問題の解決」を挙げている。[参考文献(10)] 筆者は大学の近くで長らくコミュニティカフェを運営している。数年前からその場を使って、子ども食堂を大学生が開設している。この子ども食堂でフードロスに関する活動を同時に展開すれば、ＳＤＧｓの「目標一：貧困をなくそう」と「目標三：あらゆる年齢のすべての人々の健康的な生活を確保し、福祉を推進」に対応できることになる。

このように、ＳＤＧｓを環境基本計画と連携づけることにより、環境政策におけるマルチベネフィットが期待され、本県においても大切にしたい視点である。

(4) マルチパートナーシップとコーディネート機能

さまざまな民間部門、市民セクター、そして公的部門の参画が、環境政策の実施には重要である。環境基本計画の策定やＳＤＧｓの推進においても、多様な主体の参画と協働は必須である。参画と協働においては、コーディネート機能が重要となる。したがって、本県における環境政策の取り組みにおいては、庁内の関係部署間のコーディネート、並びに庁内と民間部門、市民セクターを繋ぐコーディネートが大切である。このようなコーディネートは、関係する人や組織の間の信頼関係が重要であることから、数年で異動がある県庁職員だけでは困難な場合がある。そのため、継続してコーディネート機能を担うことができる中間支援組織[注5]などが、担当職員と連携することが望まれる。なお、県域レベルではないが、北海道下川町ではＳＤＧｓパートナーシップ拠点を設置しており、参考の一つになろう。

(5) ＥＳＤの推進

ＥＳＤ（持続可能な開発のための教育）は学校教育に限定されるのではなく、生涯を通しての学びであり、持続可能な社会づくりのための気づきと行動変容を目指すものである。そのため、本県における環境政策の推進において、ＥＳＤの実施は重視されるべきであり、教育委員会や市民セクター等との一層の協働が求められる。ＥＳＤの内容として、環境基本計画やＳＤＧｓを取り上げることにより、ＳＤＧｓの認知度を上げることも期待される。

ＥＳＤの推進に熱心な自治体の一つが岡山市である。岡山市には、三七の公民館がほぼ中学校区に一つあり、公民館が中心となってＥＳＤに取り組んでいる。そのモデルとなっているのが京山地区の京山公民館である。マルチパートナーシップによる推進体制を確立しており、昨今は、ＳＤＧｓも重要な活動内容である。このような地に足の着いた「ＥＳＤ×ＳＤＧｓ」という観点からの政策展開が本県においても期待される。

(6) 評価指標のあり方

本県の第四次計画が目標として設定した一六指標一八項目に係る二〇一八年度の進捗状況を見ると、計画の目標値（二〇二〇年度）を達成したもの四項目、年度目標値を達成したもの七項目であった。未達の項目は、家庭部門のエネルギー使用量の削減など七項目である。参考文献(11)

図－３　京山地区のＥＳＤとＳＤＧｓ活動
（出典：「岡山市京山地区のＥＳＤ活動」）
http://www.kc-d.net/pages/esd/index.html 2020.6.23.アクセス

この評

価指標についてもマルチパートナーシップで見直し、評価すべきではないだろうか。米国ワシントン州シアトル市では、大手企業、商工会議所、社会福祉事務所、自然保護団体、市当局などが集まり、環境・経済・社会の領域ごとに持続可能な都市に向けた指標をリストアップしている。リストアップした指標を選定する際、関係者だけで検討していない。最終的な指標を決定するために、市民パネラーに投票を行っているのである。参考文献(12) 確かに手間暇のかかるプロセスではあるが、県民、市民セクター、民間部門、公共部門が環境政策の目標を共有するためには、評価指標の検討および決定の過程を徹底的にオープンとし、幅広い参画を求めるべきであろう。

(7) 広域行政と広域調整

二〇一九年一二月那須塩原市は、二〇五〇年までにCO_2排出量実質ゼロを目指すことを宣言した。このような先進的な動きを県としては応援すべきであり、併せて県内基礎自治体の調整が期待される。基礎自治体の事業や規制によって全てをコントロールできるわけではなく、また、財政難や人材不足の中、広域行政の重要性が増している。そのため、県の環境政策と県内基礎自治体の環境政策とを相互に関連づけつつ、環境基本計画やSDGsの実施を確かなものにしていくことが期待される。

(8) 次世代の参画を

「ジェネレーションZ」は、一九九〇年代後半から二〇〇〇年代に生まれた世代である。この世代は、パソコンよりもスマートフォンに慣れ親しんでいるデジタルネイティブである。環境活動家であるグレタ・エルンマン・トゥーンベリさん（スウェーデン）は、二〇〇三年生まれでありZ世代である。彼女は自身の活動をSNSで拡散することにより、世界中から多くの支持を得ることになった。県内でもZ世代の活動は各地で見られる。例えば、二〇一九年の台風一九号で本県も大きな被害を受けたが、高校生のまちづくりグループである「とちぎ高校生蔵部」のメンバーがSNSでボランティアを募り、栃木市内の被災地支援活動に取り組んだ。

持続可能性は、これから社会を担っていく次世代にとってこそ重要な課題である。だからこそ、本県における環境基本計画の検討プロセスやＳＤＧｓの推進において、ジェネレーションＺなど次世代の参画と協働を積極的に展開すべきである。〝アンケート調査で次世代の意見を聞き参考にしている〟というようなお飾りの参画ではなく、県や基礎自治体が設置する検討委員会への委員としての参画など、次世代の実質的な参画を真剣に検討し実施すべきである。

【参考文献など】

（１）竹本和彦『環境政策論講義　ＳＤＧｓ達成に向けて』、東京大学出版会、Ｐ２１７（２０２０）
（２）『栃木県環境基本計画　—守り、育て、活かす、環境立県とちぎ—』栃木県環境森林部環境森林政策課、Ｐ２（２０１６）
（３）増原直樹「市区町村の環境政策分野における「計画の蔟生」現象の解明」『環境情報科学学術研究論文集　30』、ＰＰ・19—24（２０１６）
（４）国際連合広報センター https://www.unic.or.jp/news_press/features_backgrounders/31737/（２０２０・６・12・アクセス）
（５）環境省「地域循環共生圏ポータルサイト」https://www.env.go.jp/policy/chiikijunkan/（２０２０・６・１・アクセス）
（６）前掲（１）、Ｐ２２２
（７）「ＳＤＧｓ認知度調査第六回報告」https://miraimedia.asahi.com/sdgs_survey06/（２０２０・６・25・アクセス）
（８）熊谷惇也・馬奈木俊介「自然資本を促進する第五次環境基本計画」『環境経済・政策研究』Vol. 11、No・2、ＰＰ・57—60（２０１８）
（９）WIRED「新型コロナウイルスの影響で、温室効果ガスの排出量が世界的に激減している」https://wired.jp/2020/03/26/coronavirus-emissions/（２０２０・６・10・アクセス）
（10）前掲（１）、Ｐ２２２
（11）令和元年度栃木県環境白書概要版データ
（12）沼田壮人「持続可能な都市に向けた自治体計画

の現状と課題」『環境情報科学論文集　23』、PP・19―24（2009）

【補注】

1　県内市町のHPにより筆者確認。

2　Society5.0は、第五期科学技術基本計画（内閣府、2016～2020年度）で打ち出された未来社会のコンセプトであり、サイバー空間（仮想空間）とフィジカル空間（現実空間）を融合させたシステムにより、経済発展と社会的課題の解決の両立を目指している。（内閣府 https://www8.cao.go.jp/cstp/society5_0/　2020・6・26・アクセス）

3　トリプルボトムラインとは、経済的側面・環境的側面・社会的側面の三つの軸で組織活動を評価すること。
(https://ideasforgood.jp/glossary/triple-bottom-line/　2020・6・26・アクセス)

4　マルチステークホルダーとは、産官学など多様な主体（利害関係者）のことであり、マルチステークホルダー・パートナーシップとは、それら多様な主体の協働である。（https://sustainablejapan.jp/2016/03/20/stakeholder/21　566　2020・6・29・アクセス）

5　栃木県全域を対象とする環境系市民セクターとして、「とちの環県民会議」がある。

〔宇都宮大学共同教育学部教授　陣内　雄次〕

コロナ禍における県・市町財政の現状と課題

新型コロナ感染症対策として、県や市町は国の対策に対応じた予算措置とともに、国の対策を補完（国対策の遅れへの対応、交付要件の上乗せ、独自対策等等）する独自の取り組みのための予算措置がとられてきました。栃木県では、国の交付金や繰入金などを財源に二〇一九年度予算・三月（五億円）、二〇二〇年度・三月（七六億円）、四月（二四九億円）、六月（一一二三億円、九七九億円）の補正予算措置を講じています。（表1）。

栃木市議会では、三月定例会・五月臨時会・六月定例会・七月臨時会で、下野市議会では五月臨時会・六月定例会でというように各市町議会において国の交付金や財政調整基金を使って補正予算措置を講じています。

一　国の自治体への予算措置

○新型コロナウイルス感染症緊急包括支援交付金

「新型コロナウイルス感染症への対応として緊急に必要となる感染拡大防止や医療提供体制の整備等について、地域の実情に応じて、柔軟かつ機動的に実施することができるよう、都道府県の取組を包括的に支援することを目的」とされ、都道府県事業および市町村や民間団体等の事業への補助事業が交付対象とされています。国の一次補正予算で一四九〇億円、二次補正予算で二兆二三七〇億円が措置されています。

この交付金については「都道府県から見た課題」として次のような指摘がされています。[注1]

表１　栃木県の新型コロナ感染症対策のための補正予算

（百万円）

年　度	2019 年	2020 年				計
	３月補正		４月補正	６月補正 ①	６月補正 ②	
Ⅰ補正額	543	7,605	24,871	12,263	97,887	1,432
うち国対策対応分	543	508	20,154	7,121	81,651	1,100
Ⅱ 補正の財源						
国庫支出金	507	271	7,893	3,817	38,775	513
繰入金	36	160	716	8,446	0	94
繰越金	0	1,114	0	0	0	11
寄付金	0	0	500	0	0	5
分担金および負担金	0	0	0	0	6	0
諸収入	0	6,061	15,762	0	59,106	809
Ⅲ 債務負担行為	0	240	1,704	0	5,660	76

県ＨＰ予算資料から作成

・事業メニューや補助対象が限定的で補助基準上限が定められるなど、全国一律の取り扱いになっており、地域の実情に応じた柔軟な対応が困難
・地方単独事業には活用できない
・ＰＣＲ検査の運営費、検査費用等について、感染症緊急包括支援交付金の充当が認められておらず、財政負担が大きい
・医療従事者等に対する慰労金や医療機関等に対する支援金の給付事務など、地方において膨大な事務量が想定される

○新型コロナウイルス感染症対応地方創生臨時交付金

「地方公共団体が地域の実情に応じてきめ細やかに必要な事業を実施できるよう、……国が交付金を交付することにより、新型コロナウイルスの感染拡大の防止や感染拡大の影響を受けている地域経済や住民生活の支援、家賃支援を含む事業継続や雇用維持等への対応、「新し

い生活様式」を踏まえた地域経済の活性化等への対応を通じた地方創生を図ることを目的とする」とされています。

国の一次補正予算で一兆円、二次補正予算で二兆円が措置されています。都道府県と市区町村の単独事業（10／10）と国補助事業の地方負担額が交付対象とされています。

各自治体への交付限度額が決められ、二次補正では①家賃支援を含む事業継続や雇用維持等への対応分（一兆円程度）人口・事業所数を基礎に、感染状況等に基づき算定②「新しい生活様式」を踏まえた地域経済の活性化等への対応分（一兆円程度）人口、年少者・高齢者の比率、財政力等に基づき算定とされており、単独事業の限度額は一次補正分で栃木県五二億九三〇〇万円、県内市町五〇億六六〇〇万円、二次補正分で栃木県一二四億五六〇〇万円、県内市町一四五億四六〇〇万円となっています。

地方創生臨時交付金については次のような「問題点・課題」の指摘がされています。[注2]

・政府の地方創生の目的は、人口減少に歯止めをかけるとともに、東京圏への人口の過度の集中是正および定住環 境づくり
・新型コロナ対策が地方創生の目的に沿ったものだとすれば、何でもありになってしまう
・東京都への交付制限は地方創生交付金だからか？感染の最大集積地である東京都への財政措置こそ国の責任として重視しなければならないのではないか。東京都は財政力による調整をはずすよう要望
・自治体からは、基金造成などによる年度間流用は一部のみ認められており、より幅広く認めてほしいという要望

二　栃木県および県内自治体の財政状況

栃木県では、二〇二二年国体開催に向けた総合スポーツゾーン等のスポーツ施設整備や総合文化センターの改

修工事など大型の県単事業が続き、単独事業費が増加してきています。（図1）一方、県独自の財源である一般財源（主に県税、地方交付税、臨時財政対策債等）、なかでも自治体の裁量で自由に使える経常一般財源の実質額（経常一般財源等に臨時財政対策債を加えた額）は過去一〇年間四三〇〇～四五〇〇億円でほぼ同一水準で推移しており（表2）、高齢化の進展等に伴う医療福祉経費等の経常経費の増加が続いていることもあり、県財政の実質単年度収支は二〇一五年度から二〇一九年度まで五年連続赤字となっています（表3）。さらに、新型コロナ感染症対策のための度重なる補正予算措置による取り崩しも加わって、県の貯金としている財政調整的基金（財政調整基金＋減債基金＋県有施設整備基金）残高は、近年のピークだった二〇一四年度末の八四五億五七〇〇万円（うち財政調整基金二〇二億三七〇〇万円）から二〇二〇年度六月補正予算の段階では四二〇億二六〇〇万円（うち財政調整基金八一億七五〇〇万円）と約半減すると見込まれています（表4）。財政の弾力性を示す経常収支比率は一〇年前の九〇％前後から近年は九五％前後と

図1　普通建設事業費の推移

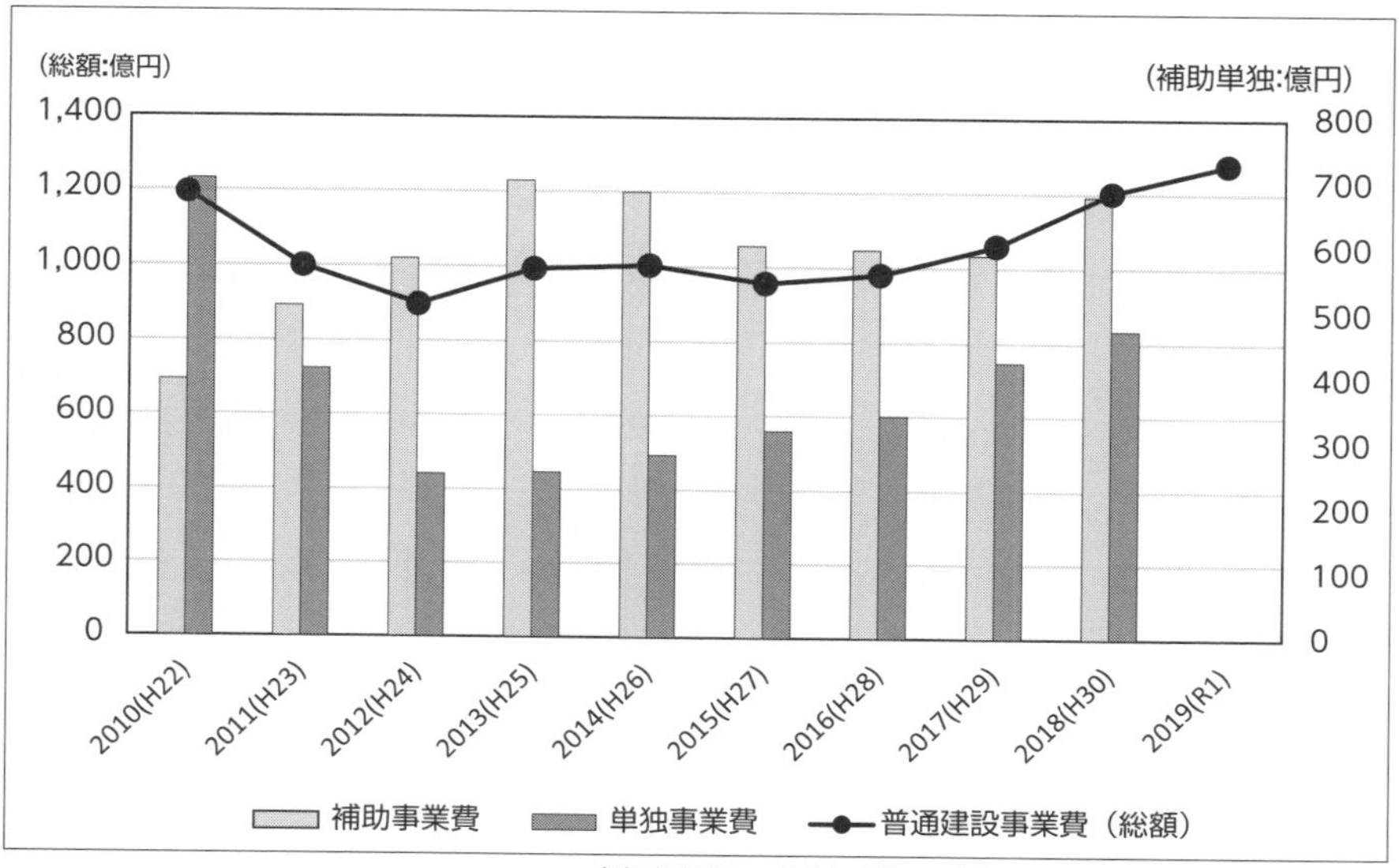

各年度決算カードおよび県ＨＰ決算資料から（表２～４、図３も同じ）

表２　一般財源の推移

（百万円）

	10 (H22)	11 (H23)	12 (H24)	13 (H25)	14 (H26)	15 (H27)	16 (H28)	17 (H29)	18 (H30)	19 (R1)
○一般財源（※）	481,564	471,126	466,099	463,656	478,967	493,528	476,089	488,753	495,693	494,548
うち県税	205,188	200,676	204,320	214,765	224,826	244,349	243,127	248,857	248,853	244,649
うち地方交付税	140,841	154,020	140,188	128,667	127,826	122,682	122,753	121,950	119,896	127,009
うち臨時財政対策債	87,200	66,616	68,595	65,265	60,247	46,860	39,193	45,318	44,819	39,414
○経常一般財源等（※2）	367,401	365,249	365,773	369,511	384,672	396,411	390,990	397,541	400,369	
経常一般財源等＋臨時財政対策債	454,601	431,865	434,368	434,776	444,919	443,271	430,183	442,859	445,188	

※１一般財源＝県税＋地方消費税清算金＋地方譲与税＋地方特例交付金＋地方交付税＋[臨時財政対策債]
※２一般財源から目的税や特別交付税等を除いた毎年経常的に入ってくる自治体の裁量で使える財源

財政の硬直化が進んでいます（図３）。

県内市町の財政も、実質単年度収支の赤字団体が毎年半数を超え（表５）、経常収支比率も多くの自治体で九〇％を超え年々比率が高まってきています（表６）。

表３　栃木県普通会計収支の推移

（百万円）

	10 (H22)	11 (H23)	12 (H24)	13 (H25)	14 (H26)	15 (H27)	16 (H28)	17 (H29)	18 (H30)	19 (R1)
１歳入総額	797,408	795,934	776,647	762,899	761,341	772,181	763,339	755,740	752,545	759,429
２歳出総額	774,338	779,554	759,870	746,098	744,446	755,779	753,101	741,534	739,217	743,026
３歳入歳出差引	23,070	16,380	16,777	16,802	16,896	16,402	10,238	14,206	13,328	16,403
４翌年度繰越財源	14,759	9,904	7,872	8,724	8,617	7,457	5,271	7,623	8,668	8,321
５実質収支	8,311	6,476	8,905	8,078	8,279	8,945	4,967	6,583	4,660	8,083
６単年度収支	1,978	▲1,835	2,429	▲827	201	666	▲3,978	1,616	▲1,923	3,422
７積立金	3,881	4,860	4,499	4,226	3,704	3,949	4,250	2,324	2,988	2,232
８繰上償還金	0	0	―	1	―	―	―	709		
９積立金取崩額	0	0	―	33	3,780	4,930	2,940	8,360	3,020	7,376
10実質単年度収支	5,859	3,025	6,928	3,368	124	▲315	▲2,668	▲3,711	▲1,955	▲1,722

図２　単年度収支と実質単年度収支の関係図

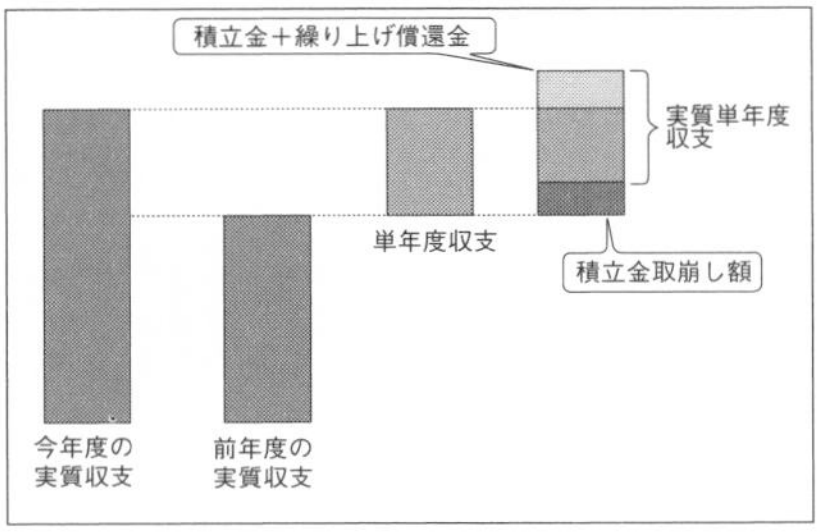

（注３）

表４　財政調整的基金現在高の推移

（百万円）

	10 (H22)	11 (H23)	12 (H24)	13 (H25)	14 (H26)	15 (H27)	16 (H28)	17 (H29)	18 (H30)	19 (R1)	20 (R2)	[R2] −[R1]
財政調整的基金現在高（※１）	21,842	42,749	60,309	73,568	84,557	83,270	79,613	68,164	64,206	53,681	42,026	▲11,655
財政調整基金現在高（※２）	6,761	11,621	16,120	20,313	20,237	19,256	20,566	14,529	14,498	9,354	8,175	▲1,179
減債基金現在高（※３）	13,081	26,128	36,185	36,245	36,300	36,479	36,499	36,518	36,541	36,561	30,083	▲6,478
県有施設整備基金現在高（※４）	2,001	5,001	8,005	17,010	28,020	27,535	22,548	17,117	13,167	7,766	3,768	▲3,998

2019（R1）年度までは決算額、2020 年度（R2）年度は６月補正後の見込額　　R1 決算比

※１財政調整的基金＝財政調整基金＋減債基金＋県有施設整備基金　※２財政調整基金：年度間の財源の不均衡を調整するための基金

※３減債基金：地方債の償還を計画的に行うための基金　※４県有施設整備基金：県有施設整備のための基金

図３　栃木県の経常収支比率の推移

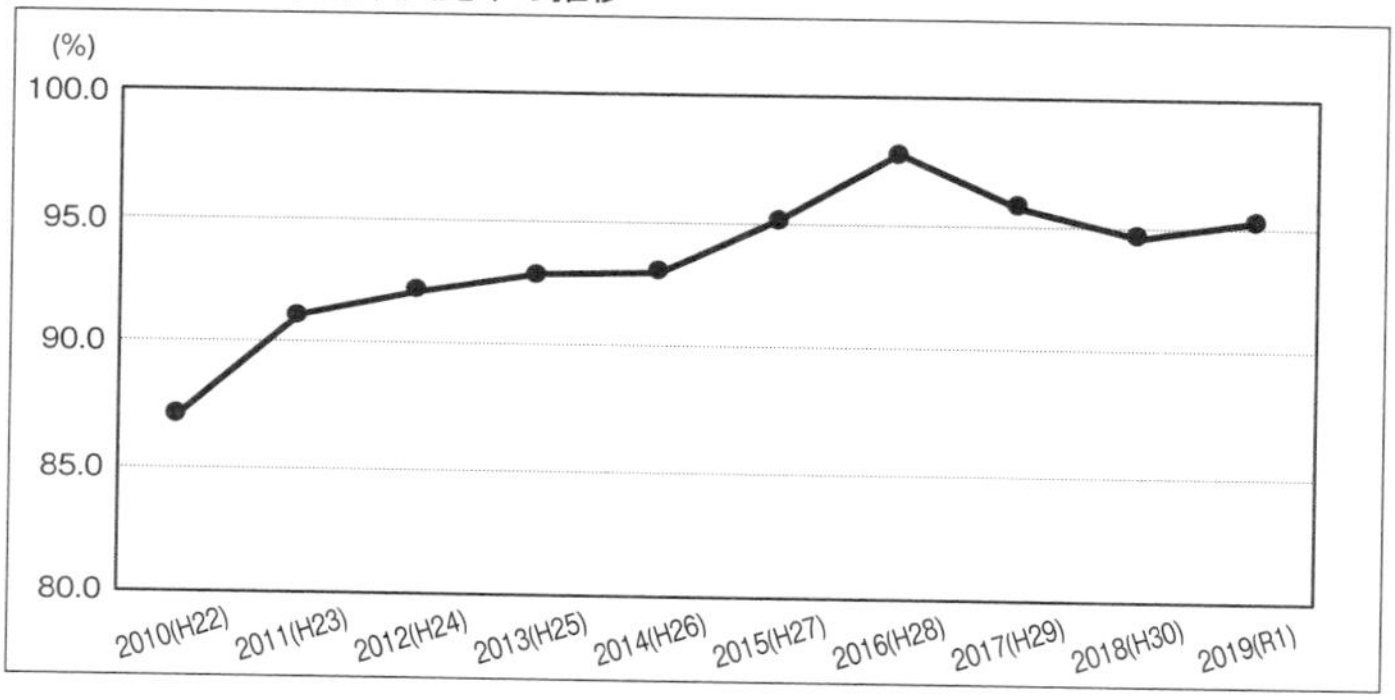

表５　県内市町の実質単年度収支赤字団体の状況

（団体数）

	10(H22)	11(H23)	12(H24)	13(H25)	14(H26)	15(H27)	16(H28)	17(H29)	18(H30)
赤字団体数	7	6	12	12	11	11	18	13	13

各年度決算カードからカウント

表６　県内市町の経常収支比率の状況

（%、団体数）

	10(H22)	11(H23)	12(H24)	13(H25)	14(H26)	15(H27)	16(H28)	17(H29)	18(H30)
～ 80.0	3	1	2	3	2	2	0	1	0
80.0 ～ 85.0	4	6	5	5	3	8	4	3	3
85.0 ～ 90.0	12	12	7	8	7	7	9	9	8
90.0 ～ 95.0	7	7	12	9	11	8	8	9	10
95.0 ～	0	0	0	0	2	0	4	3	4
栃木県平均	86.6	87.6	88.3	88.0	88.4	86.7	89.6	89.0	90.6
全国平均	89.2	90.3	90.7	90.1	91.3	90.0	92.5	92.8	93.0

各年度決算カードからカウント　2010 ～ 2012 は旧栃木市、旧岩舟町でカウント

三　新型コロナ感染症対策予算の概要

　こうした財政状況のなかで、新型コロナ感染症対策として、県内の自治体でも数度の補正予算が措置されました。

　栃木県の三月から六月までの補正予算の経緯は表1のとおりで、総額は一四三二億円（一部コロナ対策外の予算が含まれる）、うち国対策対応分が一一〇〇億円とされています。財源の内訳は、国庫支出金五一二億六〇〇〇万円、繰入金九三億六〇〇〇万円、繰越金一一億一〇〇〇万円、諸収入八〇九億三〇〇〇万円となっています。

　六月補正までで予算措置された栃木県の主な事業は表7のとおりとなっています。1から4までの事業区分は二〇一九年度三月補正の際の区分に従って以降の事業も仕分けしたものですが、「1　検査・医療提供体制の強化」と「2　感染拡大防止対策と学校の臨時休業等への対応」は国対応事業が多く、「3　事業活動の縮小や雇用への対応」と「4　県民に向けた観光や消費の需要喚起の推進」は県単事業が多くなっています。国の対策のうち、検査・医療提供対策や感染拡大防止対策については、保健所や病院、介護施設、障害者施設、学校等への対応となるため自治体を通して実施し、「持続化給付金」や「Ｇｏ　Ｔｏトラベル」など主要な経済対策については国の機関や委託業者が直接実施しています。ただ、感染の拡大状況や医療提供体制、経済・雇用状況は地域によって異なるため、自治体独自の対策も実施されています。雇用・事業継続・観光等の経済対策では国が直接実施している事業が多いため、県の補正予算では県独自の事業や国事業を補完するなどの単独事業が多くなっています。検査・医療対策でも地域外来・検査センター整備や医療従事者応援金、医療機関協力金などの単独事業が実施されています。

　また、水道料金の減免、保護者への小中学生応援支援金、小規模事業者等事業継続緊急支援金など（下野市）、子育て世帯の生活支援、感染拡大防止協力補助金、感染症対策制度融資を受けた中小業への利子補助など（栃木市）等、市町においても国・県の対策に加えて国の臨時

表７　栃木県の新型コロナ感染症対策のための補正予算の主な事業　　　は県単事業　（百万円）

	予算額
１ 検査・医療提供体制の強化	
新型コロナウイルス感染症対策のための医療機関の体制等の整備（入院協力医療機関設備整備、ＰＣＲ検査体制強化、軽症者等療養体制確保等）	5,256
ウォークイン方式等の検査センターの整備、簡易診察室、検査装置、簡易陰圧装置等	390
感染症患者の対応に当たる医療従事者への応援金の支給	500
感染症患者を受け入れた医療機関への協力金の支給	500
医療機関等に勤務する医療従事者や職員への慰労金の支給	5,398
重点医療機関（専用の病院や病棟を設定する医療機関）等の体制等整備	5,865
最近１カ月の医業収入等が前年同月比３％以上減少の医療機関支援の貸付け	6,061
２ 感染拡大防止対策と学校の臨時休業等への対応	
生活福祉資金（緊急小口資金および総合支援資金）の貸付原資等に対する助成	4,088
介護施設等における感染症の拡大防止対策支援	1,048
障害者支援施設等・児童養護施設等へのマスクおよび消毒液の一括購入・配布等	531
障害者支援施設や医療機関等へのマスクおよび消毒液の一括購入・配布等	518
介護施設・事業所における継続的なサービス提供の支援	5,137
障害者支援施設等における継続的なサービス提供の支援	2,461
児童生徒の学習保障のための学習指導員およびスクール・サポート・スタッフの配置	2,106
県立学校のＩＣＴ環境整備、タブレット端末整備等	603
県立学校のＩＣＴ環境整備、タブレット端末整備等	912
私立高等学校等のＩＣＴ環境整備、タブレット端末整備等	171
３ 事業活動の縮小や雇用への対応	
県内中小企業を支援するための「新型コロナウイルス感染症対策パワーアップ資金」の貸付	60,606
県内中小企業を支援するための「新型コロナウイルス感染症緊急対策資金」の貸付	12,121
県の緊急事態措置による休業要請等に応じた事業者への協力金の支給　支給額 100 千円	3,050
国の雇用調整助成金の支給決定を受けた中小企業に県 1/10 上乗せ	263
解雇により住居を失った者等に対し県営住宅を一時的に提供するための修繕 50 戸	40
文化・芸術活動応援事業費（若手音楽家の活動支援等）	5
地域公共交通事業者等の事業継続に対する支援金の支給	603
４ 県民に向けた観光や消費の需要喚起の推進	
将来の観光需要回復に向けた取組に対する助成	65
地域における消費の喚起に向けたプレミアム付商品券の発行	1,283
とちぎに泊まろうキャンペーン事業費	462
小中学校等給食における和牛肉等県産牛肉および食育教材の提供	620
小中学校等給食における県産水産物の提供	268
有料道路無料化に係る県道路公社への損失補てん	250

交付金や財政調整基金を使った独自の事業が実施されています。

新型コロナ感染症対策が今後も継続していくことを考えると、地域の実情に応じた自治体独自の単独事業を充実していく必要があり、その財源を国が保障する交付金の増額と自治体の体制強化が求められます。

四　今後の自治体財政の課題

コロナ感染症拡大による経済への影響は大きく、四月～六月のＧＤＰはマイナス二八・一％でリーマンショック以上の戦後最大の落ち込みとなり大幅な税収減が見込まれる一方で、コロナ感染症対策では一〇万円の定額給付金の支給などこれまでの対策に加えて、今後ＰＣＲ検査の充実・強化や医療機関への支援、保健所をはじめ現場で膨大な対策を実施する自治体の体制強化が求められます。更に近年頻発する豪雨災害、特に昨年十月の台風十九号被害からの復旧・復興、今後の防災対策等自然災害への対策にも多額の財源、特に自治体の裁量で自由に使える一般財源の確保が必要となっています。

○国による地方財政対策の課題

次のような指摘がされています。[注4]

・国と地方の大幅な税収減のなかで、新型コロナウイルス感染症対策に係る財政需要の増加、職員体制強化も含め、自治体が安定した財政運営が行われるよう、地方一般財源総額の確保、拡充が必要
・医療機関への 損失補填を含む経営支援
・ＰＣＲ検査の抜本的拡充のための予算措置
・休業要請を行う場合の国による補償金の制度化と財源保障
・新型コロナウイルス感染症緊急包括支援金の柔軟運用、対象拡大および増額
・新型コロナウイルス感染症対応地方創生臨時交付金の年度間流用、柔軟運用、配分基準の見直しお

よび増額・制度継続
・災害対策基本法等の改正により、コロナ禍を自然災害として位置づけ、災害対応の財政措置の適用（特別交付税、交付税措置のある地方債発行など）

今後の新型コロナ感性症対策は、地域の実情に応じて地方自治体が体制を強化し、主体的な役割を果たせるよう、国は自治体の一般財減を保障するとともに、交付金の増額と効果的な使い方ができるような支援を行っていくことが必要です。

○自治体財政運営の課題

次のような指摘がされています。注5

・第二波への対応として、緊急包括支援金や地方創生臨時交付金など国の財政措置の活用
・職員体制の整備、強化、医療機関への財政支援、地域経済対策、雇用対策などの課題に対して国の財政措置が不十分な場合に、自治体独自の財源確保が求められる
・九月補正予算でいかに既存事業を見直し、減額補正することで独自事業の財源を確保できるかが鍵
・コロナ禍のなかで、これまでの自治体行財政のあり方を見直し、優先すべき必要な事業の積上げと既存事業の見直しを総合的に進めるプロセスの確立を

コロナ禍に加えて豪雨災害対策等もあり、国の補助事業や起債を活用したとしても一般財源の確保を図らなければならず、当面の財源確保対策にとどまらず、数年続くであろう財源対策を見据えて既存事業を見直すとともに、自治体の総合計画の見直しも進める必要があります。栃木市では、災害復旧のため大型事業の事業費やスケジュール等の見直しで二〇二〇年から五年間で一二四億円余の削減を図るとしています。

そして新自由主義政策の下で進められてきた行財政改革、業務の民間委託化などにより縮小してきた医療・福

祉部門などの役割を見直し、今回のコロナ危機だけでなく頻発する豪雨災害にも対応できる余裕のある職員体制の整備も必要です。

（注1～5）本稿の作成に当たっては、新型コロナウイルス京都フォーラムの「COVID-19 京都フォーラム ミニ講座」第4回「新型コロナと自治体財政の課題」（平岡和久立命館大学教授）の示唆によるところが大きく点線囲みおよび図2はこの講座から引用させていただきました。

（前半）https://www.youtube.com/watch?v=9joo8Urz5ig&t=31s

（後半）https://www.youtube.com/watch?v=PloPL2FoL1s

【参考文献】

平岡和久「人口減少と危機のなかの地方行財政」自治体研究社　２０２０年

森裕之「市民と議員のための自治体財政」自治体研究社　２０２０年

〔当研究所事務局長　山口　誠英〕

第Ⅱ章

各論　〜栃木の自治への提言〜

各政策課題ごとの提言

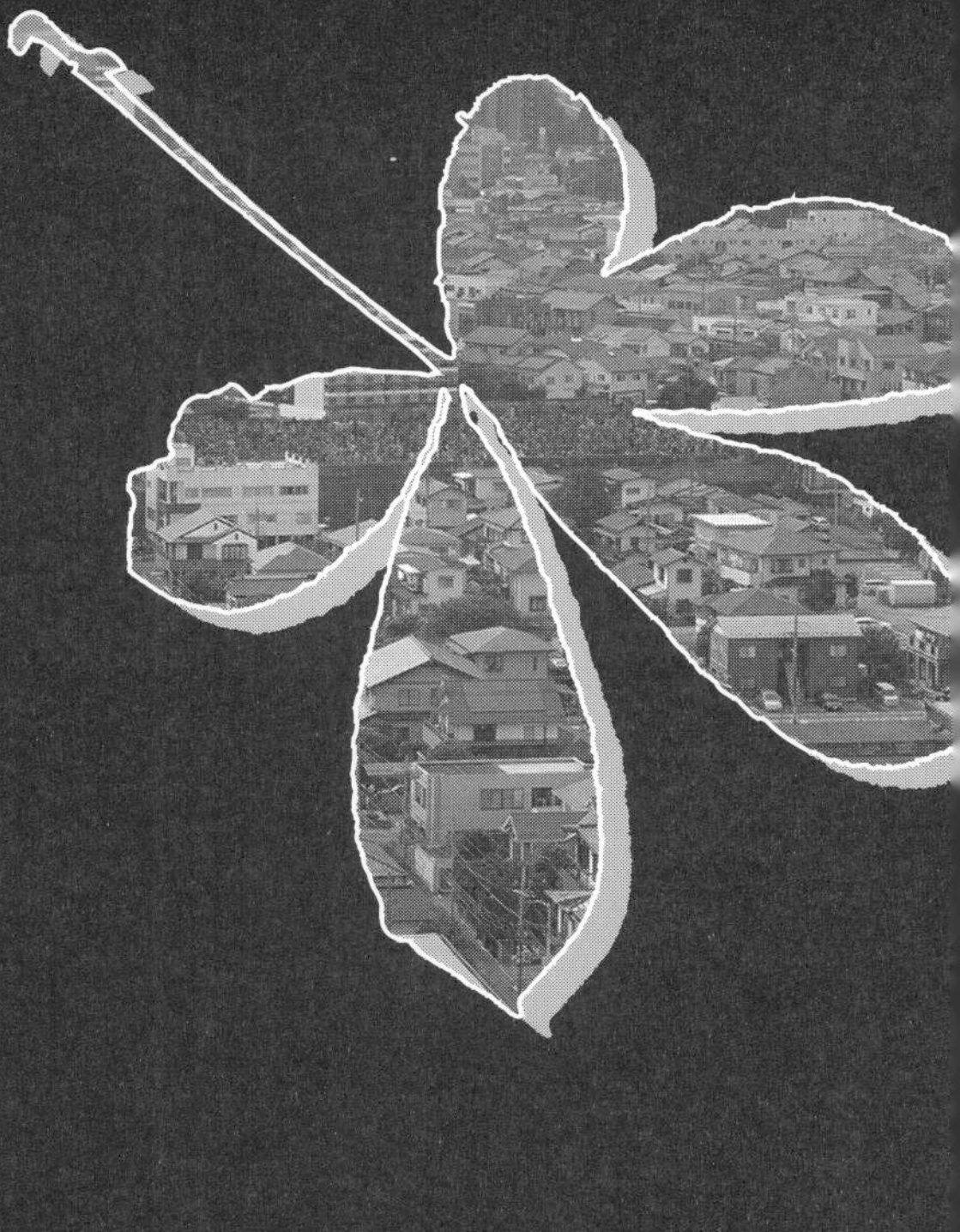

新型コロナと地域医療および公衆衛生

―国民の生存権保障の観点から―

一　新型コロナの感染状況とファクターX

(1)　新型コロナの感染状況の推移と予測

新型コロナウイルス感染症（以下「新型コロナ」という）の感染者数は、本年（二〇二〇年）九月一五日現在、全世界で累計二、九六〇万人、死亡者数は同じく九三万人を超えました。日本の状況は、図表1―1に示すように、感染者数が累計で九万六千人を超え、死亡者数は一、四六〇人に上ります。四月の第一波の感染拡大を経て、七月下旬から第二波の新規感染者数の急増が見られ、八月後半以降はなだらかな下降傾向が見られるものの三〇〇～八〇〇名前後で上下を繰り返しており、収束の目途が見通せない状況が続いています。感染者数の大きさでは東京や大阪などの大都市圏が目立ちますが、第二波の状況では全国化しているとともに、感染経路不明者が増え市中感染の拡大が濃厚になっています。

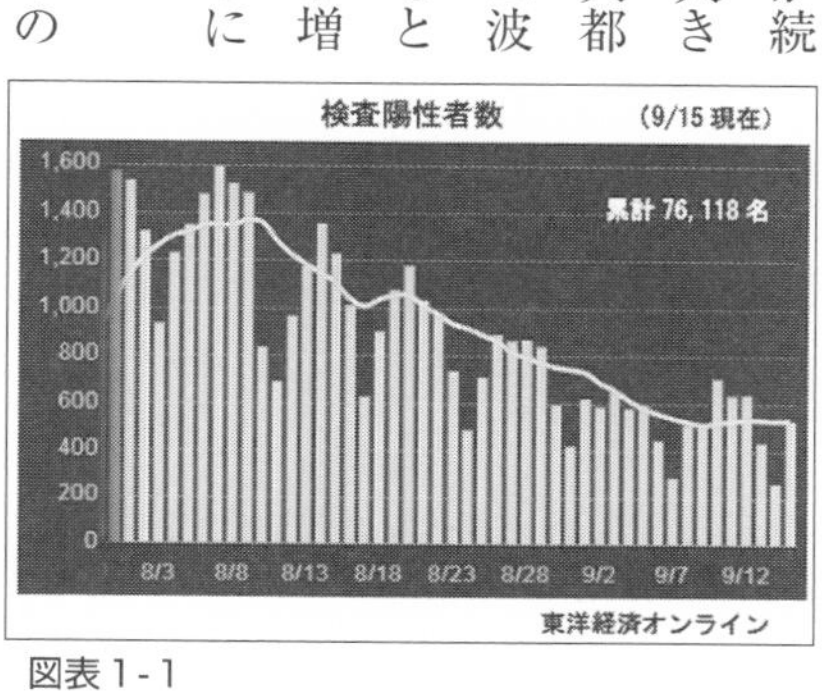

図表1-1

こうした中で、アメリカのワシントン大学保健指標評価研究所（ＩＨＭＥ）は、九月四日に世界で初めて三つのシナリオに基づく各国別の死亡者数などの予測（COVID-19 Projection）を発表しました。それによると、マスクの着用や活動抑制が現状のままである場合（based on Current projection scenario)、二〇二一年一月に全世界の死亡者数が累計で約二七八万人となり、日本では九万一千人を超えると予測しています（数値はＨＰで全世界に公表され日々更新されています）。にわかには信じがたい驚くべき予測ですが、ＩＨＭＥはアメリカ政府の新型コロナ対策の分析で定評のある研究機関であり、決して油断はできません。

(2) 新型コロナのエピセンターとクラスター

新型コロナの現状認識をめぐり、七月一六日に行われた参議院予算委員会での参考人意見陳述において、野党推薦の児玉龍彦名誉教授（東大先端科学技術研究センター）から重要な論点が示されました。「エピセンター」（震源地）という概念が示され、単に感染者の集団を意味する「クラスター」との違いが強調されたのです。とくに東京都新宿区がそうした状況にあることが指摘され、そこから周辺や各地に新型コロナが伝播・拡散されており、これを封じ込めるにはＰＣＲ検査の「面」での大規模実施（事業者二〇万人、区民三三万人）が必要との見解が表明されました。

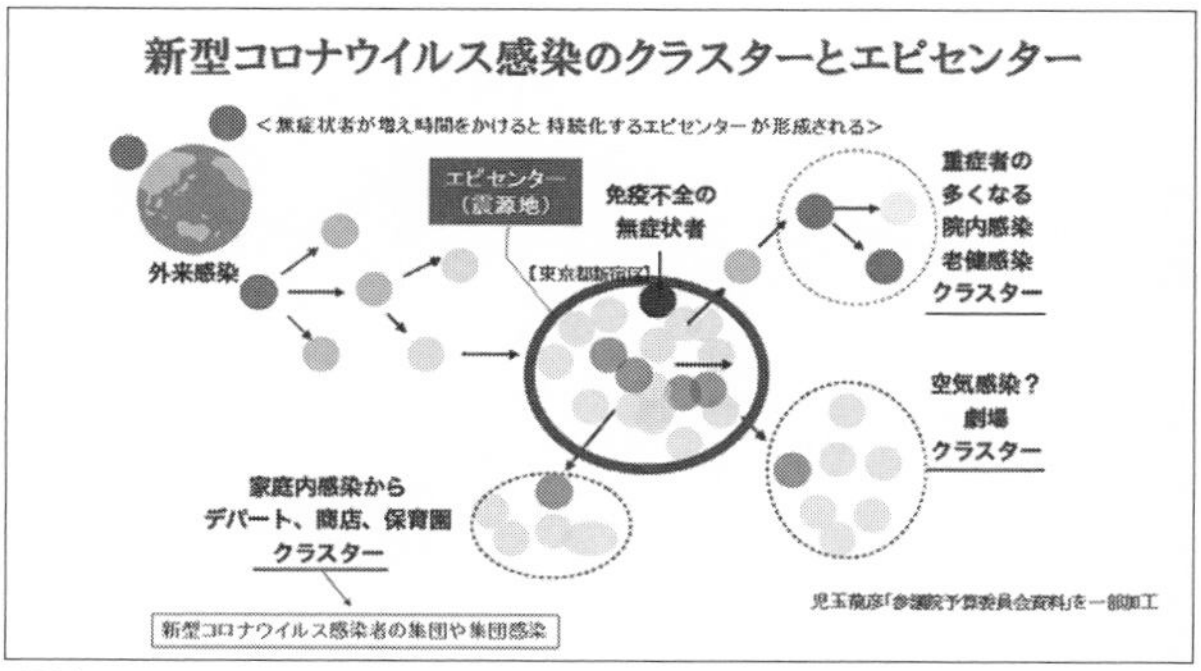

図表1-2

たしかに、武漢や北京、ニューヨークでも大規模検査が実施され、北京では実に一日最大一〇〇万人超、ニューヨークでも一日六万人以上の検査を実施し、感染者の隔離と治療につなげ封じ込めに成功しつつあります。これに対し、増えたとはいえ最高で五・五万件強（八月一四日）、平均すると二万件台がやっとの日本（全国）の現状とは大違いです。

(3) 虚構の「日本モデル」と「ファクターX」の謎

安倍前首相は、五月二五日に記者会見を開き緊急事態宣言の解除を発表し、「日本ならではのやり方で、わずか一カ月半で、今回の流行をほぼ収束させることができました。正に、日本モデルの力を示したと思います」と胸を張って見せました。しかし、「感染流行をほぼ収束させた」という根拠のない軽薄ともいえる判断とともに、それが「日本モデル」の力によるものだとする認識には唖然とさせられました。その後の推移を見れば、収束どころか第一波を上回るような感染拡大が生じている事実が大きな誤りであることを証明していますが、「日本モデル」の方は、日本の感染者数と死亡者数が世界的に見れば少ないことから何となくモヤモヤ感が残るかもしれません。

　図表1—3を見ると、たしかに日本の「一〇万人あたりの感染者数」も「致死率」も低い位置にあることがわかります。しかし、この事実は日本を含む東アジアの特徴であり、その中でみれば日本だけが低いわけではなく、逆に致死率では日本は感染者数で世界一位の米国や二位のブラジルよりも高いのです。このことを見ただけでも、優生思想と批判された麻生大臣の「日本人の民度が高いからだ」との発言も含め根拠がないことは明白です。ただ、山中伸弥教授も欧米との違いを「ファクターX」と呼び、それが何によるかは現時点で不明としています。同じコロナウイルスである中国の広東省を起源としたSARSの影響などによる交差免疫の存在、結核の予防接種であるBCGの効果、マスク着用などの日本人の生活習慣などが指摘されていますが、現時点において特定されるまでには至っていません。

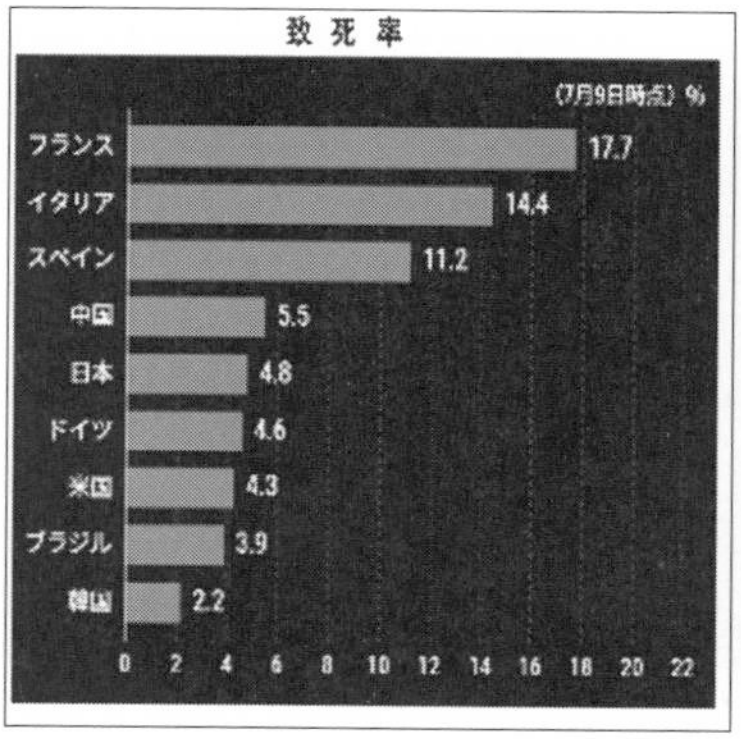

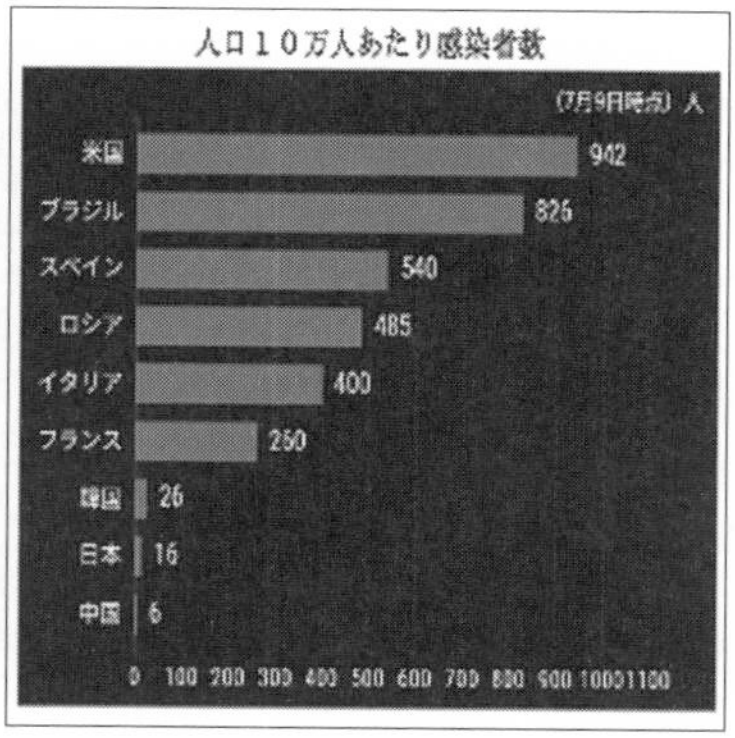

図表1-3

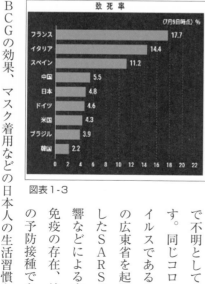

二　新型コロナをめぐる政府と自治体の対応

これまで新型コロナの感染状況について見てきましたが、ここでは、こうした未曾有の危機を迎えて政府や自治体（とくに東京都と栃木県）は、どのような対応をしてきたのかを検証します。まず確認できることは、図表２―１に示すように緊急事態宣言解除の前後で政府等の対応が一八〇度異なることであり、このことは五輪延期決定前後の状況と瓜二つです。それを象徴するのが国民への状況説明と行動要請です。五輪延期決定（三月二四日）直前の状況として、三月二〇日に政府は一斉休校要請の解除を決め、東京都からも深刻化しつつある感染状況の説明や具体的な行動自粛などの呼びかけはなく、人々は緩和状態のまま連休（三月二〇日～二二日）を楽しみましたが、その約二週間後に感染爆発ともいえる第一波のピークを迎えることになりました。小池知事は、延期決定の翌日にいきなりロックダウン（都市封鎖）や行動自粛を言い始めますが、時すでに遅しの状況になったのです。

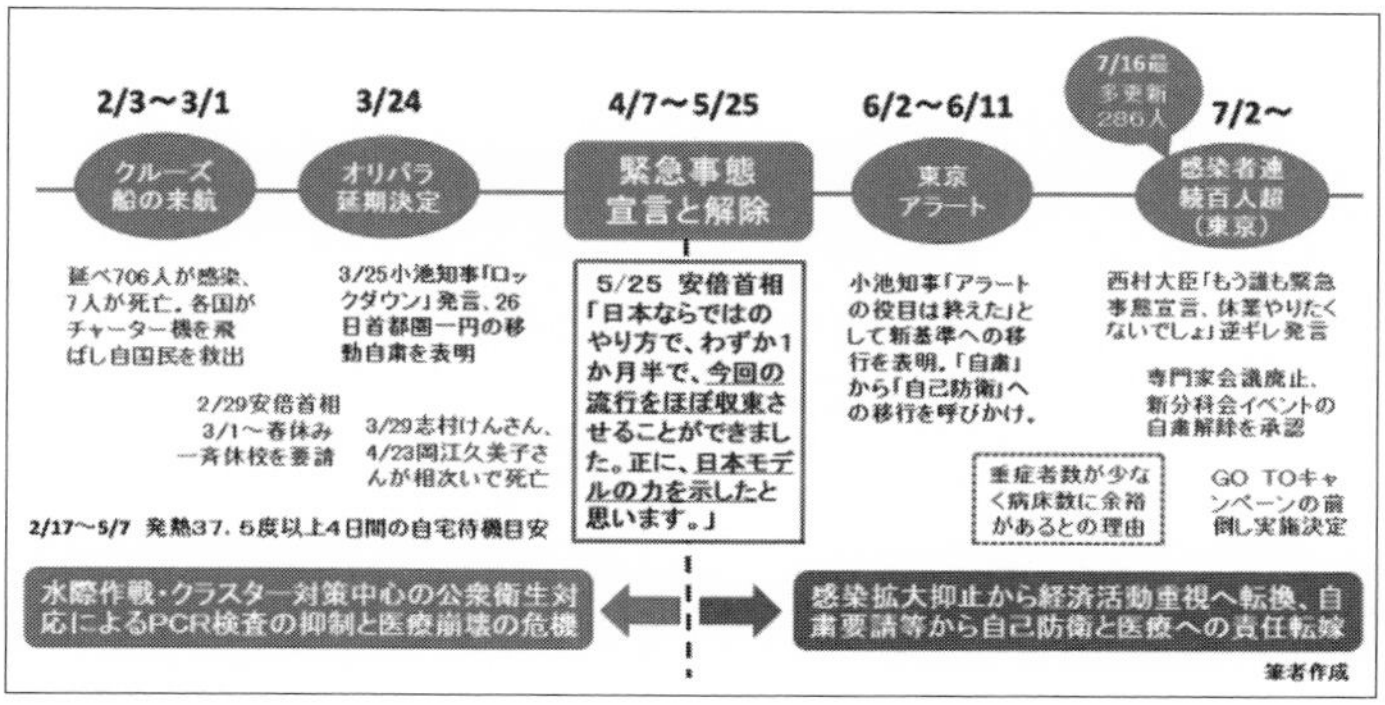
2/3～3/1
クルーズ船の来航
延べ706人が感染、7人が死亡。各国がチャーター機を飛ばし自国民を救出
2/29安倍首相 3/1～春休み一斉休校を要請
3/24
オリパラ延期決定
3/25小池知事「ロックダウン」発言、26日首都圏一円の移動自粛を表明
3/29志村けんさん、4/23岡江久美子さんが相次いで死亡
2/17～5/7 発熱37．5度以上4日間の自宅待機目安
4/7～5/25
緊急事態宣言と解除
5/25 安倍首相「日本ならではのやり方で、わずか1か月半で、今回の流行をほぼ収束させることができました。正に、日本モデルの力を示したと思います。」
6/2～6/11
東京アラート
小池知事「アラートの役目は終えた」として新基準への移行を表明。「自粛」から「自己防衛」への移行を呼びかけ。
重症者数が少なく病床数に余裕があるとの理由
7/16最多更新286人
7/2～
感染者連続百人超（東京）
西村大臣「もう誰も緊急事態宣言、休業やりたくないでしょ」逆ギレ発言
専門家会議廃止、新分科会イベントの自粛解除を承認
GO TOキャンペーンの前倒し実施決定
水際作戦・クラスター対策中心の公衆衛生対応によるPCR検査の抑制と医療崩壊の危機
感染拡大抑止から経済活動重視へ転換、自粛要請等から自己防衛と医療への責任転嫁
筆者作成
図表2-1

　不十分な補償による休業要請を経て緊急事態宣言（以下、「宣言」という）は解除され、その後は感染拡大防止から一気に経済活動再開へと舵が切られ、混迷を重ねながら「Ｇｏ Ｔｏキャンペーン」の前倒し実施へと突き進んでいます。東京都では大阪府をまねた〝東京アラート〟なるものを発動し、レインボーブリッジを赤く染めたかと思えば、都知事選挙への出馬表明の前日にわずか一〇日間で廃止し、具体的な数値基準を示さない総合的判断による方式に変更しました。しかし、その後に感染者数

が急増する事態となり、〝東京アラート〟とは何であったのかが問われています。こうした一貫性を欠く対応が繰り返され、その際の根拠とされたのが国を含め「死亡者数・重症者数が少なく病床数に余裕がある」というものでした。しかし、これは当時増加傾向にあった途中経過の数値に過ぎず、今後の見通しに関する科学的根拠を示さない戦略性を欠いた無責任な対応といわざるを得ません。

政府から対応策の根拠となる基準が示されたのは、五月一四日に三九県の緊急事態宣言を解除したときですが、その目安とされたのが「直近一週間の新規感染者数が一〇万人当たり〇・五人未満程度」など四項目の指標でした。ところが、五月二五日には再度の宣言の発令には、同指標を五人以上とすることが説明されました。その後、自治体ごとに独自の判断基準を設定する動きが全国化し、それに押される形で政府の分科会が感染状況等に関する判断基準を発表したのは八月七日でした。そこで、ステージ一～四の感染段階と判断基準となる六つの指標が示されましたが、ステージ一、二の判断基準はなく、緊急事態宣言に相当するステージ四の指標のうち、「直近一週間の一〇万人当たり新規感染者数」は、解除基準（〇・五人未満）や再宣言基準（五人以上）を大きく上回る二五人以上にさらに引き上げられ、再度の宣言発令を回避しようとする思惑が見て取れます。

栃木県では、宣言の解除を受けた五月一五日に、三段階（特定警戒・感染拡大注意・感染観察）、四指標（新規感染者数・ＰＣＲ検査の陽性率・病床の稼働率・重症病床の稼働率）による警戒度の独自基準を設定し、その時点の警戒度を最も低い「感染観察」としました。この警戒度は、七月二七日に「感染拡大注意」に引き上げられるまで維持され、変更された警戒度が今日まで継続されています。また、八月一二日には国の基準が設けられたことを受け、国基準に沿った独自基準の見直しが行われ、三段階四指標から四段階七指標へと変更されました。ただ、国基準の六指標も内訳の指標を入れると同様の七つになりますので、レベルや指標の構造はほぼ同じといえます。

あえて違いを挙げれば、①国基準にはステージ一、二の具体的な判断基準がないこと、②県基準には国基準で示された病床稼動率（占有率）に関する「最大確保」と「現時点確保」の区別がないこと、③国基準は各指標の判断数値が県基準と比べ緩く設定されていること、などです。総じて、県基準は国基準より基準値が厳しく設定されている点が最大の特徴ですが、現時点での受入可能病床数が明確でない点は課題といえます。

問題は、こうした感染状況と対応策に関する判断基準が、実際にどのように運用され効果的に機能したのかということです。図表2―2は、七～八月に開催された「栃木県新型コロナウイルス感染症対策本部会議」で評価された警戒度について、判断基準となった四指標の推移をグラフ化したものですが、連続性を確保するため旧基準（七月二七日以前）の四指標にしています。これを見ると、トレンドの違いとして二つの時期に区分できることが分かります。ひとつは感染が拡大する上昇トレンドの時期（七月九日～七月二七日）、もう一つは感染の縮小が伺える下降トレンドの時期（八月一二日以降）です。これら四指標の変化と警戒度評価との関係については、考え方として警戒度を引き下げるときは慎重に判断し、逆に、引き上げるときは先手を打つ意味合いからも機敏に対応することが原則とされています。こうした観点からすると、七月九日以降に新規感染者数の急増と病床稼働率の急上昇が見られたにもかかわらず、最も低い警戒レベルの「感染観察」が二カ月以上（五月一五日～七月二六日）にわたり維持され、しかも七月一〇日には緩和レベルをステップ二からステップ三へと全面緩和の一歩手前まで緩め、イベントの規模要件について屋内外とも参加人数の上限を五千人までとしましたが、このことの検証と評価が問われます。

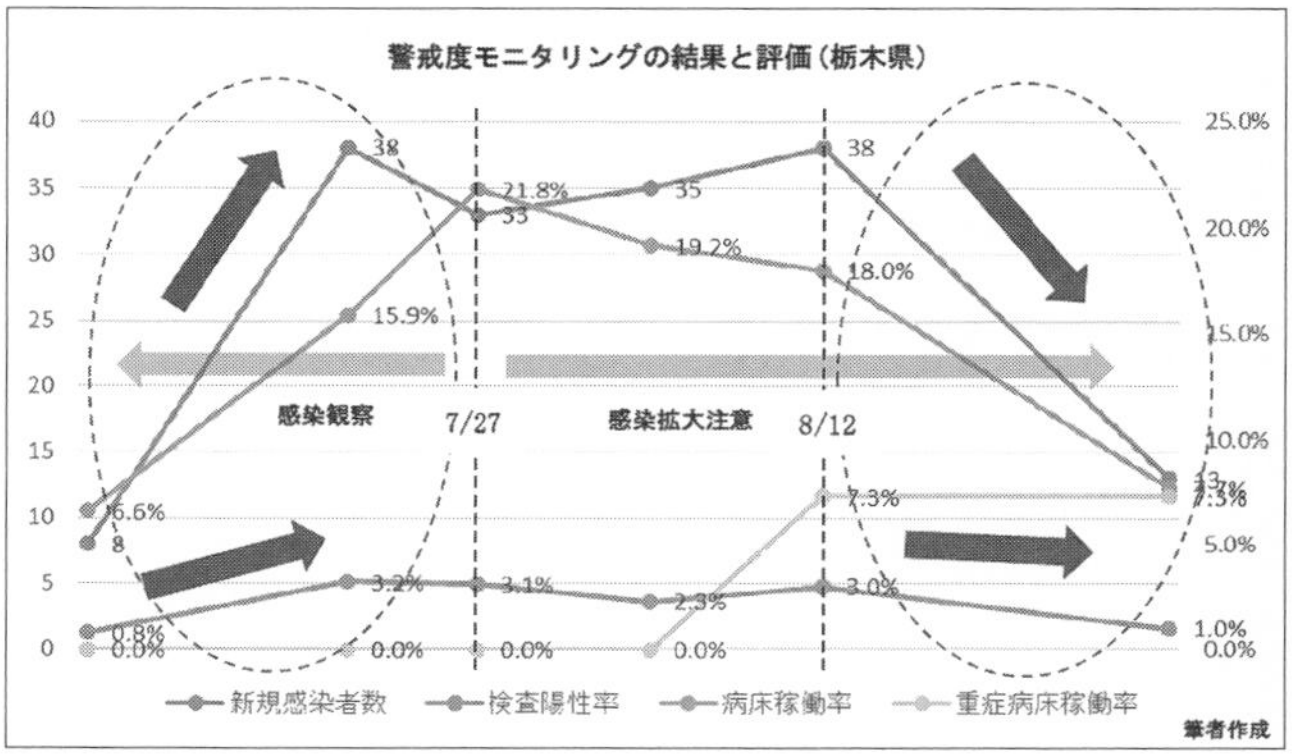

図表2-2

(1) ＰＣＲ検査の全国実施件数の推移と国際比較

ＰＣＲ検査の実施件数が少なすぎることは当初から繰り返し指摘されてきましたが、図表２―３に示すように、安倍前首相が国会で約束した二万件／日もつい最近まで実現されていませんでした。やっと二万件を実現したのは七月二四日（二四、一八二人）であり、八月一四日には五万五千人強の最大数を記録したものの、この水準は維持されることなく上下を繰り返し、平均では二万人をようやく超える水準となっています。

ただ、ＰＣＲ検査実施件数が少なすぎることは、政府自体が早くから認めてきたことでもあります。国際的に見ても日本の現状がいかに非常識な状況であるかは、図表２―４を見れば一目瞭然であり、ＯＥＣＤ加盟三五か国のなかで日本は実に三四位の位置にあり、ＯＥＣＤ平均実施件数の八％にすぎません。

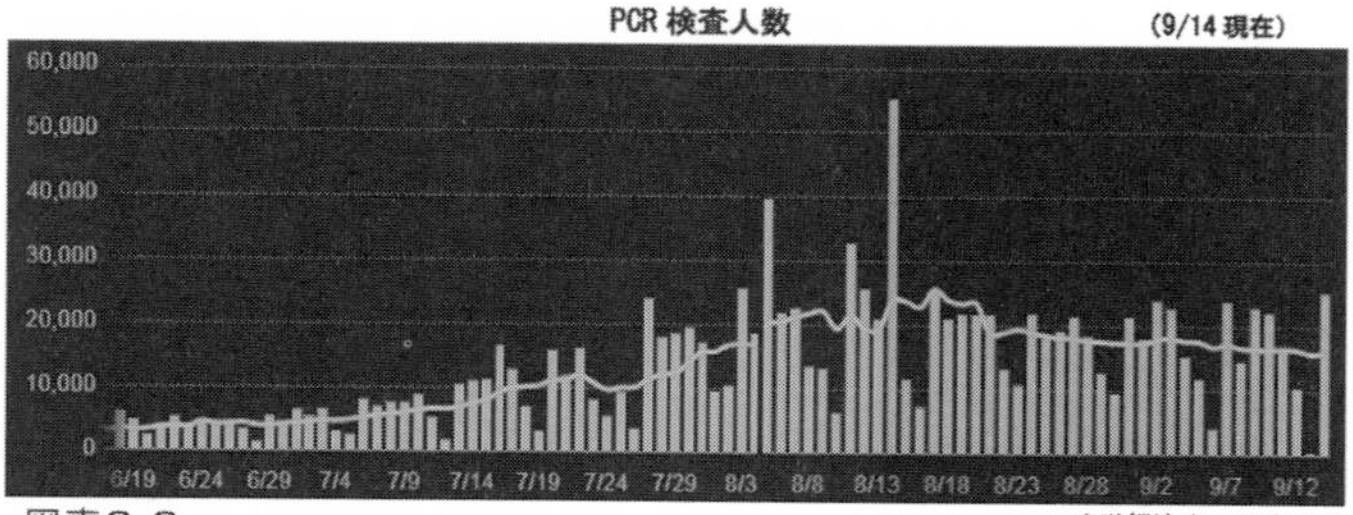

図表２-３

東洋経済オンライン

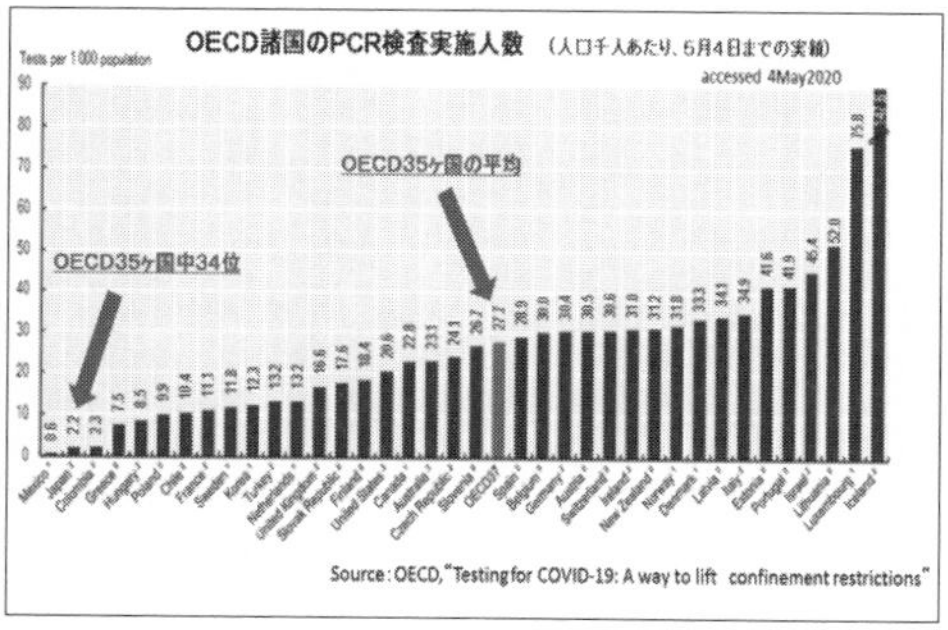

図表２-４

(2) 感染拡大の防止とＰＣＲ検査の積極的な実施

新型コロナの特徴として、感染の自覚がない無症状感染者の割合が多いことが挙げられますが、こうした感染者は「無症候キャリア」と呼ばれ本人が知らぬまま他人に感染させる可能性があります。しかも、「無症候キャリア」の多くは活動が活発で行動範囲が広い若者や現役世代である場合が多く、知らず知らずのうちに重症化リスクの高い高齢者等に感染させてしまう危険性があり、最近になって中高年齢者層にも感染が広がりつつあることが懸念されます。こうした特性を有する新型コロナの感染拡大を防ぐ有効な方法は、無症状を含む感染者（場合により濃厚接触者も）を隔離し、重症・中等症患者は専門病床に入院させて治療し、無症状・軽症の陽性者は医療のバックアップのある公共施設やホテル等の経過観察施設で受け入れる、という区別をいち早く行うことです。

ＰＣＲ検査については、精度の問題（擬陰性等の発生）が指摘されますが、複数回検査の実施などの工夫を講じることも含め、現時点でこれ以外の有効な方法は存在しないことは、世界各国の事例が示しています。また、検査の効率的実施については、複数の検体をプール（グループ）化してまとめて行い、陽性となったグループのみを更に検査する方法のほか、日本が開発した自動検査機器も存在します。大都市を中心に全国的に発生が見られるエピセンターの封じ込めの場合には、エリア（面）単位での大規模検査の早期実施が求められます。同時に、特定の場所や施設（とくに高齢者施設）でのピンポイントの検査も含め、ＰＣＲ検査の大規模かつ集中的な実施が喫緊の課題となっています。

三　国民の生存権と公衆衛生・医療のあるべき関係

図表３—１は、公衆衛生と医療の関係を図式化したもので、左側に公衆衛生、右側に医療、両者の真ん中に検査が置かれ、左から右に矢印が描かれています。この位置関係と矢印の方向性には重要な意味があり、矢印の方向が逆になることは基本的にありえません。また、検査についての公衆衛生側から

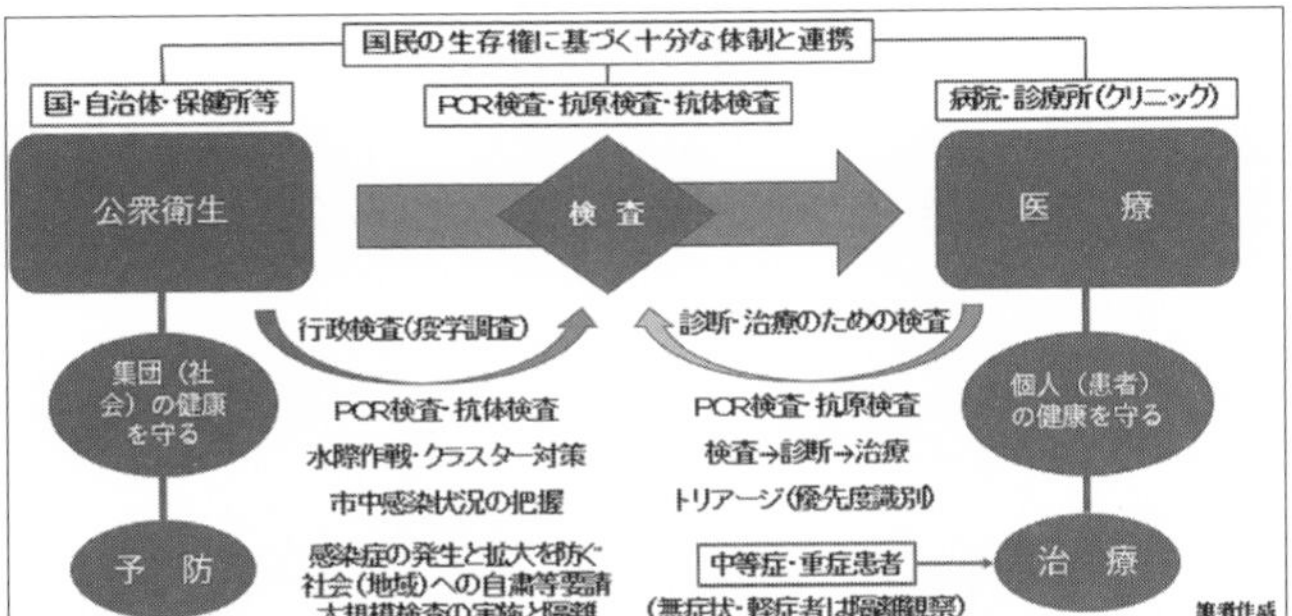

図表３-１

の矢印と医療側からの矢印が描かれ、同じ検査でも意味合いが異なることが示されています。

まず公衆衛生と医療の関係ですが、ともに国民の生存権を支える社会保障制度の重要な要素であることが重要といえます。その根拠となる憲法二五条は、第一項で国民の権利として生存権を明記するとともに、第二項で国家の義務として国民に対する生活保障を定めています。そのうえで両者の違いを説明すると、ともに国民（住民）の健康を守ることを使命としていることは同じですが、公衆衛生は集団（社会）の健康が対象であるのに対して、医療は個人（患者）の健康を対象にしている点が本質的な違いです。

よく公衆衛生は〝パーセンテージの世界〟といわれますが、その意味は社会の健康状態を計る際に、分子を「病気の人々」、分母を「病気の人々」＋「健康な人々」とする分数と捉え、その値をできるだけ小さくするというイメージになります。これに対し医療は、患者（個人）の健康が対象なので、公衆衛生の状態がどうであれ治療を必要とする目の前の患者が全てになります。その意味では医療は受身であって、時々の社会や集団の公衆衛生の状態を前提に、そこから生じる患者となった個人を治療することになります。医療としては、公衆衛生の状態により医療が受け持つ患者の数と疾患が決まることになるので、公衆衛生としては、医療に過度な負荷をかけることなく、できる限り医療の対象にならないように「病気の人々」がより少なくなる社会の状態をめざすことが求められます。この意味で、「健康な人々」を維持・増進する「予防」が、公衆衛生の社会的な役割といえますが、感染症の場合も同じで、感染の拡大を防止し入院患者（とくに重症者）を最小にすることによって、医療崩壊を防ぐ重要な役割があります。

以上の両者の関係を踏まえるならば、矢印の向きが左から右に向かっている理由がご理解いただけると思います。検査についても、公衆衛生からする検査は感染拡大を防止するための検査ですが、医療からする検査は早期発見―早期診断―早期治療のための検査です。日本では、とくにPCR検査が、一定期間、公衆衛生からの行政検査（保健所経由）に限定されたため、医師が診断のために必要な検査すらできず治療に支障を生じる事態になりました。今はＰＣＲ検査が保険適用となって、ようやく医師の判断で治療のための検査が一応可能になりましたが、地元医師会などによるＰＣＲ検査センター等の整備が不十分な地域では実質的に変わらないとの指摘もあります。一方で、エピセンターの封じ込めなどの場合には大規模検査が必要になりますが、ニューヨークのように「どこでも・いつでも・誰でも・無料で」検査できるようにするには、「医師が必要と判断した場合」とする条件を外す必要があります。もっともこの場合の検査は、医療の側からする検査ではなく、感染拡大防止という公衆衛生の側からする検査になります。改めて公衆衛生の側からする検査体制について、従来の発想を転換し大規模検査を可能にする抜本的な拡充を速やかに行う必要があります。

四　医療崩壊の潜在的危機と新型コロナの影響

(1)　二重の要因による医療崩壊に至る危機の構図

当時の菅官房長官が記者会見（七月二二日）で、「東京都の医療提供体制は逼迫していない」と発言したことに対し、翌二三日に開催された東京都の「モニタリング会議」で、「『都の医療体制が逼迫していない』という政府の説明は誤り」とする専門家（山口芳裕杏林大学教授）の見解が示されました。公式の会議の場で官房長官の発言を真っ向から否定する異例の見解表明であったことから、多くのマスコミの注目を集めることになりました。

山口教授が「誤り」と断じた理由は主に次の二つです（マスコミ各社の報道内容）。

①病床の拡大には二週間以上の時間が必要であること（病床のレイアウトやシフトの変更、感染防止対策の徹底、入院している患者の移動などに多大な作業を要する）。患者の増加と重症者の倍増の中でとても逼迫していないとはいえない。

②ベッドの確保イコール患者の入院可ということではないこと（コロナ患者の入退院にはより多くの手間とマンパワーが必要で、現場の医療も本当に疲弊している）。

また、山口教授は、小池知事に対しても「赤（最悪のモニタリング指標）ではないが、医療関係者をはじめ都の職員、保健所、ホテル、さまざまな人の努力や苦労によってオレンジで踏ん張っている、こらえていると知事にはご理解いただきたい」とも述べています。こうした現場の声が、マスコミに取り上げられる公式の場で表明されたことに危機感が滲み出ていますが、新型コロナ患者を受け入れるほど病院の経営や職員の処遇が悪化する実態も指摘されています。そもそも医療費削減・効率優先の医療政策によって、「病床が九割くらい埋まらないと採算が取れない仕組みなので、今回のような非常事態が起きると、すぐにお手上げになってしまう」（横倉日本医師会前会長、毎日新聞五月二七日）とされるように、医療現場は医療崩壊寸前の運営を強いられてきたのです。

(2) 病院経営の危機的状況と医療従事者の処遇

日本病院会、全日本病院協会、日本医療法人協会による報告書（図表4—1）は、「新型コロナウイルス感染患者の入院を受け入れた病院では、診療報酬上のさまざまな配慮はあったものの経営状況の悪化は深刻であった。また、病棟閉鎖せざるをえなかった病院の悪化傾向は顕著であった。これらの病院への緊急的な助成がなければ、今後の新型コロナウイルス感染症への適切な対応は不可能となり、地域での医療崩壊が強く危惧される」と警告しています。

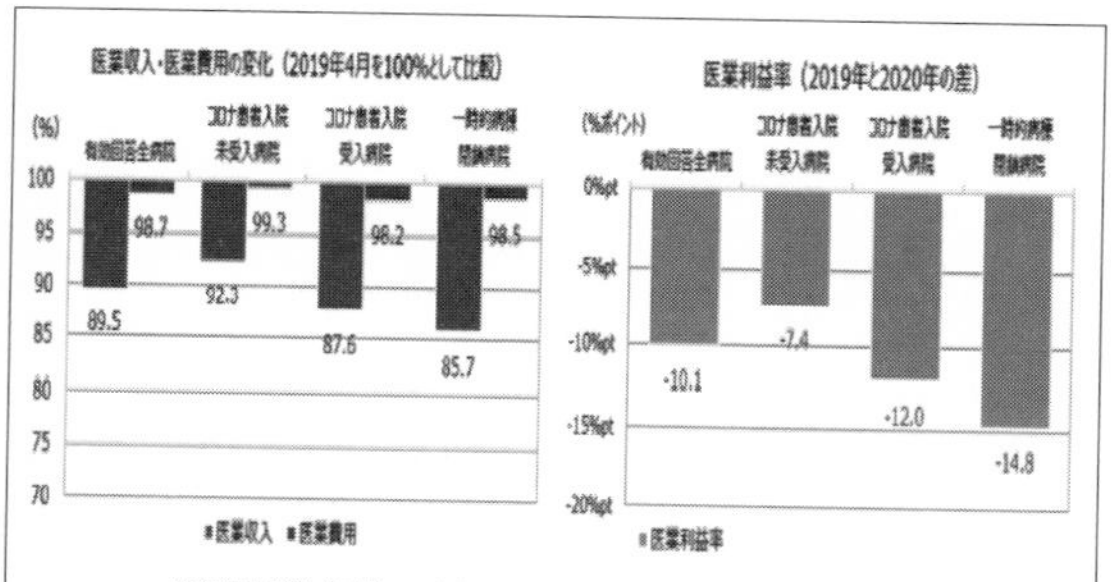

日本病院会等「新型コロナウイルス感染拡大における病院経営状況緊急調査（最終報告）」

図表4-1

また、病院経営の危機的状況は、医療従事者の処遇にも反映しています。開業医・勤務医一、二六六人に対するアンケート調査結果（小川洋輔「開業医九一・三%収益減、勤務医三四・九%収入減、一二六六人調査」）によれば、開業医で六月給与が前年比で二〇%

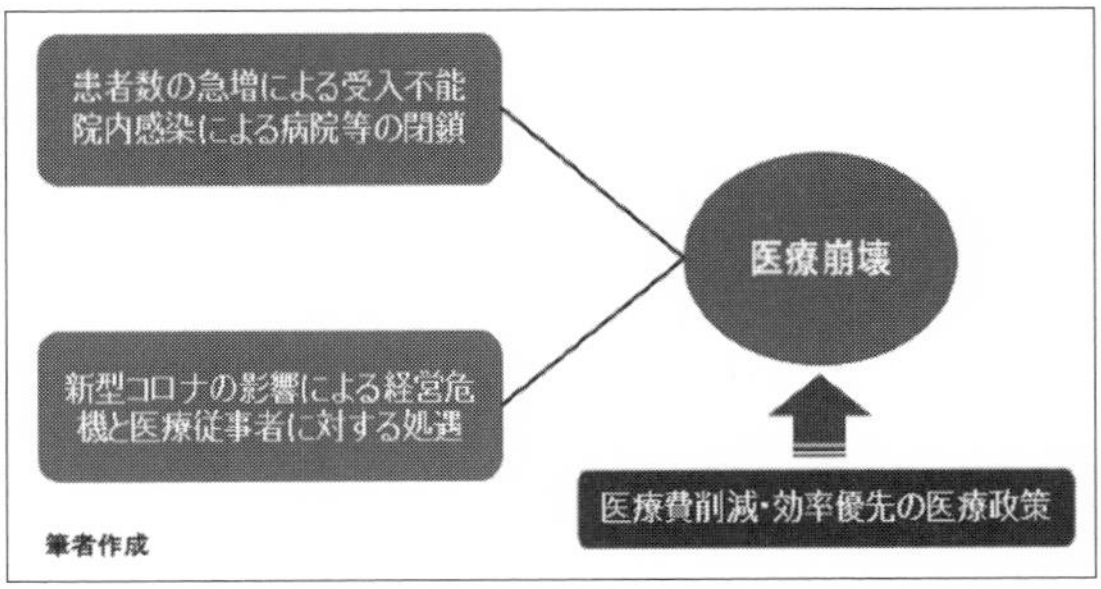

図表4-2

以上減った割合が二七・九%に上り、五〇%以上減った割合も二・五%ありました。賞与では前年比五〇%以上減った割合は倍の五%でした。勤務医では六月給与が前年比で二〇%以上減った割合は一五・二九%でした。

開業医・勤務医の違いとともに給与減少幅もバラつきがありますが、新型コロナの感染患者を命がけで治療した第一線の医師の処遇が、増えるどころか減らされる実態をどう考えたらよいのでしょうか。日本医療労働組合連合会（医労連）の調査では一二二組合で賞与が減額になり、東京女子医大病院では看護師四〇〇名が賞与カットに対して退職希望の意向を示し、千葉県の船橋二和病院では夏の賞与が過去最低の〇・九カ月分になったことで、医師や看護師らがストライキを決行するまでになっています。

図表4―2に示すように、新型コロナによって医療崩壊に至る直接の契機は、入院が必要な感染患者の急増による受入不能状態や院内感染の発生による病棟・病院の閉鎖のほか、感染者の受入や受診抑制による病院経営の危機的状況とそれに伴う医療従事者の処遇悪化による人材の流出や確保困難という二つの要因が挙げられます。しかも、長年に亘る医療費抑制の医療政策によって医療提供体制が脆弱化してきたことが、これらの要因を生じ易くさせ、ひとたびパンデミックのような状況が生じると、直ぐに「お手上げ状態」（医療崩壊）に結びつく温床となってきたのです。もはや単に診療報酬の加算や前払いといった制度の枠組みの範囲での対応だけでなく、病院経営の減収（赤字）補填にまで踏み込む必要があり、そうでないと病院経営も医療従事者の維持もできない段階にきています。

五　果たして地域の保健・医療は大丈夫か

(1) 医療を入り口で支える保健所の疲弊

医療との関係における公衆衛生の役割は、できる限り医療の対象となる人々を抑制し、医療に過度な負荷をかけることのない社会を実現することです。もちろん、このことは医療費削減を狙った受診抑制を働かせようとするものではなく、社会の健康水準を維持し向上させることが医療を下支えするという意味です。こうした役割を第一線で担っているのが保健所ですが、その保健所が新型コロナ対応により感染者が急増した都市部を中心にパンク状態に追い込まれました。

全国保健所長会が実施した新型コロナ対応に関する緊急アンケートでは、「行動歴、接触歴なしの発熱だけの相談が医療機関から多い。外来後の受け入れ救急病院なし。県全体の方向性が見えないなど、受診調整が困難」「行政検査の枠組みで、民間検査委託が増えず検査体制が未整備」「休みが取れずメンタルダウン。そもそも通常事業から定数削減、感染症専門家の育成がなく、自治体の業務負担や人員不足が深刻」といった切実な生々しい声が寄せられています。こうした実情を前に、より一層の業務委託による負担軽減を追求すべきとする主張がありますが、教訓とすべきことはそうした合理化・効率化の徹底ではなく、国民の生存権を保障する公的責任体制の再構築であるといわねばなりません。

保健所をめぐっては、図表5―1に示すように、地域保健法の施行（一九九五年）を

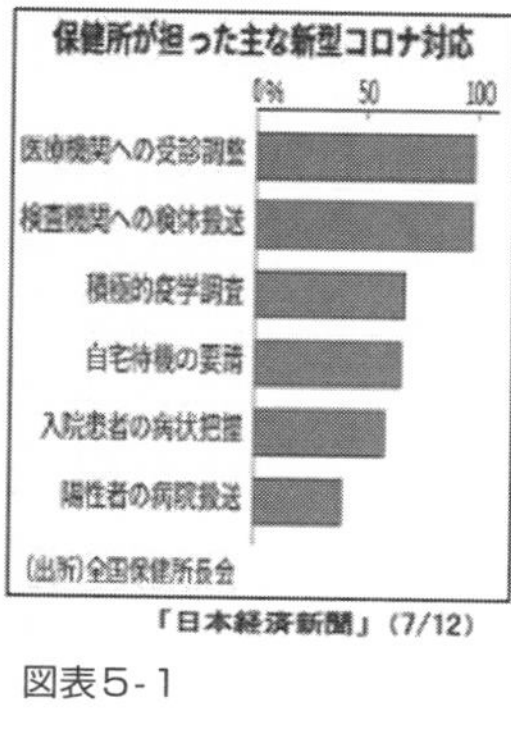

「日本経済新聞」(7/12)

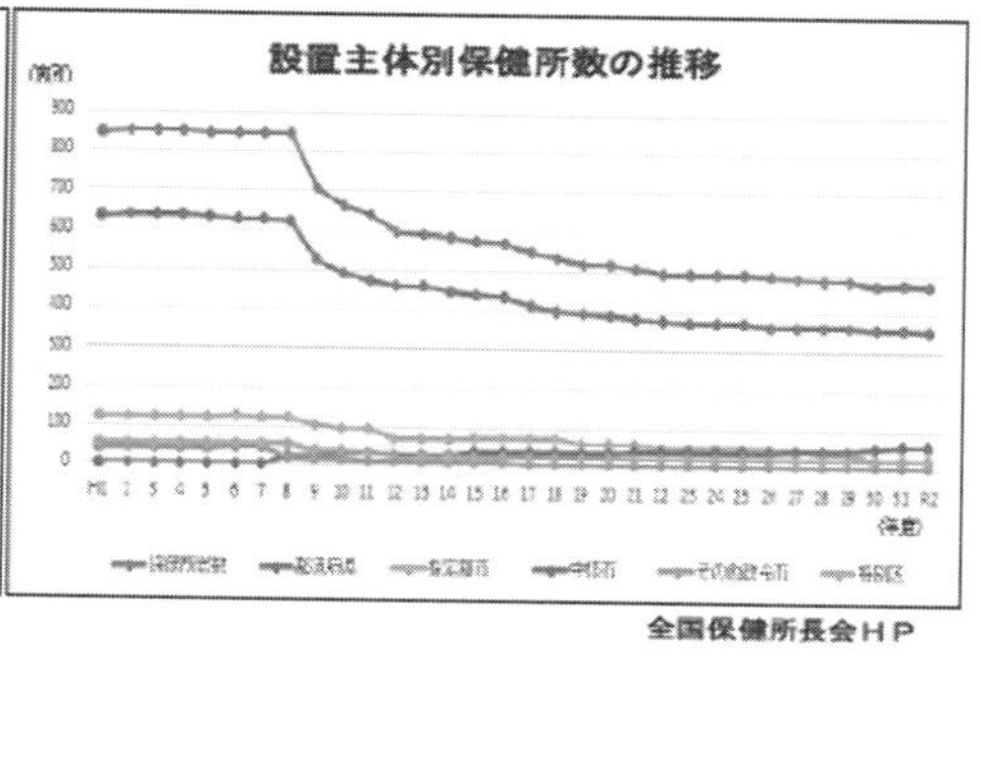

全国保健所長会ＨＰ

図表5-1

契機に住民に身近な保健行政の市町村移管とともに、保健所数の大幅削減（一九九四年の八四七カ所から四六九カ所へとほぼ半減）が進められ、人員も定数削減による慢性的な人手不足状態に置かれてきました。こうした中で、多岐にわたる新型コロナ対応（医療機関への受診調整、検査機関への検体搬送、感染経路の追跡など）に追われることになりましたが、さらに第二波による感染の再拡大により職員はさらに疲弊しています。まさに医療機関と同じ構図が見られます。この状態のまま本格的な第三波以降の感染拡大に突入すれば、医療を入り口で支える公衆衛生の砦ともいえる保健所の崩壊を招きかねず、地方衛生研究所（栃木県保険環境センター、宇都宮市衛生環境試験所）を含め、人員や予算の拡充による早急な体制強化が求められます。

(2)　新規感染者ピーク時の予測患者数と病床数

公衆衛生によって感染拡大を防止しつつ、同時に重症患者が発生しても対応できる医療提供体制の確保が問われます。中等症の場合は人工呼吸器、重症になるとエクモ（ＥＣＭＯ）や集中治療室（ＩＣＵ）を使用することになりますが、日本のＩＣＵ整備水準は国際的に見て脆弱といえます。たとえば、人口一〇万人当たりのＩＣＵ病床数（図表5—2）を見ると、日本は約五床ですが、米国約三五床、ドイツ約三〇床、フランス約一二床、イタリア約一二床、スペイン約一〇床であり、日本はスペインの半分の水準です。

また、専門医が少ないことも課題であり、「日本集中治療医学会が認定した集中治療専門医は一九年四月時点で約一八二〇人。ＩＣＵのある病院だけでみると一病院当たり平均約三人だが、ＩＣＵ専従の専門医は少ない」（「日本経済新聞」二〇二〇年四月一五）と指摘されています。ＩＣＵの整備と要員確保の水準は感染拡大のピーク時の死亡率に直結します。

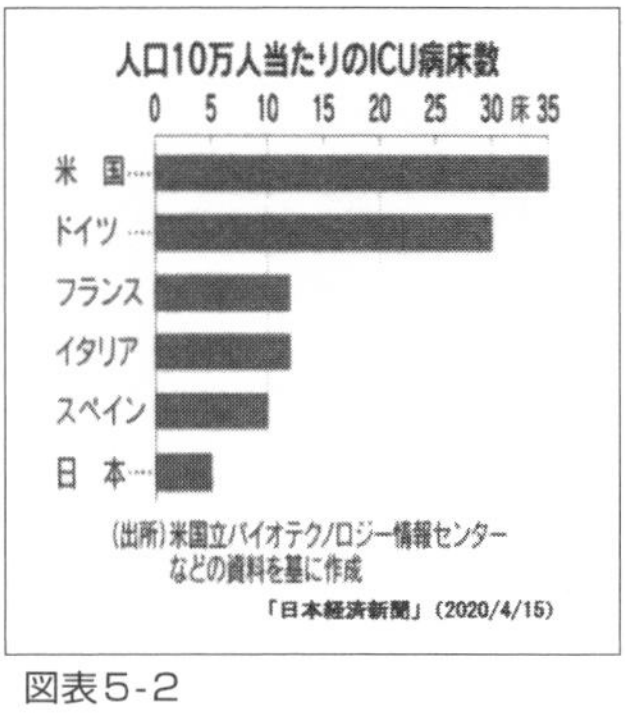

図表5-2

厚労省作成による図表5—3は、新型コロナの感染ピーク時の予測患者数と現状の各種病床数を示したものですが、これによれば現状のＩＣＵ病床数は全国に五、八九六床、県内に七四床ありますが、ピーク時の重症患者数は全国で七、五五七人、県内は一一五人であり、それぞれに大きく不足することが予測されます。また、感染症病床数では全国で一、八七一床（結核病床を含めると五、三七三床）、県内が三一床（同様に七六床）ですが、ピーク時の入院患者数は全国が二二五、〇二四人、県内では三、四八六人と予測されており、この場合も圧倒的に不足することになります。そこで、感染症病床以外の病床（急性期病床を中心とする一般病床）を転用することになりますが、このイザという時の急性期病床こそは、国が「地域医療構想」を各都道府県に作成させることを通じ、病床数の大幅削減を強く求めてきたものなのです。

都道府県	ピーク時予測患者数			重症患者対応可能性				入院患者対応可能性			
						指定病床数		機能別病床数		病床数	
	発症者	入院患者	重症患者	ICU	救急救命病床	感染症病床数	結核病床数	高度急性期病床数	急性期病床数	一般病床数	療養病床数
全国	426,482	225,024	7,557	5,896	6,427	1,871	3,502	163,521	582,985	890,712	319,506
栃木県	6,566	3,486	115	74	118	31	45	3,065	7,978	11,781	4,135

図表5-3

(3) 栃木県の医療提供体制の現状と特徴

新型コロナが地域医療に与える影響の特徴は、感染拡大に伴う新型コロナ患者の診療にとどまらず、全ての診療、スタッフの態勢、医療機関の経営などにわたり直接・間接の大きな打撃を与えることです。しかも、地域医療は平常時においてギリギリの運営を迫られてきたことから、緊急時に対応できるだけの能力や態勢が十分とはいえず、栃木県では果たして大丈夫だろうかとの不安が生じることになります。防災・減災の場合もそうですが、緊急時の対応は平常時における準備や態勢に左右されることになります。新型コロナへの対応も地域医療の現状を知るところから始める必要があります。

①総病床数の推移と現状

県内は、図表5―4の左側の欄に表示されているとおり六つの二次医療圏に区分されています。そこで、全国・全県・各医療圏という視点から見ていきます。総病床数の推移（二〇〇四～二〇一八年）を見ると、全国および県内各医療圏の全てにおいて減少となっていますが、栃木県の減少率は全国平均を五ポイントも上回っていることが特徴です。これにより二〇一八年の県内総病床数は一三、三五〇床、人口一〇万人あたりでは六八床（全国七七床）となり、人口一〇万人あたりの全国水準を一割以上も下回っています。県内医療圏の特徴では、県北・県西・県東の水準が低く、とくに県東は人口一〇万人あたりで県南の六割弱の水準です。

総病床数の推移

二次医療圏	2004年			2018年			2004→2018増減	
	数	人口1万当り	偏差値 *全国は標準偏差	数	人口1万当り	偏差値 *全国は標準偏差	増減数	増減率
全国	1,068,821	84	(28)	977,056	77	(26)	−91,765	−9%
栃木県	15,549	77	48	13,350	68	46	−2,199	−14%
県北	2,548	65	43	2,239	59	43	−309	−12%
県西	1,264	64	43	1,055	58	43	−209	−17%
県東	812	53	39	693	48	39	−119	−15%
宇都宮	4,009	80	49	3,446	66	46	−563	−14%
県南	4,673	96	54	4,054	84	53	−619	−13%
両毛	2,243	79	48	1,863	69	47	−380	−17%

日医総研「地域の医療体制の現状」から抜粋・一部加工

図表5-4

②医師数の推移と現状

医師数については、図表5―4に示すように病床数とは異なり全国・全県ともに増加となっていますが、この場合も全国の増加率（一五％）に比べ、栃木県は六ポイント低い九％の増加率にとどまっています。また、人口一〇万人あたり医師数で見ると、栃木県は二二三人で全国平均と比べ二二人も少なく、県南を除く他の医療圏全てが全国水準以下（一一五～一九七人）となっていますが、とくに県東は全国水準の半分以下で、しかも県内で唯一減少（△五名）しています。その一方で、県南だけが全国水準の一・六倍（四〇〇人）と突出しています。明らか

医師数の推移

二次医療圏	2004年			2018年			2004→2018増減	
	数	人口10万当り	偏差値 *全国は標準偏差	数	人口10万当り	偏差値 *全国は標準偏差	増減数	増減率
全国	270,371	212	(84)	311,963	245	(92)	41,592	15%
栃木県	4,030	200	49	4,400	223	48	370	9%
県北	505	128	40	565	148	39	60	12%
県西	246	124	40	256	141	39	10	4%
県東	169	110	38	164	115	36	−5	−3%
宇都宮	940	187	47	1,022	197	45	82	9%
県南	1,735	357	67	1,929	400	67	194	11%
両毛	435	153	43	464	173	42	29	7%

日医総研「地域の医療体制の現状」から抜粋・一部加工

図表5-5

に、総病床数と併せて県内における医療資源の偏在とともに、県南への一極集中が見られます。

③専門医および看護師等の推移と現状（図表5—6）

全国的にも不足が懸念されている専門医（総合内科・小児科・産婦人科）については、人口一〇万人あたりの栃木県の水準（一九・六人）は全国平均（二二・九人）を三・三人下回ります。また、県内医療圏では、県南のみが全国水準を上回りましたが（三七・八人）、他の医療圏はいずれも全国水準に届かず、とくに県東は一〇人を切って九・一人に過ぎません。看護師については、これも人口一〇万人あたりで見ると全国水準より五四人少なく、県南のみが全国水準を上回り、宇都宮・両毛が全国水準に近い位置となりましたが、県北・県西・県東は全国水準を二五六～一五一人も下回り、とくに県東の水準が低いという状況になっています。

	専門医数（総合内科・小児科・産婦人科）				看護師数				薬剤師数			
二次医療圏	総合内科専門医数	県内シェア	人口10万当り	偏差値 *全国は標準偏差	総看護師数	県内シェア	人口10万当り	偏差値 *全国は標準偏差	薬剤師数	県内シェア	人口10万当り	偏差値 *全国は標準偏差
全国	29,158		22.9	(11.4)	1,145,134		901	(287)	311,289		245	(103)
栃木県	386	1.3%	19.6	47	16,762	1.5%	849	48	4,160	1.3%	211	47
県北	44	11%	11.6	40	2,856	17%	750	45	624	15%	164	42
県西	22	6%	12.1	41	1,273	8%	700	43	301	7%	166	42
県東	13	3%	9.1	38	851	5%	596	39	226	5%	158	42
宇都宮	88	23%	17.0	45	4,612	28%	889	50	1,264	30%	244	50
県南	182	47%	37.8	63	4,928	29%	1,023	54	1,205	29%	250	51
両毛	37	10%	13.8	42	2,243	13%	836	48	540	13%	201	46

図表5-6

④栃木県の特徴と課題

以上のデータから見えてくる栃木県の医療提供体制の特徴と課題は次のとおりです。なお、三番目以降の指摘の多くは、高橋泰「栃木県の医療提供体制の現状と二〇二五年に向けた整備の方向性」（二〇一六年）および名越究「栃木県の地域医療の現状」（二〇一三年）に依拠したものです。

〈一〉県内医療資源の全体的な水準は全国水準を下回っているとともに、県内における顕著な偏在が見られ県南圏域への集中が生じていること。

〈二〉県内に存在する直営の公立病院はわずかに二箇所（県立岡本台病院、那須南病院）に過ぎず、かつて公立病院であった県のがんセンター、とちぎリハビリテーションセンター、新小山市民病院は地方独立行政法人化され、佐野市民病院は民営化されたこと。

〈三〉県南の二つの医科大学病院からの医師派遣については、自治医大病院が全国の僻地医療への派遣、また独協医科大学病院は開業医の師弟が多いことから、県内への派遣が難しい事情を抱えていること。

〈四〉救急医療体制については、現地滞在時間や搬送時間が全国水準を下回る（多くの時間がかかる）こと。

〈五〉周産期医療については、医師不足により周産期医療機関の減少が見られ、総合周産期母子医療センターのＮＩＣＵ稼働率が一〇〇％となっており、重症心身障碍児施設等への円滑な移行が課題となっていること。

〈六〉救急を含む小児医療では、医師不足により休日夜間救急センターの診療科や診療日が限定される地域があること。

〈七〉在宅医療では、一〇万人あたりの在宅医療支援診療所、在宅療養支援病院、訪問看護ステーション施設数、医師数等がすべて全国平均以下であり、医療機関での在宅医療実施率が低い要因としてスタッフ不足が挙げられるとともに、行政を含め関係機関の連携が十分でないこと。

六　医療費抑制・効率優先の医療政策の破綻

(1)　地域医療構想に基づく病床・病院の再編・統合

国の医療費抑制政策は、窓口負担の増大などによる医療を受ける側（国民）に対する抑制策と、診療報酬の改定などによる医療を提供する側（医療機関）に対する抑制策に大別されます。「地域医療構想」（以下「構想」という）は後者の抑制策になりますが、毎年の予算や二年ごとに改定する診療報酬とは異なり、地域の医療提供体制を丸ごと再編・統廃合することをめざす長期・構造的な抑制策といえます。

「構想」とは、どんな診療に対応した病床なのかという視点から病床の機能を四つ（高度急性期・急性期・回復期・慢性期）に分類し、二〇二五年に必要となる診療需要に過不足なく（無駄なく）適合するように、人口減少等に

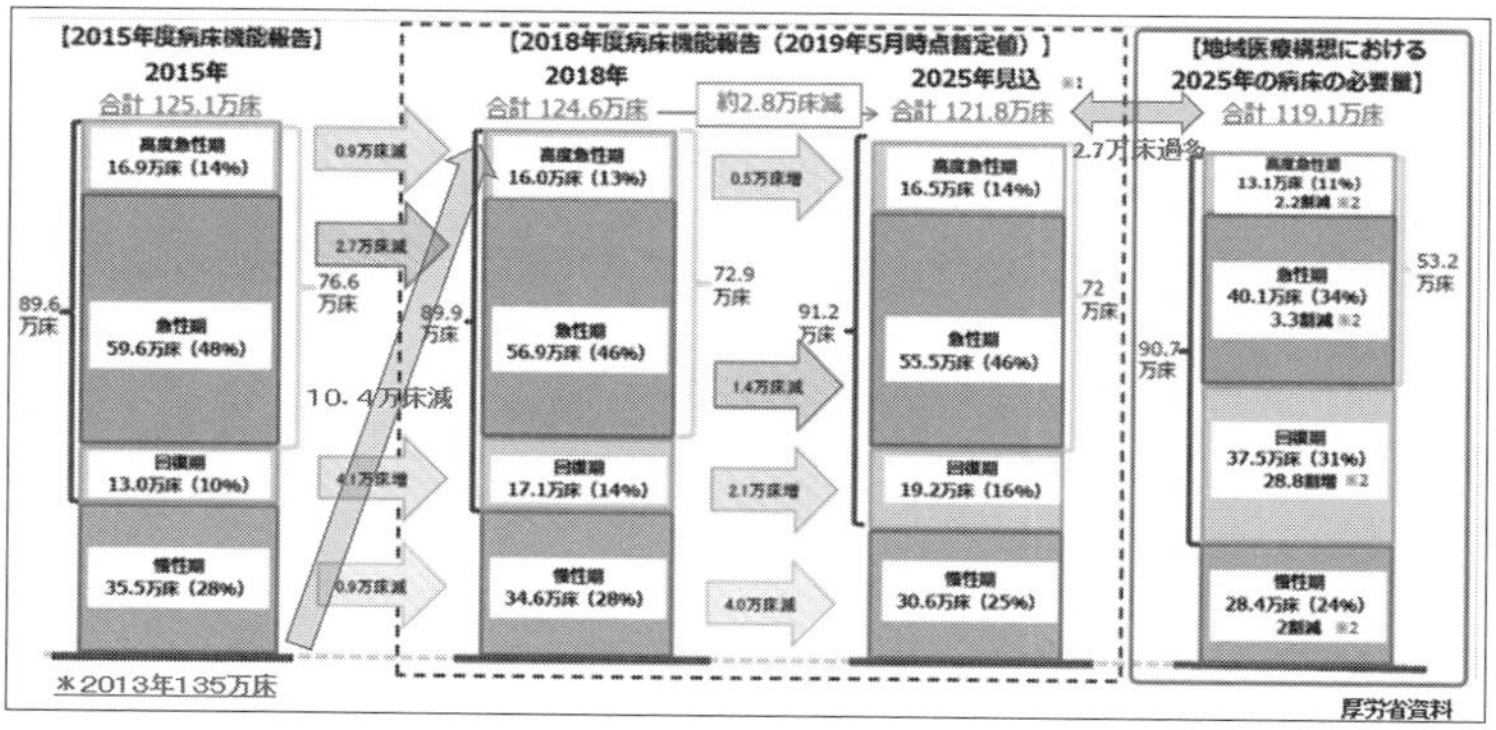

図表6-1

応じて全体の病床数を計画的に削減するとともに、地域ごとに病床と医療機関を再編・統廃合していこうとするものです。前提にある考え方が医療費抑制に向けた経済合理性であるため、日ごろは空ベッドとなる（病床稼働率を低下させる）感染症対策などは全く考慮されていません。

図表6—1に示されるように、全体の病床数は、約一三五万床（二〇一三年時点）から一一九・一万床へ約一五・六万床も削減（△一一・六％）され、これにより三割以上の削減となる

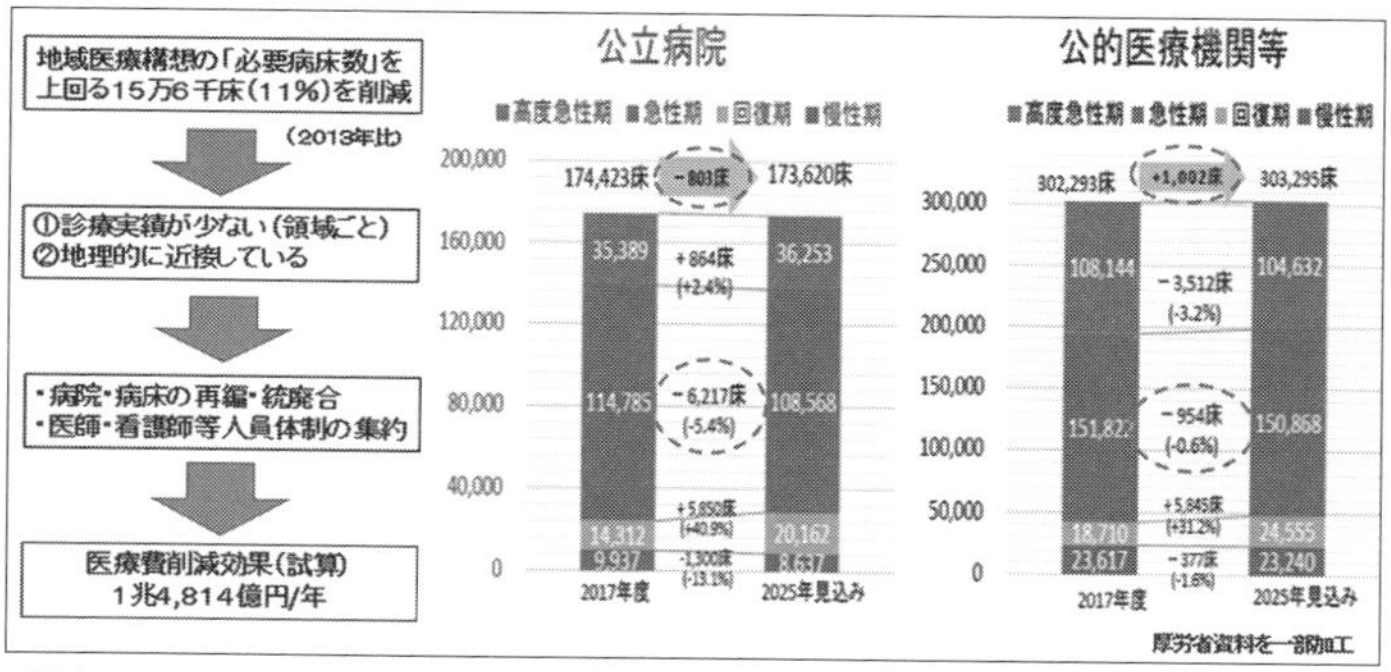

図表6-2

県は鹿児島県の三四・九％を筆頭に八県にも上ります。その内訳では急性期病床数を大幅に削減する一方で、回復期病床数は増やす計画となっています。これによる医療費削減効果は、年間で一兆四、八一四億円と試算されています。「構想」は国が指示し都道府県が策定したものですが、その実現に向けて実効性を持たせるために、二次医療圏を基本に構想区域を設けて「地域医療構想調整会議」を置き、関係者の参加と合意形成によって地域の状況に応じた病床の機能分化と再編・統廃合を進めるとしていました。

ところが、合意形成の結果として出てきた二〇二五年の見込みが、「構想」による必要数よりも全体で約二・七万床多く、とくに病床機能の再編として最大の削減対象とされた急性期病床数が約一八・八万床も超過したものになりました。もともと県内においても、各医療機関から報告された病床数は、急性期病床で必要病床数を上回るなど、現場との乖離が確認されていました。思うように調整が進まないことに国は苛立ちを見せることになりますが、「構想」の調整協議は公立病院・公的病院・その他の医療機関に分けて検討が行われており、どこから手を付けるかが迫られていました。

そこで、国や知事の権限が行使しやすい公立・公的病院が俎上にのぼり、上から狙い撃ちする形で強権的にリストラを迫る指名リストが提示されるに至ったと考えられます。しかし、リストラ（再編・統廃合）対象とされた四四〇の公立・公的病院の中には、感染症指定医療機関が五三病院も含まれています（昨年九月に公表されたときは四二四病院でしたが、その後に見直され四四〇病院に修正されました）。また、公立病院は民間病院では採算性などから対応が困難な医療（僻地医療や感染症医療など）を担っていますが、図表6―3に示すように、福田知事が策定した栃木県の「地域医療構想」においては、二〇二五年までに急性期病床を中心に、公立・公的病院を含め二、〇〇〇床以上もの病床を削減する計画となっています。

栃木県「地域医療構想」の概要

医療機能別の医療需要と必要病床数　単位：人／日、病床

区域名	機能区分	高度急性期	急性期	回復期	慢性期	計
県全体	医療需要	1,296	4,199	4,661	2,913	13,069
	必要病床数	1,728	5,385	5,179	3,166	15,458
県北	医療需要	174	647	830	461	2,112
	必要病床数	232	830	922	501	2,485
県西	医療需要	79	358	322	250	1,009
	必要病床数	105	459	358	272	1,194
宇都宮	医療需要	327	1,136	1,226	1,074	3,763
	必要病床数	437	1,457	1,363	1,167	4,424
県東	医療需要	46	211	180	142	579
	必要病床数	61	271	200	154	686
県南	医療需要	515	1,353	1,586	527	3,981
	必要病床数	687	1,735	1,762	573	4,757
両毛	医療需要	155	494	517	459	1,625
	必要病床数	206	633	574	499	1,912

在宅医療の必要量

県全体	17,285		(単位:人/日)
県北	2,822	県西	1,316
宇都宮	5,012	県東	951
県南	4,089	両毛	3,095

病床機能報告結果（2014年）

		2014年					(単位:床)
		高度急性期	急性期	回復期	慢性期	無回答	計
全体		3,739	7,782	1,258	4,365	353	17,497
	病院	3,720	6,680	1,062	4,199	257	15,918
	診療所	19	1,102	196	166	96	1,579

「栃木県地域医療構想」

図表6-3

七　おわりに

ポスト・コロナの新しい生活様式や新常態（New Normal）をめぐっては、社会や経済のデジタル化を加速させ、世界一ビジネスがしやすい国に向けて、さらに便利で効率的な未来社会（都市）を目指す動きが活発化しています。しかし、何を守り、何を転換すべきかは、医療や教育など公的サービスの効率化と市場化（産業化）を押し進める流れを転換し、国民の切実な声に応えて、弱体化させられてきた公的サービスを再構築することです。なかでも、転換すべきは医療費抑制・効率優先の新自由主義的な医療・福祉政策であり、めざすべきは国民の生存権を保障する医療福祉と貧困や格差のない社会への転換です。

〔当研究所理事長、作新学院大学名誉教授　太田　正〕

栃木県の介護保険の到達点と地方自治体の役割の増大

―危機的な介護保険制度の現状と社会保障制度の再構築を！

一　介護保険制度の成立から現在まで

二〇〇〇年の介護保険制度成立から　制度改革の度に変質した二〇年。―制度あってサービスなし

○自助の強まり―自立の強制、自己負担の増大

○各種介護事業の民間委託・市場化

―介護保険制度は前年ドイツで施行されそれらも参考に日本で検討された。

国会の議論の中で制度が定着するまで五年ごとに制度見直しをすること、三年ごとに介護保険料の見直しをすることの条件を付けた

①　二〇〇五年改正

○改正のポイント

制度の持続可能性、活力のある超高齢社会の構築、社会保障の総合化

1　予防重視型システムへ―要支援者への予防給付

2　施設給付の見直し―介護保険施設の食事・居住費を保険給付化の対象外にして利用者負担に

②　二〇一一年改正

○改正のポイント

1　サービスの利用者が制度施行から約三倍になる。要介護者の重度化、医療ニーズ対応、高齢者の増加、単身世帯、高齢者のみ世帯急増を背景に

2　地域包括ケアの推進＝医療と介護の連携―二〇一四年―医療介護総合確保推進法成立

定期巡回随時訪問介護看護サービスの創設

3 介護人材の確保　介護福祉士への痰の吸引　高齢者の住まいの整備、認知症対策、市町村事業として地域密着型サービスの新設

③ 二〇一七年改正―地域包括ケアシステムの構築と費用負担の公平化

○改正のポイント

1 在宅医療、介護連携の推進で住み慣れた地域で自分らしく生きる

―地域支援事業の創設

2 二〇一五年特別養護老人ホームの重度化　要介護3以上の入所条件、要介護4、5に重点化（七割以上）

3 一定の所得のある利用者の自己負担二割へ

4 新しい介護予防・日常生活支援総合事業

二　介護保険各種施設整備状況の到達点

―各施設毎の整備状況　資料1　参照

○特養では多床室とユニット型特養との推移

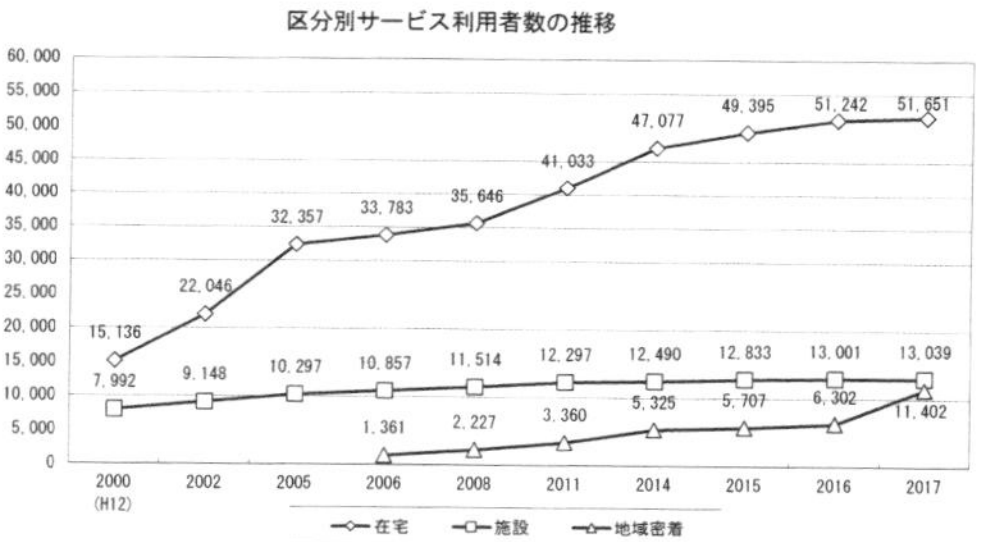

【介護保険事業報告（厚生労働省）より各年４月の利用実績】

区分		2000 (H12) ①	2002	2005	2006 ②	2008	2011	2014	2015	2016	2017 ③	2000年比 ③/① (2006年比) ③/②
栃木県（人）	在宅	15,136	22,046	32,357	33,783	35,646	41,033	47,077	49,395	51,242	51,651	341.2%
	地域密着				1,361	2,227	3,360	5,325	5,707	6,302	11,402	(837.8%)
	施設	7,992	9,148	10,297	10,857	11,514	12,297	12,490	12,833	13,001	13,039	163.2%
	計	23,128	31,194	42,654	46,001	49,387	56,690	64,892	67,935	70,545	76,092	329.0%
全国（万人）	在宅	97	172	251	255	269	310	364	382	392	389	401.0%
	地域密着				14	21	28	36	40	42	81	578.6%
	施設	52	69	78	79	83	85	90	91	92	93	178.8%
	計	149	241	329	348	373	423	490	513	526	563	377.9%

資料１

特別養護老人ホーム広域型　利用者数　一三〇三九人

地域密着型特別養護老人ホーム利用者数　一一四〇二人

―ユニット率　四六％

○特養の地域版としての「サービス付き高齢者住宅」

―国は特別養護老人ホームへの国の補助金が一床に付き三二四万円（栃木県の場合）かかるので、建設は民間で作らせ建設費用の「一〇分の一」しか補助しない

安上がりで民間丸投げの方式のサービス付き高齢者住宅を大量に作らせたい意向

○進む認知症高齢者への対応が急務

認知症高齢者の推計　資料2　参照

＊八〇歳以上で四〇%の出現率

＊九〇歳以上で夫婦の内どちらかが出現（出現率五〇%）

高齢者人口に対する認知症高齢者の出現率〔全国〕

	平成24年 (2012)	平成27年 (2015)	平成32年 (2020)	平成37年 (2025)
認知症有病率が一定の場合	15.0%	15.7%	17.2%	19.0%
認知症有病率が上昇する場合	15.0%	16.0%	18.0%	20.6%

高齢者人口に対する認知症高齢者数の将来推計〔全国〕

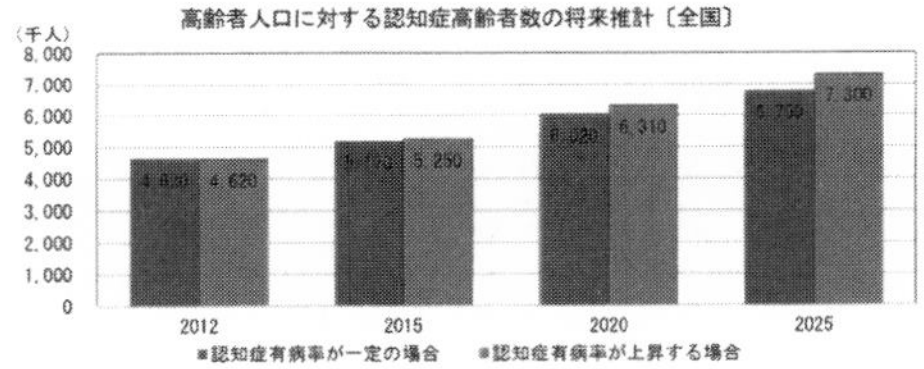

【厚生労働省「認知症施策推進総合戦略（新オレンジプラン）〔参考〕認知症の人の将来推計について」（2015）より】

上記推計を本県の状況にあてはめたもの〔栃木県〕

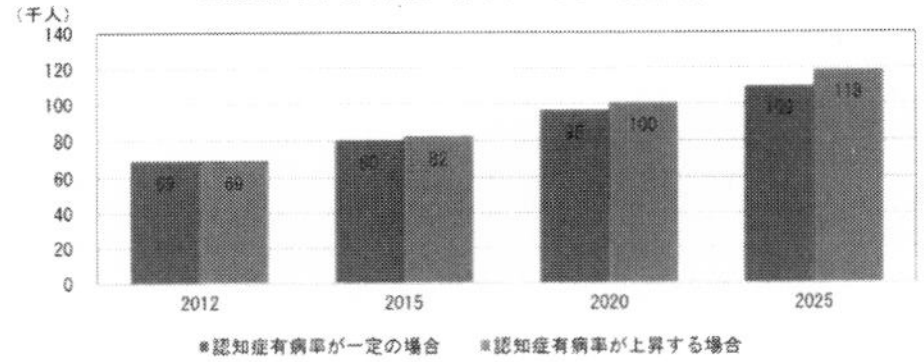

【厚生労働省「認知症施策推進総合戦略（新オレンジプラン）【参考】認知症の人の将来推計について」（2015）及び県内市町の高齢者数推計に基づき推計】

2 アルツハイマー病、脳血管疾患その他の疾患が原因で生じた後天的な脳の器質的障害により、日常生活に支障が生じる程度までに記憶機能その他の認知機能が低下した状態です。

資料2

三　介護保険制度の課題

（一）介護保険制度の変質―制度あってサービスなし

「介護の社会化」から一八〇度転換して「自助・自立と自己負担化」に変質

高齢者介護は保険制度創設からこれまで家族介護が担ってきたが「高齢者の介護を社会化」し、介護が必要になっても「安心して暮らせる」と謳って導入されたはずの介護保険制度は、この間五回の法改正と六回の報酬改正」を通じ後退と変質の過程でした。

例えば　①「新予防給付」では「デイサービスや訪問介護サービスで掃除や洗濯などできることを介護で妨げている」と攻撃し「予防と給付の効率化」の名のもとに自立を強要している。また食費住居費の自己負担化、利用料の一割から二割、三割化の引き上げなど法改正の度に検討課題としサービスが後退してきた。

（二）二〇一二年の制度改正では「地域包括ケア」への転換

で「施設から在宅へ」「医療から介護へ」をスローガンに医療介護分野の毎年増える社会保障費の自然増を如何にして削減するかが大きな財源政策となっている。

＊国の地域包括ケアシステム概念図　資料３　参照

①「施設から在宅へ」　介護保険の施設整備計画では国は施設の共用部分を含めて特養一部屋あたり一一〇〇万円を目途としてこれでは全国的に施設整備に金が掛かり過ぎるので病院から退院したらすぐ在宅生活で生活してもらうことをケアプランに優先して導入することとなった。

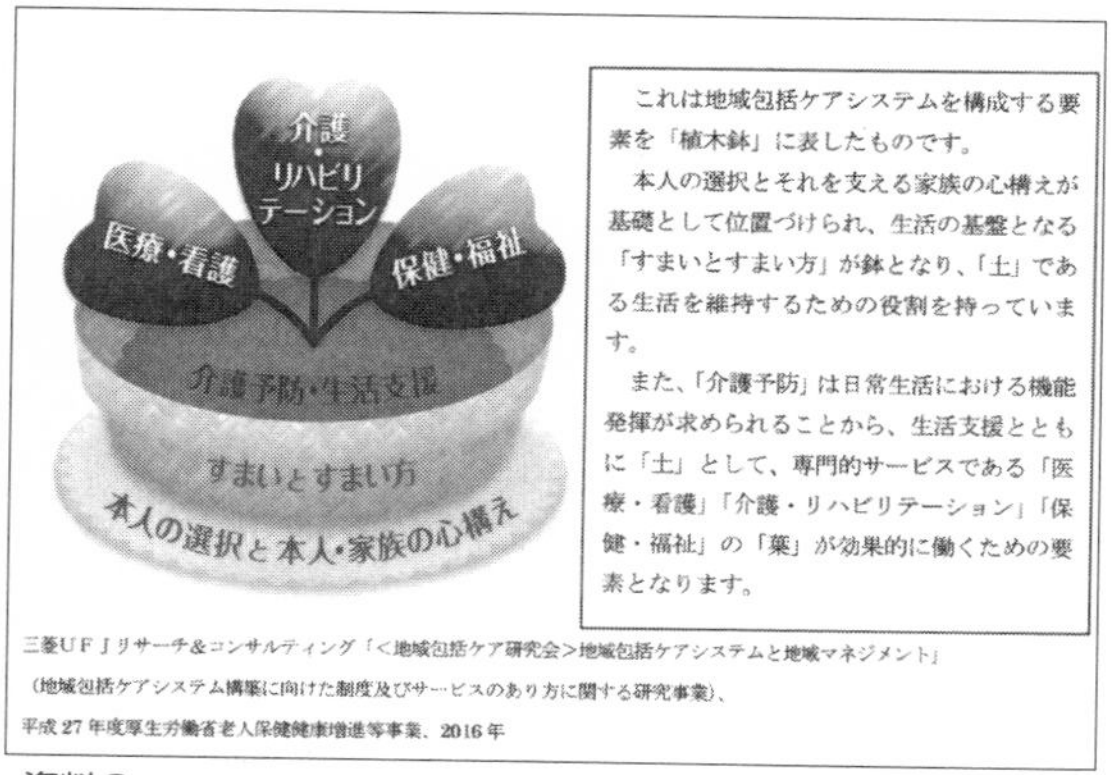

これは地域包括ケアシステムを構成する要素を「植木鉢」に表したものです。

本人の選択とそれを支える家族の心構えが基礎として位置づけられ、生活の基盤となる「すまいとすまい方」が鉢となり、「土」である生活を維持するための役割を持っています。

また、「介護予防」は日常生活における機能発揮が求められることから、生活支援とともに「土」として、専門的サービスである「医療・看護」「介護・リハビリテーション」「保健・福祉」の「葉」が効果的に働くための要素となります。

三菱ＵＦＪリサーチ＆コンサルティング「＜地域包括ケア研究会＞地域包括ケアシステムと地域マネジメント」

（地域包括ケアシステム構築に向けた制度及びサービスのあり方に関する研究事業）、
平成27年度厚生労働省老人保健健康増進等事業、2016年

資料３

②「医療から介護へ」　病院での社会的入院（二〇〇三年厚生労働省の調査で平均社会的入院日数は三二日）を大幅に削減し高度急性期は一五日から一六日へと短縮することを病院に要求し医療報酬を削減しました。

なお、この入院日数についてはアメリカでの入院日数が九日なのでトランプ大統領を崇拝する安倍氏はアメリア並みに一般急性期は九日をめざしています。

また、同時に病床数の削減を大幅に進め特に療養病床は二〇二五年までに一八万床を削減する計画を進めています。

(三) 今日の介護現場でのコロナ危機は介護保険制度の歴史的変質による「給付の抑制と利用者負担増の歴史」のツケが回ってきたこと

特に人的不足悪化は介護報酬抑制政策のツケ

＊国の介護職員の低賃金政策で全産業平均賃金の約九万円～一〇万円低い（厚生労働省賃金構造基礎統計調査より）

＊資料４　参照

2018年3月14日

全国福祉保育労働組合作成資料
厚生労働省賃金構造基本統計調査より

全産業平均と保育士・福祉施設介護員の賃金推移（10年間）
～月額約10万円の格差は、大きくは改善されていない～

☆所定内賃金
＊時間外勤務手当、深夜・休日・宿日直・交替手当などを除くもの
〈単位：万円〉

実施年（同年6月分の賃金で調査発表は翌年2月）	全産業平均	保育士	全産業平均との格差	福祉施設介護員	全産業平均との格差	予算を編成した政権
2008	29.91	20.91	9.00	20.34	9.57	福田政権
2009	29.45	21.14	8.31	20.16	9.29	麻生政権
2010	29.62	21.14	8.48	20.16	9.46	民主党政権
2011	29.68	21.29	8.39	20.28	9.40	民主党政権
2012	29.77	20.82	8.95	20.63	9.14	民主党政権
2013	29.57	20.74	8.83	20.57	9.00	安倍政権
2014	29.96	20.98	8.98	20.78	9.18	安倍政権
2015	30.40	21.30	9.10	21.04	9.36	安倍政権
2016	30.40	21.58	8.82	21.52	8.88	安倍政権
2017	30.43	22.29	8.14	21.99	8.44	安倍政権

☆毎月きまって支給する額
＊時間外勤務手当、深夜・休日・宿日直・交替手当などを含む
〈単位：万円〉

実施年（同年6月分の賃金で調査発表は翌年2月）	全産業平均	保育士	全産業平均との格差	福祉施設介護員	全産業平均との格差	予算を編成した政権
2008	32.88	21.59	11.29	21.58	11.30	福田政権
2009	31.81	21.76	10.05	21.39	10.42	麻生政権
2010	32.30	21.86	10.44	21.45	10.85	民主党政権
2011	32.38	22.03	10.35	21.64	10.74	民主党政権
2012	32.56	21.42	11.14	21.84	10.72	民主党政権
2013	32.40	21.32	11.08	21.89	10.51	安倍政権
2014	32.96	21.61	11.35	21.97	10.99	安倍政権
2015	33.33	21.92	11.41	22.35	10.98	安倍政権
2016	33.37	22.33	11.04	22.83	10.54	安倍政権
2017	33.38	22.99	10.39	23.36	10.02	安倍政権

〈調査の留意点〉
＊公務員は除外されている
＊福祉施設介護員とは、同調査上の定義で、児童・障害者・高齢者施設で生活の世話や介助・介護をする者

資料４

（四）介護報酬の度重なる引き下げ

今や全国の特別養護老人ホーム収支差率一・六%、約三割（三三・八%）が赤字決算、特別養護老人ホームの存亡の危機（厚生労働省平成二九年度介護事業経営実態調査より）

＊二〇一六年は特に引き下げが大きく　特養では五・四%の削減となり全国の特養の三割が赤字に転落した。

介護報酬の改定の経過

改定年	報酬改定率	実質
2003 年	− 2.3%	− 2.3%
2006 年	− 2.4%	− 2.4%
2009 年	3.0%	3.0%
2012 年	1.2%	− 0.8%
2016 年	− 2.26%	− 4.48%
2018 年	0.54%	− 0.5%

（五）介護保険料の推移と急増する未納者
―介護保険料の適正化が急務

① 二倍化した介護保険料の推移　資料　５～６　参照

○全国と栃木県

② 未納者の急増―全国的には二〇一六年では一六、一六一人（二〇一五年は一三、三七一人）一年間で約三〇〇〇人が増えた。二〇一九年末ではさらに増加していることが考えられる。理由は、低所得高齢者が増えていること、年金が減少していること。

③ 今後、八〇〇〇円台に近付けばさらに未納者が急

増する。

一般的に介護保険制度導入時には介護保険料の当初見込みでは五〇〇〇円の目途に設定されていた。

④　介護保険料をこれ以上引き上げないためには国と地方の税からの負担の内　国の負担率を二五％から三〇％～四〇％に引き上げれば高齢者や第二号保険者（四〇歳以上）の負担を引き上げなくてもよくなる

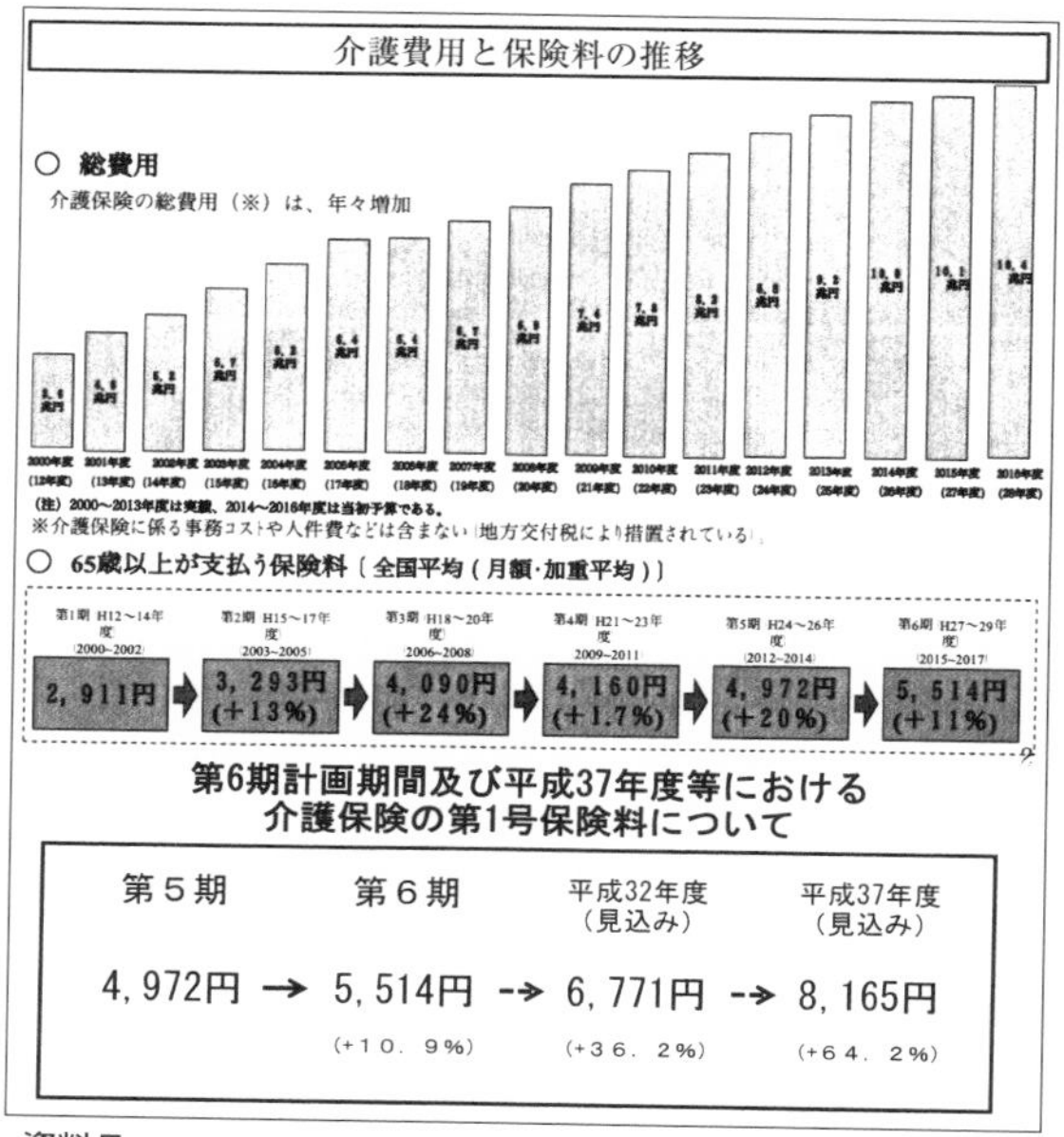

資料５

（六）施設利用者の高い自己負担―利用したくても高くて利用できない

二〇二一年度での改正では　二割、三割負担を検討

自己負担の適正化が必要

第７期第一号保険料　（保険者別）

都道府県名	保険者名	第6期保険料基準額(月額)(円)	第7期保険料基準額(月額)(円)	保険料基準額の伸び率(%)	要介護認定率 平成29年12月末時点
栃木県	宇都宮市	4,531	5,281	16.6%	15.6%
栃木県	足利市	5,058	5,458	7.9%	15.6%
栃木県	栃木市	5,100	5,600	9.8%	15.1%
栃木県	佐野市	5,763	5,763	0.0%	17.6%
栃木県	鹿沼市	4,900	5,500	12.2%	16.2%
栃木県	日光市	4,400	4,800	9.1%	14.9%
栃木県	小山市	5,518	6,083	10.2%	14.9%
栃木県	真岡市	4,968	5,607	12.9%	15.2%
栃木県	大田原市	5,800	6,300	8.6%	17.8%
栃木県	矢板市	5,200	6,000	15.4%	16.1%
栃木県	那須塩原市	5,100	5,400	5.9%	13.9%
栃木県	さくら市	4,626	5,275	14.0%	15.0%
栃木県	那須烏山市	5,059	5,334	5.4%	16.5%
栃木県	下野市	5,200	5,552	6.8%	14.6%
栃木県	上三川町	5,395	6,249	15.8%	16.6%
栃木県	益子町	4,561	4,561	0.0%	12.8%
栃木県	茂木町	4,550	4,641	2.0%	17.5%
栃木県	市貝町	5,075	5,075	0.0%	16.3%
栃木県	芳賀町	4,733	5,300	12.0%	17.4%
栃木県	壬生町	4,800	4,800	0.0%	15.3%
栃木県	野木町	5,300	5,300	0.0%	14.4%
栃木県	塩谷町	5,531	5,960	7.8%	17.1%
栃木県	高根沢町	5,199	6,000	15.4%	15.1%
栃木県	那須町	5,021	5,806	15.6%	15.1%
栃木県	那珂川町	5,100	5,675	11.3%	16.4%

資料６

① 現在でも利用者負担一割ですが、それでも特別養護老人ホームのユニット施設では利用や負担が一カ月一五万円前後となり、入所申し込みに来た家族が高い利用負担の説明を聞き親の入所を断念するケースがある

② 国は二〇一六年度の介護保険制度の改正時に導入したそれまで自己負担なしから「利用者一割負担」を導入し、今度は所得に応じ二割、三割に引き上げることを当面検討している

（七）地域包括システムの本当の狙いは

① 「医療から介護へ」「施設から在宅へ」を柱に住み慣れた地域で地域の人々と共に生きることをめざし設計された。具体的には病院での入院日数を大幅に縮小し、二〇〇三年平均三二日の入院を当面一九日、先々九日まで引下げる。また施設建設は費用が大幅に必要になるので病院から退院したら在宅での生活を基本にすることを推進する。

② この制度の本当の狙いは社会保障費の削減にある

国の医療と介護のグランドデザイン―二〇二五年に向けて医療介護の一体改革を加速させる―

＊医療報酬は二年ごとに改正されますが平成二八年度改正の狙いから見えるもの（東洋大学ライフデザイン学部教授　高野龍昭氏私感より抜粋）

―医療と介護のグランドデザイン

○ コストの高い医療で分担するのは重傷者に限定

○ 医療と介護の連携を医療より低コストの介護保険施設か在宅で分担する

○ 介護保険の場では　重度者を軽度に改善すればインセンティブを

○ 軽度者になれば保険給付から外し市場サービスへ

こうして医療と介護の一体改革は　地域包括ケアシステムの本質はコスト軽減にある

（八）第四次安倍内閣の目玉政策は全世代型社会保障

① 全世代型社会保障とは（全日本民主医療機関林事務

局次長談）これまで給付は高齢世代で負担は現役世代という事をことさら取り上げ全ての世代が安心できる社会保障への転換をうたい文句に次の三点を軸に「改革」を進めるという

○その狙い

一　社会保障制度の縮小・解体

二　社会保障の営利化・市場化　（三三兆円の市場、産業化）

三　社会保障の削減でこぼれた人たちを住民の助け合いに任せる「我が事と丸ごと」地域共生社会の仕組みを地方自治体に作らせる

○　行政組織の戸惑い

こうして切り捨てた介護給付のツケを市町村に押し付けているが、押し付けられた市町村は行政改革の下で人員が削減され受ける体制が作れない状態で、投げ出された高齢者は行き場ない状態です

② また、政府の六月に開催された全世代型社会保障検討会議の第二次中間報告では　―財界の新たな儲け口に道を開く（―立教大学教授　芝田英昭氏談）

事実上第二次コロナ感染期を迎えているコロナ禍の医療崩壊状態には一切触れず介護分野では「介護の効率化」「生産性」を導入し、ＡＩ（人口知能）テクノロジーを活用させ極めつけは「トヨタ自動車の改善活動」を先進事例として持ち上げ介護に生産性を導入する方向です。

テクノロジーと規制緩和策で介護現場の改革と称し、「一人の介護職員が現在の二倍化となる高齢者四人を分担すると提案をしている。高齢者を何と思っているのか介護の対象は人であり、トヨタのような「物」ではない。言うまでもなく介護は「高齢者おひとりお一人の人生を支える」重要な役割を持っており今回の報告では介護の本質的な役割を全面的に否定するものです

(九) 二〇二〇年経済財政諮問会議の中心点

○　ここでも社会保障費の削減が大きな論点―さらに削減が目白押し

（一〇）消費税は本当に社会保障費の財源となっているのか？

―三〇年間の消費税税収額と法人三税、所得税・住民税の減収額比較一目瞭然

＊　財政も社会保障も悪化資料　資料7　参照

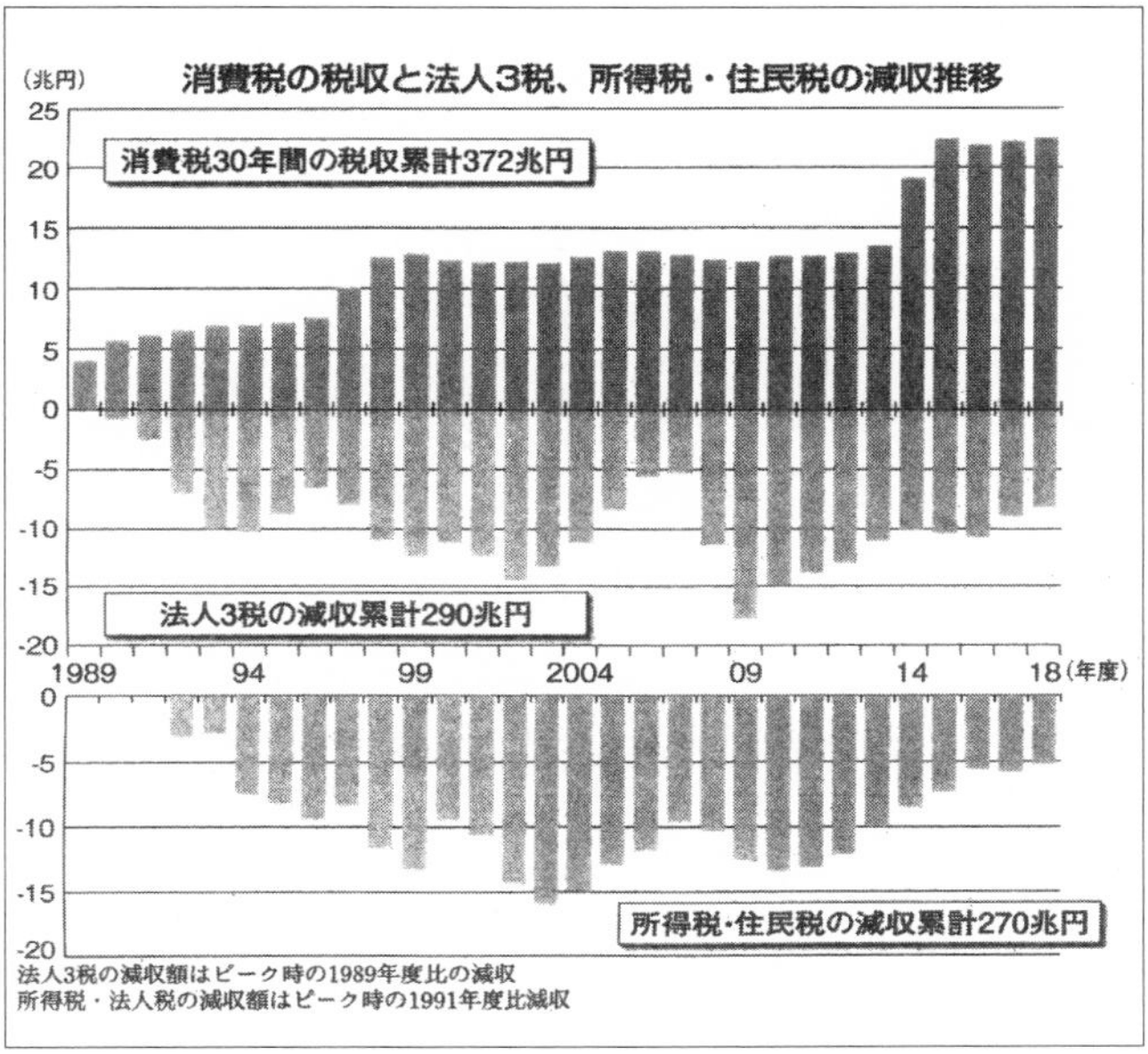

資料7

四　資料で見る　栃木県の介護保険制度の到達点

―結局、福田県政の下での栃木県八年間の社会保障政策は、基本的には安倍内閣が進める「社会保障切り捨ての政策」に追従する内容となっている。県独自の社会的弱者に寄り添う福祉政策がみられなかった。

―資料は「栃木県第七期はつらつプラン21」を中心に

（一）高齢者人口の現状と将来推計

資料8、9、10　参照

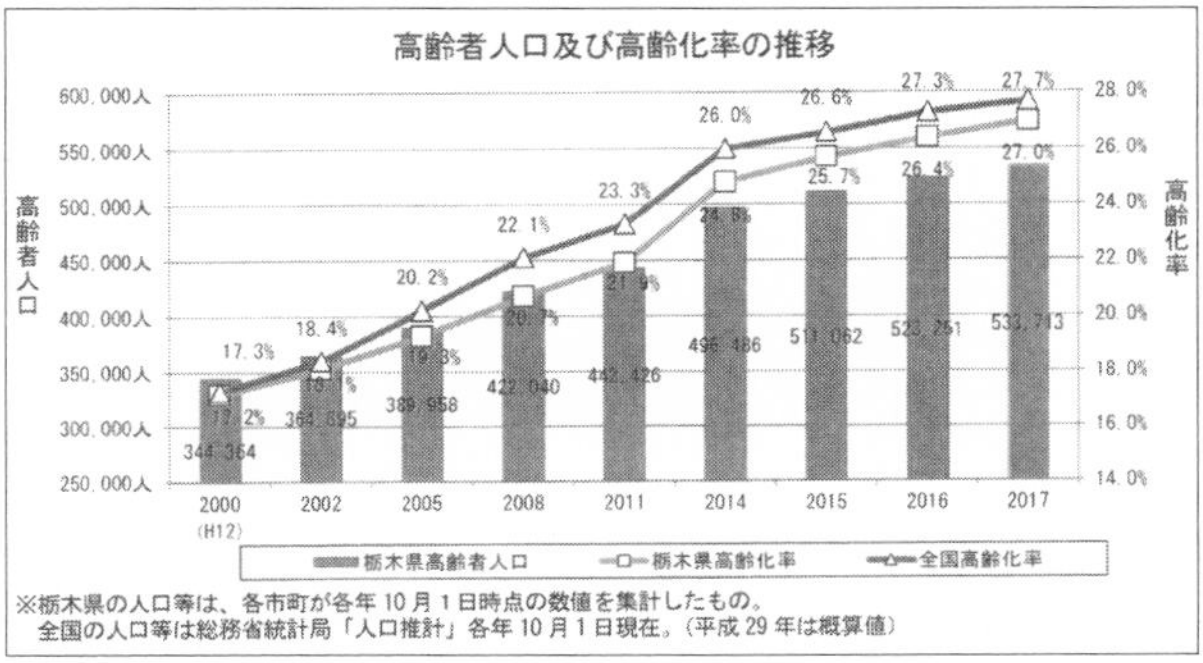

資料8

資料9

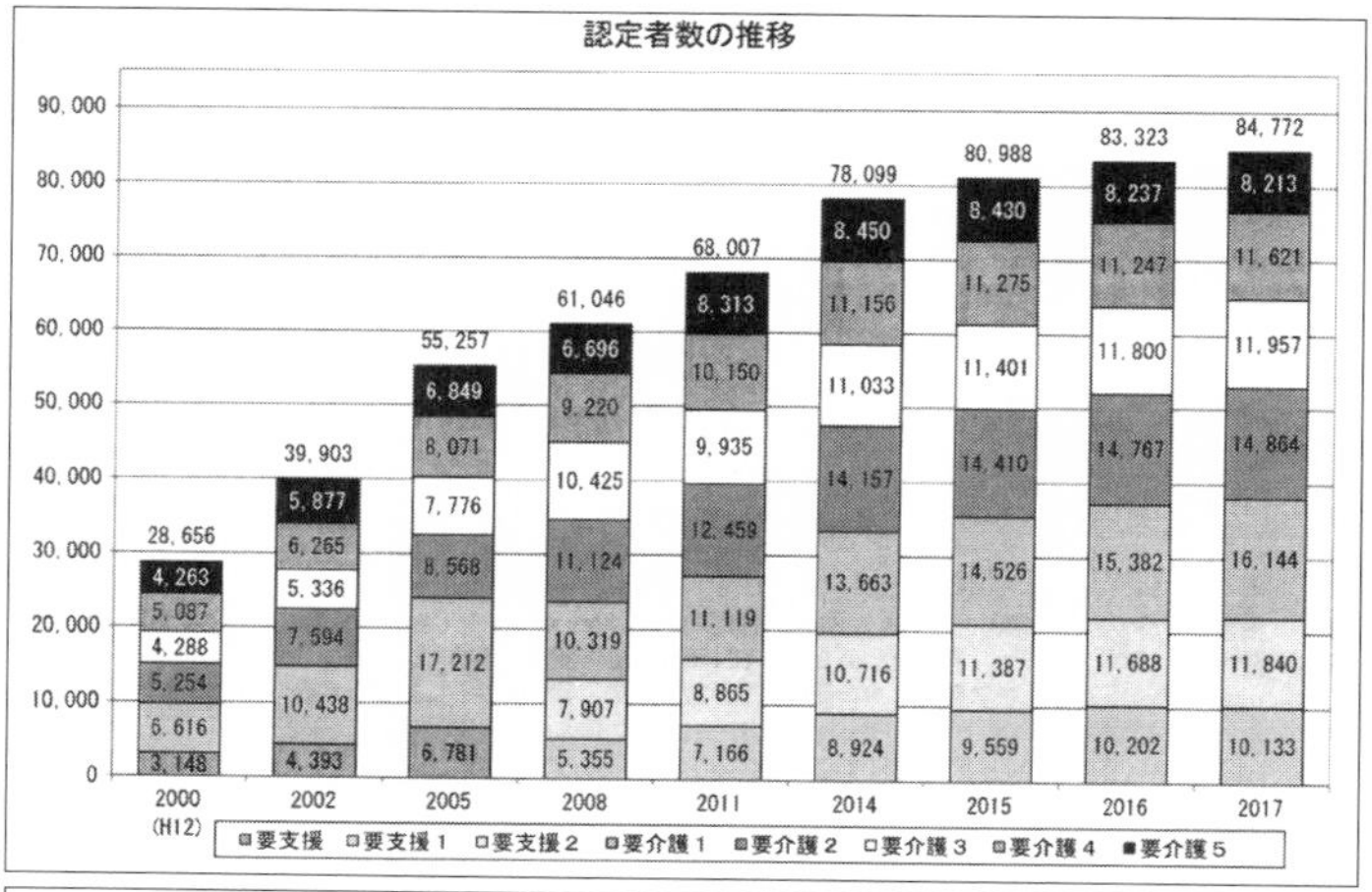

資料10

本県の総人口及び高齢者人口の将来推計

（単位：人）

		平成29年度 (2017)	平成30年度 (2018)	平成31年度 (2019)	平成32年度 (2020)	平成37年度 (2025)
全県	総人口	1,978,066	1,968,161	1,959,021	1,949,269	1,889,956
	65歳以上人口	533,713	543,671	552,042	560,077	575,382
	高齢化率	27.0%	27.6%	28.2%	28.7%	30.4%
県北	総人口	376,702	374,285	371,828	369,345	354,454
	65歳以上人口	106,112	108,477	110,371	112,264	115,916
	高齢化率	28.2%	29.0%	29.7%	30.4%	32.7%
県西	総人口	182,862	180,097	178,179	176,262	166,479
	65歳以上人口	55,474	56,344	56,956	57,573	58,302
	高齢化率	30.3%	31.3%	32.0%	32.7%	35.0%
宇都宮	総人口	520,197	520,245	520,052	519,600	514,343
	65歳以上人口	125,345	127,770	129,751	131,575	137,395
	高齢化率	24.1%	24.6%	24.9%	25.3%	26.7%
県東	総人口	145,692	144,973	144,248	143,334	138,609
	65歳以上人口	39,758	40,521	41,355	42,108	43,631
	高齢化率	27.3%	28.0%	28.7%	29.4%	31.5%
県南	総人口	486,028	484,203	482,640	480,989	469,695
	65歳以上人口	126,440	129,230	131,593	133,949	138,667
	高齢化率	26.0%	26.7%	27.3%	27.8%	29.5%
両毛	総人口	266,585	264,358	262,074	259,739	246,376
	65歳以上人口	80,584	81,329	82,016	82,608	81,471
	高齢化率	30.2%	30.8%	31.3%	31.8%	33.1%

【各市町の介護保険事業計画における将来推計人口（第１号被保険者数）を集計】

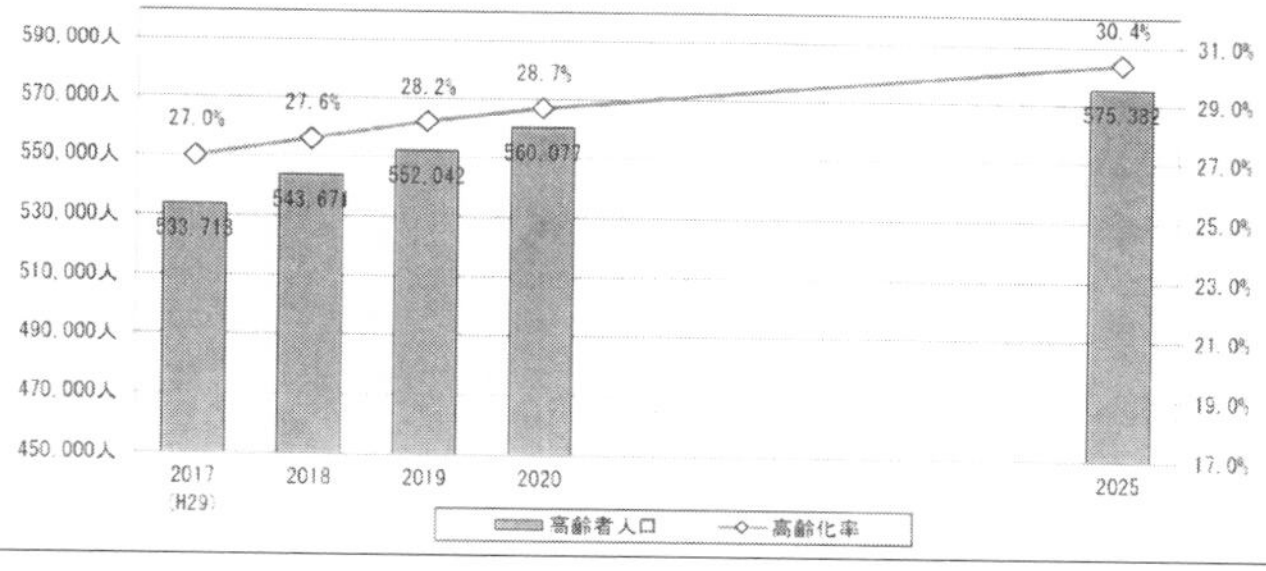

（二）市町村別高齢化率

資料11　参照

資料11

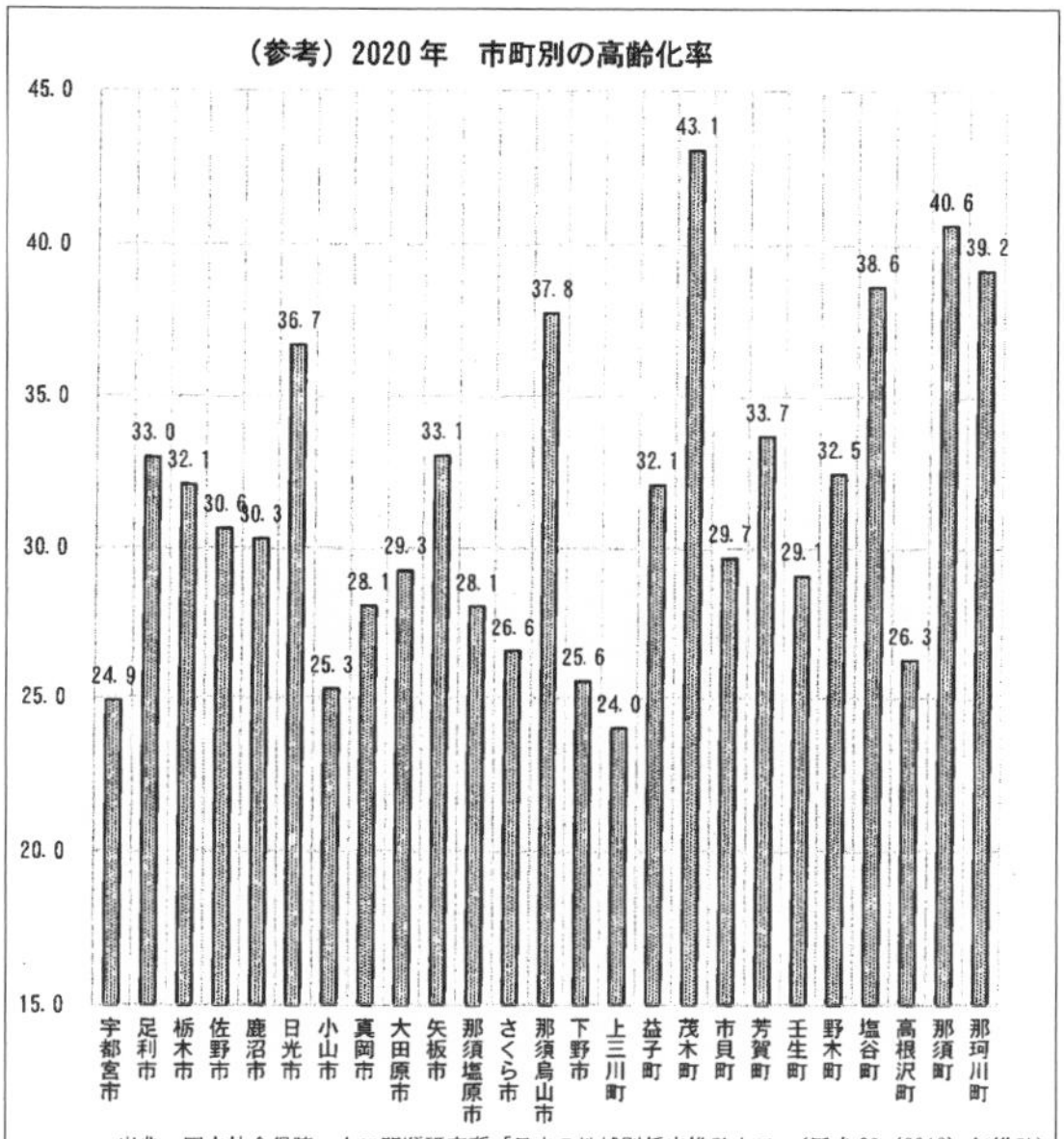

出典：国立社会保障・人口問題研究所「日本の地域別将来推計人口」（平成30（2018）年推計）

（三）進む高齢化と一人住まいの高齢者の急増

資料12・13　参照

資料12

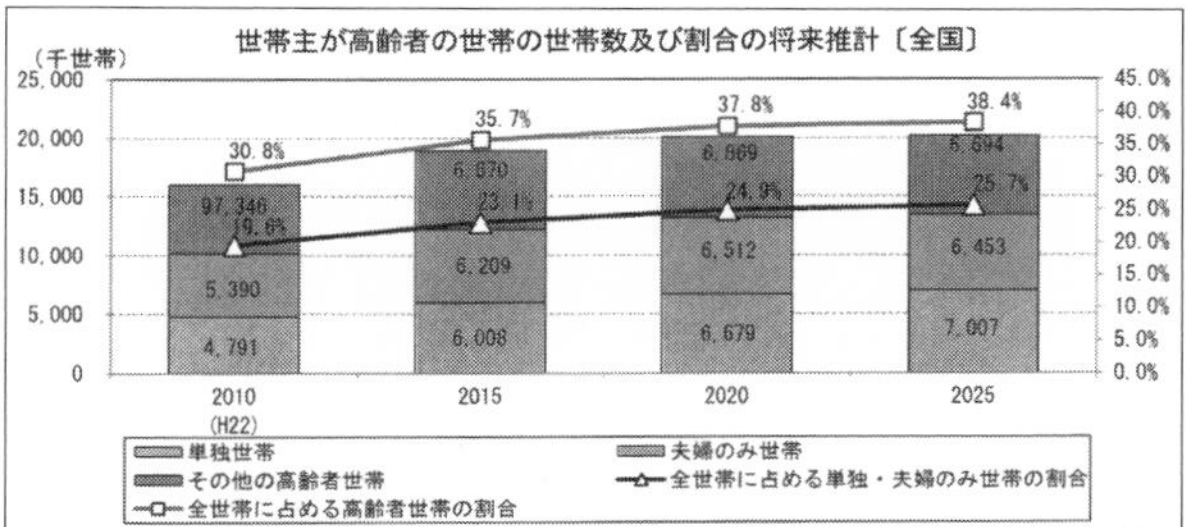

【国立社会保障・人口問題研究所「日本の世帯数の将来推計（全国推計）」（2013（平成25年）1月推計）より】
（平成22（2010）年は平成22年国勢調査による。）

資料13

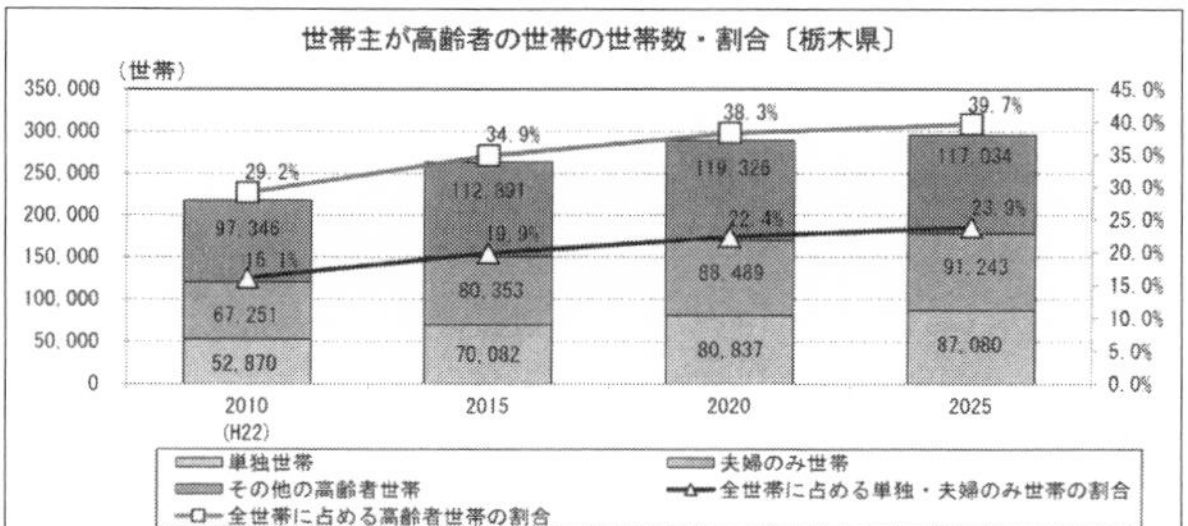

【国立社会保障・人口問題研究所「日本の世帯数の将来推計（都道府県推計）」（2014（平成26）年4月推計）より】
（平成22（2010）年は、平成22年国勢調査による。）

（四）施設での特別養護老人ホーム待機者の推移

① 第七期介護保険施設整備計画での到達点

—県内の特別養護老人ホーム整備総数は一一、一七二人となっている

② 全国と栃木県の待機者の現状

二〇一九年四月一日時点の全国特別養護老人ホーム待機者総数は二九万二四八七人。このうち自宅でいる方一一万六〇六五人、病院等の利用者では一七万六四二二人となっている栃木県では第七期介護保険計画上での調査では一八五八人

＊問題点は　入所条件を機械的に要介護三以上に絞りかって五二万人いた待機者を極端に整理した。

この切り捨て要介護二の認知症高齢者の家族が困っていても入所できないでいる現状がある

③ さらに介護の市場化の最たるものは「特別養護老人ホームの地域版」と位置づけられている「サービス付き高齢者住宅政策」

特別養護老人ホームは建設費に一部屋約一〇〇〇万円かかる（その内県からの補助金は二四二万円）として特別養護老人ホームの建設には費用が掛かるとして、二〇一一年から新たに特別養護老人ホームの地域版として「サービス付き高齢者住宅制度」を民間事業者に認め民間資金で高齢者住宅を建設させた。（国の支援は建設費用の一〇分の一で済む。安上がりな高齢者住宅政策と言える。

五　介護保険制度と社会保障制度の再構築をめざして

（一）国は介護保険制度改正の度に適用範囲をせばめてきた

—今後介護保険は事実上要介護三以上でないと適用されなくなる

○ かっては世界に誇る介護保険制度であった介護予防（要支援）制度は二〇一二年に廃止

○ 二〇〇六年より利用料の一割負担の導入、二〇二一年には利用料の二，三割負担の導入、また要介護一、二を介護給付から外す計画

（二）国が将来的に目指す「介護保険制度」の将来像
―事実上の国の責任放棄

道州制の導入時に「地方分権改革の名の下で「介護保険制度」を廃止し地方自治体の一般財源化を図る介護保険制度は二〇年を経て当初の社会保険制度としての性格（目的）から大きく変質し、ゆくゆく介護保険制度は地方分権改革の一環として道州制の導入等を通じ市町村の一般財源化する方向が国の「社会保障と税の一体改革」の議論でされている。

＊元厚生労働省老健局長宮島俊彦氏の座談会での発言（月間福祉二〇一二年掲載）

■介護保険制度の未来

○高齢者の負担について低所得者を支援するため
　公費を増やすか　第二号保険者（四〇歳以上）は応能負担を実施し、さらに第二号保険者の年齢を二〇歳まで下げ平均で五〇〇〇円くらいにとどめる。

○公費を増やすときには市町村単位の一般財源化で介護を支える

（三）国の社会保障敵視の新自由主義政策から転換し、憲法の基本理念（第一一条、一三条、一四条、二五条の生存権保障）を活かし、国民一人ひとりが自分らしく安心して暮らせる国民生活優先の「日本型福祉国家」の確立をめざして

何よりも憲法の基本理念を踏まえ「国民の人権（人間の尊厳）と命、生活を保障し国民一人ひとりが自分らしく生きられる」政治への転換が今こそ求められている。

これまでの極端な新自由主義政策で格差が拡大し国民生活を破壊したいま、経済的理由に関わらず誰もが憲法二五条で保障する「すべての国民は健康で文化的な最低限度の生活を営む権利がある」の実質化が求められている。また、特に国民生活に直接的に関係する医療・介護・福祉・教育分野の抜本的改革は差し迫った待ったなしの課題です。

①憲法と地方自治法が謳う国民の「自分らしく生きる権利」「住民本位の福祉増進」を保障することは
　国と地方自治体の義務

○　憲法二五条　国民の生存権保障
○　地方自治法　第一編　総則
第一条の二　地方公共団体の自主性
地方公共団体は住民の福祉の増進を図ることを基本として地域における行政を自主的かつ総合的に実施する役割を広く担う。

②　コロナ感染拡大の結果医療崩壊・介護人材不足が浮き彫りになった。コロナ感染拡大で実証されたように国民の命より大企業奉仕、経済優先の新自由主義政治はもう限界です。大企業優先の新自由主義政策から国民の命と生活を守ることが今ほど切実なことはない。

③　今日本に国民の社会保障財源は本当にないのか
1　世界の社会保障費の比較で日本はOECDの中で最低、日本は二五番目。
＊社会保障給付費国際比較　資料14
2　国の国家財政支出の全面見直しと組み換えで確保できる―国と自治体の歳出は福祉目的を中心に組み立て、所得再配分機能強化方式に転換させる

○　当面　不要不急の支出の削減、または先送り
＊例　・膨大な軍事費の見直し
・人口減少時代の地方新幹線の拡大の検討
・中央リニア新幹線の工事中止
3　収入の拡大
＊大企業優遇税制の見直し―今大企業は四五〇兆円を超える内部留保がある。過去三五％あった大企業への法人三税を現在二九・七％まで安倍首相は引き下げた。安倍内閣がめざす目標％はアメリカと同様に二五％まで引き下げることを財界は要求しているがこれを阻止し計画的に応分の税負担へと転換する。
＊消費税はゆくゆく廃止をめざし、当面消費税を五％に戻し国民の生活の安定を図り消費喚起と税収の増加を図る。
4　租税民主主義を徹底させ、応能負担方式に基づき総合累進課税を実施し、最低生活非課税、勤労所得軽減方式等を採用する。
高額所得者等が応分の負担をすべきです。

世界では一％の金持ちと九九％の低所得者、貧困家庭。

＊スウェーデン、デンマーク、ドイツでは当たり前に実施している社会的な応分累進課税税制制度。

＊特に日本ではトヨタ、日産、本田等自動車産業等への優遇制度。

(四)今　地方政府としての「地方自治体」の役割はますます大きい

今後国の事実上介護放棄、社会保障切り捨て政治の下で、投げ出された高齢者をはじめ社会的弱者を地方自治体が救済することができるかどうか、その真価が地方自治体に問われている。戦後の日本を支えてきた高齢者（団塊の世代も含め）をどう支えるかその国と地方の施策を見て次世代が自らの将来を判断する重要な時を迎えている改革では地方自治体が国と同等の立場であり、地方は地方政府として自主的な地方統治をおこなう権利がある。

＊知事会、市長会、議長会など地方六団体が大いに国に対し提案しその実現に役割を果たすことも重要です。

〔当研究所副理事長　社会福祉法人役員　佐々木　剛〕

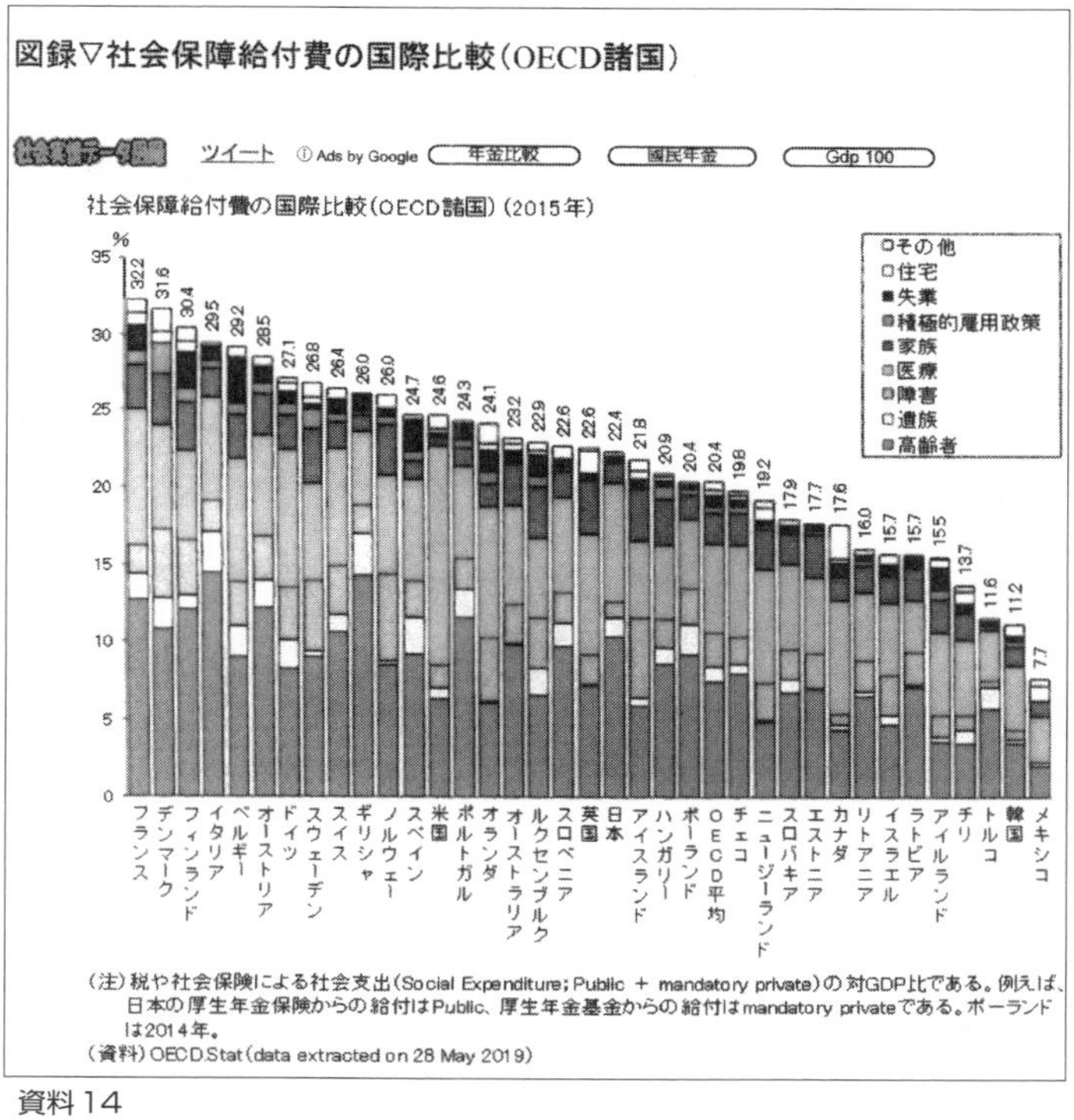

資料14

ポスト・コロナに向けた持続可能な循環型地域経済をめざして

一　県民の暮らし向きと虚飾のアベノミクス

(1)　経済の実態を映す県民の不安とコロナ禍

昨年（二〇一九年）一〇月に、栃木県が毎年実施している「県政世論調査」の結果が発表されました。図表1—1はその一部ですが、この五～六年間の暮らしの変化について尋ねたところ、「変わらない」が四六・八％で最多となりましたが、「良くなった」は一四・五％であるのに対し、「悪くなった」はその倍以上の三六・二％を占めました。また、今後の暮らしの予想については、「悪くなっていく」が三八・一％と約四割に上り最多となりましたが、それに対し「良くなっていく」は一割にも満たない七・五％でした。

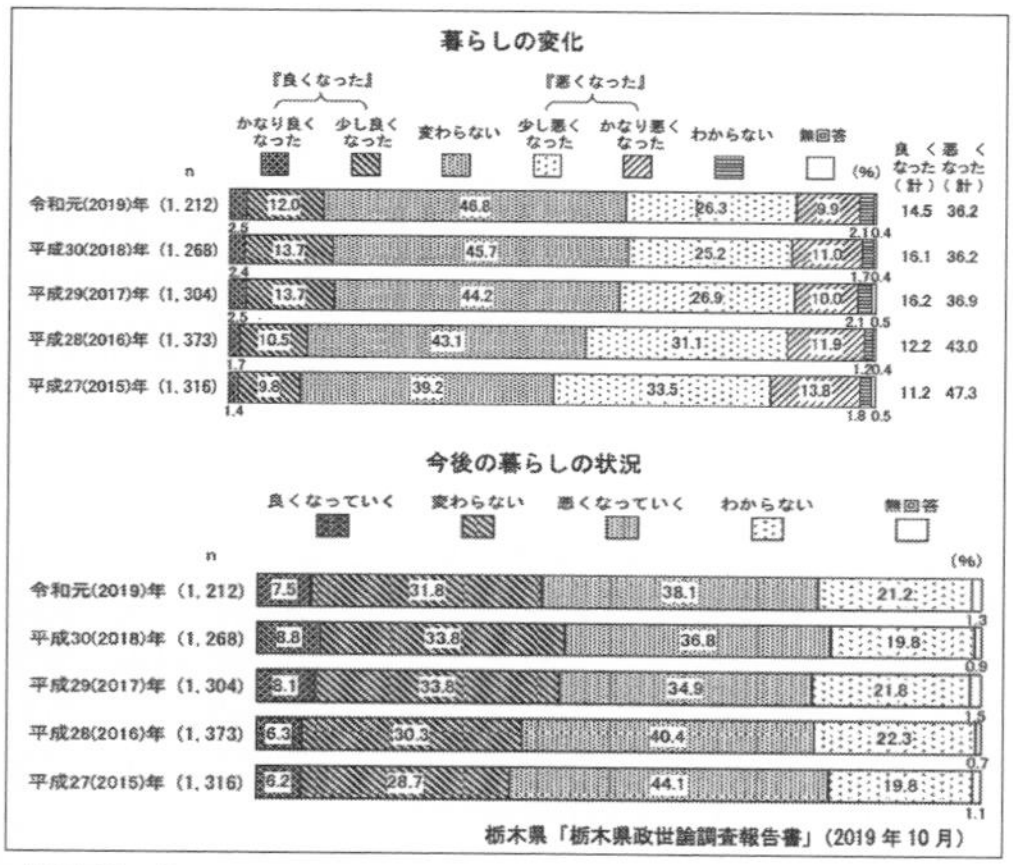

図表1-1

福田知事は、発表後の定例記者会見（昨年一一月二五日）において、この調査結果に関する記者の質問に答え、「消費税の一〇％への引き上げや米中摩擦などによる貿易の停滞などもあって、今後、悪くなっていくのではないかという不安が増えている。

ここ四～五年間横ばいで来て、今日はそういう思いを持っている県民が多いのではないか」と述べています。

このように、知事も認める「県民の暮らしへの不安」は、昨秋の段階ですでに示されていましたが、これがコロナ禍のなかで一挙に現実のものとなっています。それを象徴するのが雇用状況です。図表1―2の「労働力調査」結果によると、七月の完全失業者数は一九七万人で前年同月に比べ四一万人増え、六カ月連続の増加となりました。完全失業率は二・九%（前月比〇・一ポイント増）で昨年末以来上昇傾向を続けています。

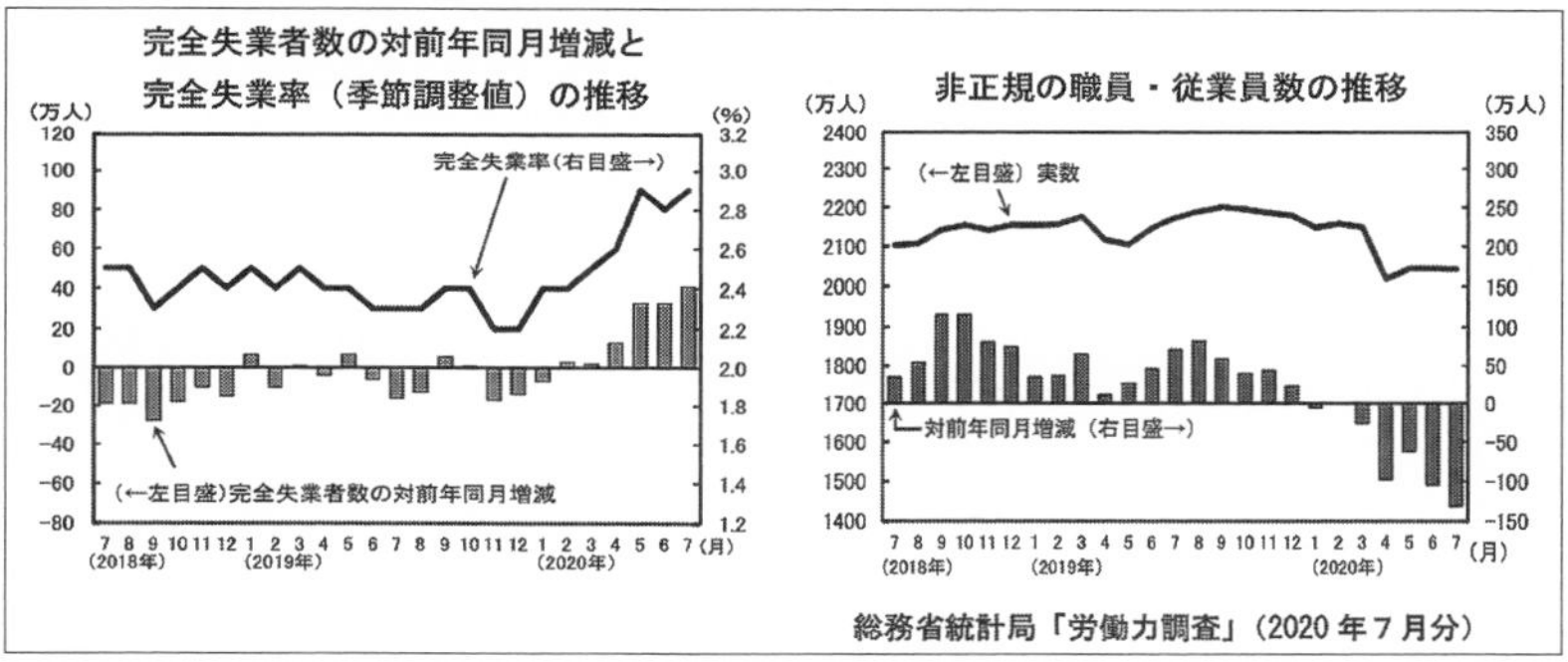

図表1-2

また、これを雇用形態別雇用者数で見ると、正規の職員・従業員数は三五七八万人で前月に比べ微増となったのに対し、全体の約四割を占める非正規雇用者数は二〇四三万人で五カ月連続の減少となりました。すなわち、雇用調整は非正規から始まり立場の弱い労働者が雇い止めや派遣切り、採用抑制の対象にされているのです。今後は企業の倒産や廃業などによって休業から失業に移行するなど、雇用不安が正規雇用労働者にも波及していくことが懸念されます。

また、図表1―3に示すように、栃木県が発表した「毎月勤労統計調査」の地方版である「栃木県の賃金、労働時間及び雇用の動き」

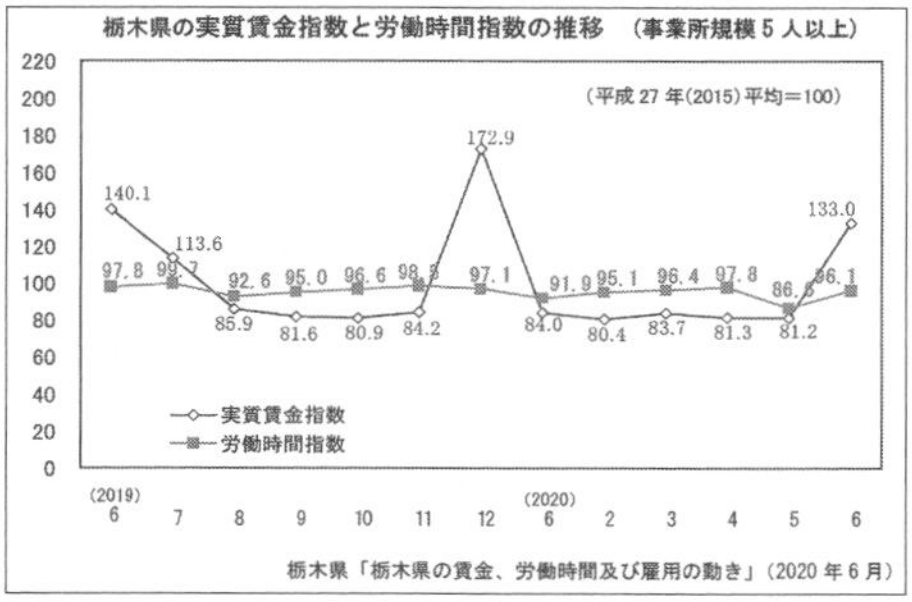

図表1-3

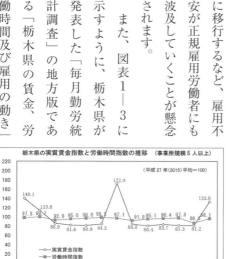

（二〇二〇年六月）によれば、県民の実質賃金はボーナス時期などを除き二〇一五年の約八割の水準で推移し、低迷を続けています。しかも、税や社会保険料負担を控除した可処分所得の水準では、さらにそれを下回ることになります。こうした状態ではGDP（国内総生産）の約六割を占める個人消費が振るわず、足元の地域経済が活力を回復することは難しく、それにより主力の内需が冷え込み、さらに日本経済に反映するという負のスパイラルに陥っているのも無理はありません。

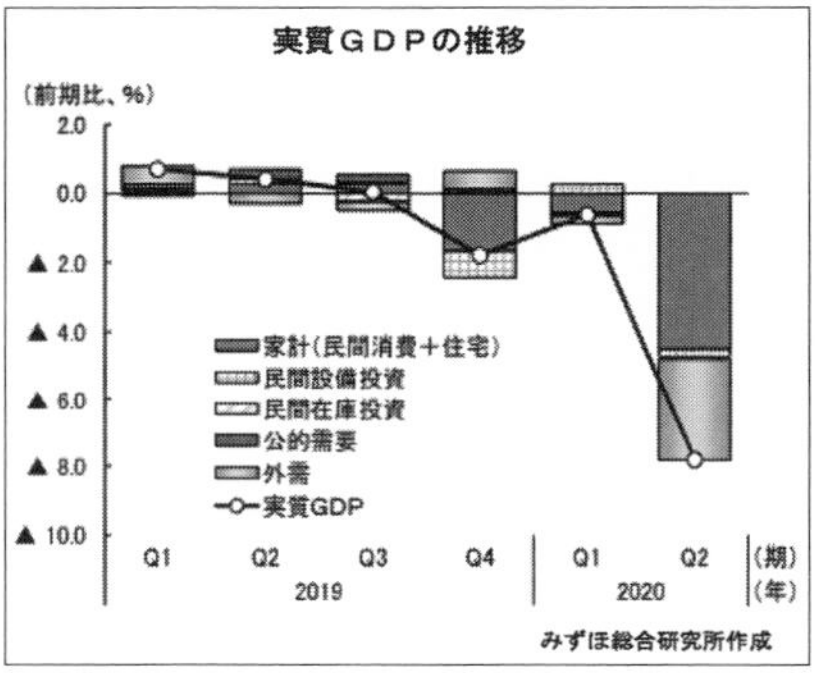

図表1-4

　このことは図表1―4を見ても明らかであり、二〇一九年の第四四半期（Q四）以降のGDPの落ち込みは、家計支出（個人消費）の大幅な減少によることを示しています。こうして、コロナ禍の以前から日本経済の失速が生じていたことになります。

(2) 栃木県民の就労状況と雇用形態

　図表1―5は、五年ごとに行われる「就業構造基本調査」のうち、直近（二〇一七年）の調査結果から都道府県別データの一部を抽出し、各項目の割合（%）と都道府県順位をグラフ化したものです。

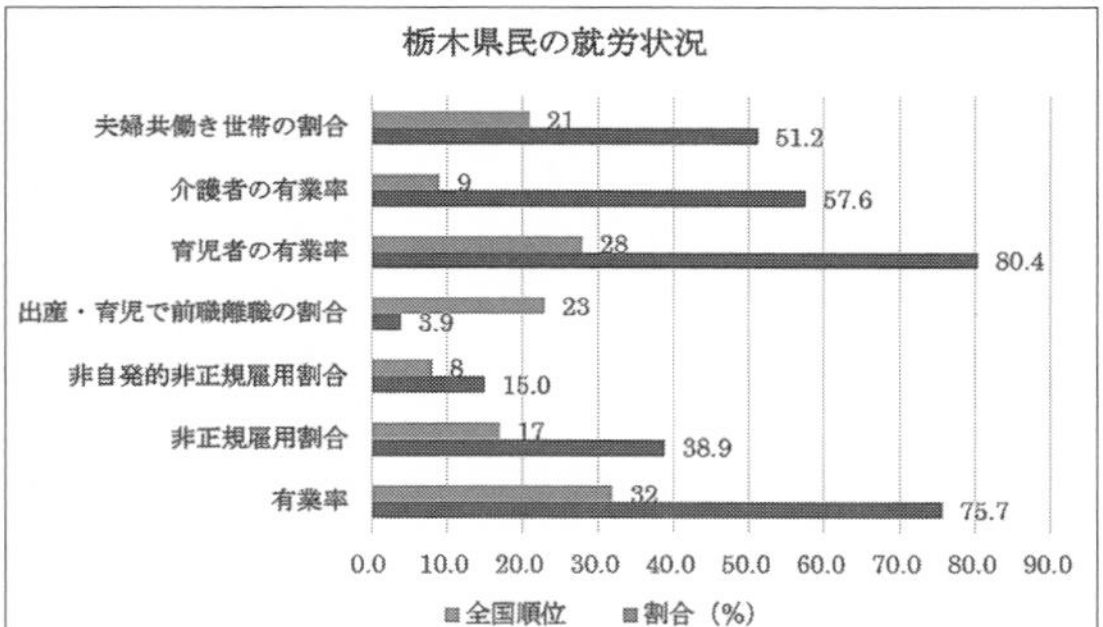

図表1-5

これを見ると、栃木県民の生活実態に基づく就労状況の一端を知ることができます。栃木県では、生産年齢人口（一五～六四歳）に占める就業者の割合は（有業率）七五・七%で四人に三人が就労しており、全国順位は中間より若干低い位置にあります。また、夫婦共働き世帯の割合は半数を超えており（五一・二％）、全国順位は二一位となっています。そうした就労状況を雇用形態から見ると、非正規雇用の割合（三八・九％）が比較的上位の位置（一七位）にあり、しかも「正規雇用の仕事がなく非正規雇用となった」（非自発的非正規雇用）の割合（一五％）が高く、全国順位では八位となっています。

　また、就労と介護・子育ての関係については、介護している者の有業率が約六割（五七・六％）を占め、全国的にも高い位置（九位）にあります。さらに育児をしている者の有業率は八割以上（八〇・四％）におよび、全国順位も中間（二八位）に位置することから、働きながらの子育ては当たり前の状態となっています。その一方で、育児を理由に前職を離職した者が三・九％（順位二三位）存在するなど、就労と子育ての両立には課題が残されていることを示しています。

　なお、「就業構造基本調査」では「雇用者」を会社員や従業員などの雇われている人としていますが、これは統計用語であり一般的には雇い主を意味するため、ここでは「被雇用者」と表現します。

　本県は、非自発的非正規雇用の割合が全国的に見て高い（八位）とともに、介護をしている者（介護者）の有業率も高い（九位）という特徴がありました。そうした介護者の有業率の状況について、男女別・雇用形態別・介護日数別で示したものが図表1―6であり、そこからは非正規雇用を選択せざる得ない事情が浮かんできます。前回調査（二〇一二年）と比べると、介護している男性の有業率は「四〇歳未満」で約二〇ポイント上昇しているとともに、女性は五〇歳未満で一〇ポイントを超える上昇となっています。ともに現

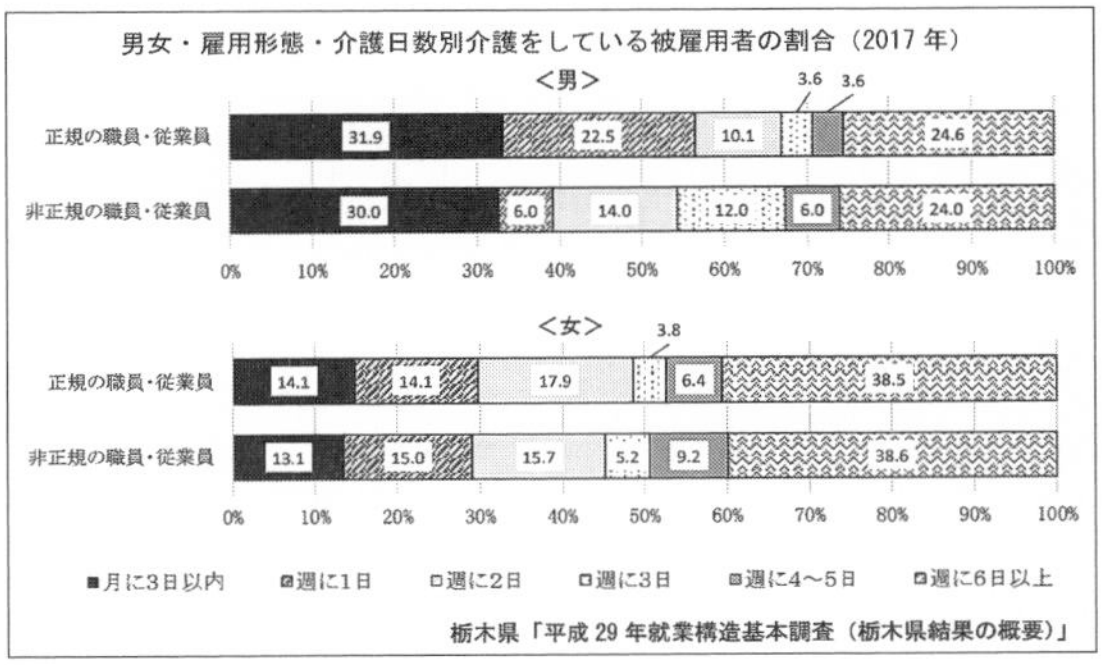

図表1-6

役世代であり、男性で週に三日以上の介護をしている被雇用者の割合は、正規雇用で三一・八％ですが非正規雇用は四二・〇％であり、その差は一〇ポイントを超えます。ここからは、介護保険導入時に〝社会的介護〟と喧伝されながらも、実際は家族に介護の負担が押し付けられている実態があり、その受け皿として非正規雇用が使われている現実が見えてきます。

　以上のように、県民の就労状況の背後にはさまざまな生活や家族の事情があり、非自発的な非正規雇用の実態も明らかになりました。しかし、政府は非正規雇用も多様な働き方の選択肢として積極的に是認し、雇用の便利な調整弁として活用しながら、就業率のかさ上げを図ってきました。

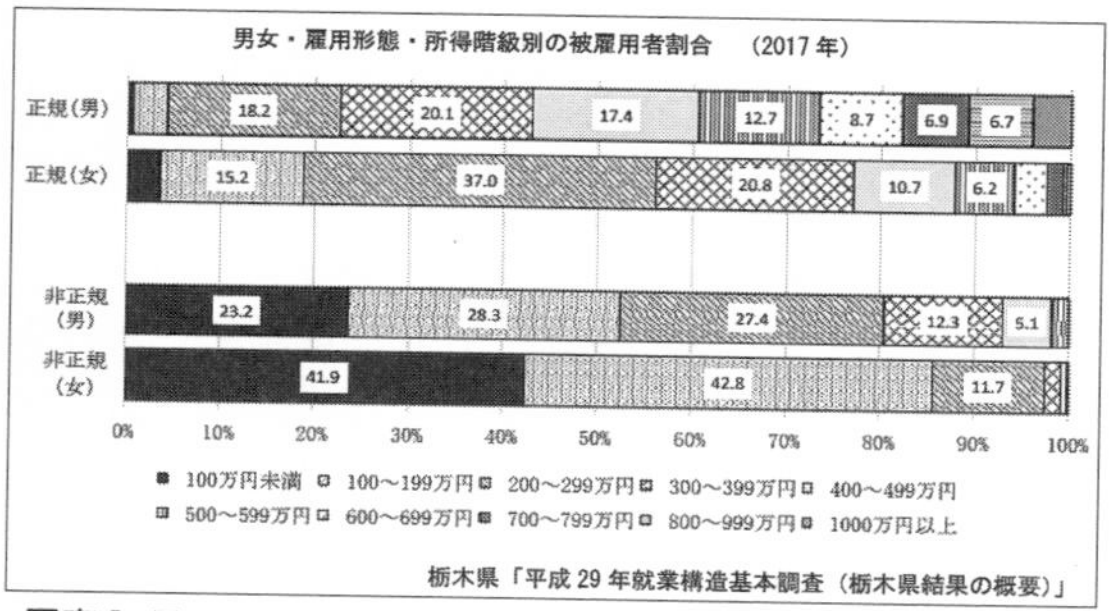

図表1-7

図表1―7は、栃木県民の男女別・雇用形態別の所得状況を示したものですが、その特徴は所得に関して大きな二つの格差が存在することです。一つは、年間所得二〇〇万円未満が、正規雇用では八・六％であるのに対して、非正規雇用は七四・四％を占めていることです。もう一つは、同じく年間所得二〇〇万円未満が、正規雇用で男性が四・二％であるのに対し女性は一八・七％であり、これが非正規雇用になると、男性は五一・五％なのに対し女性は八四・七％にも上ることです。可処分所得二〇〇万円未満（二人世帯）は、政府によって相対的貧困ラインとされている水準です。しかも上図の「就業構造基本調査」の所得は税込所得なので、可処分所得でいえば二〇〇万円を大きく下回る水準になります。ここには雇用形態と性別による構造的な貧困問題が示されており、コロナ禍がそのことをさらに深刻化させつつあります。

⑶　アベノミクスの破綻と負の遺産

第二次安倍内閣が発足したのは二〇一二年一二月二六

日でしたので、政権運営が実質的に開始されたのは二〇一三年からということになります。そして、二〇一三年六月に「日本再興戦略」を発表し、そこで示されたのが三本の矢（大胆な金融政策・機動的な財政政策・民間投資を喚起する成長戦略）によるアベノミクスでした。しかし、図表1―8に示すように、第二次安倍内閣が民主党政権から引き継いだときの日本の「一人あたり名目GDP」は四八、六三三米ドルで、国際順位は一五位でした。それが六年後には名目GDPが三九、三〇四米ドル、国際順位は二六位（四位ノルウェーの半分、九位アメリカの六割、一八位ドイツの八割）に大きく後退しました。世界

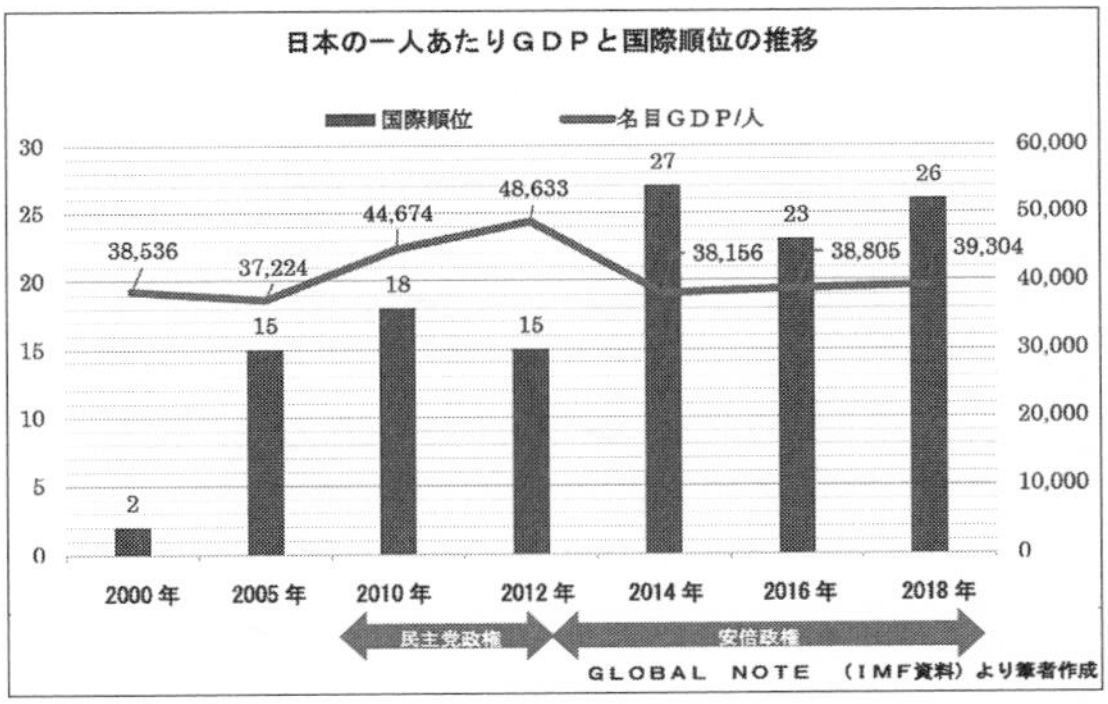

図表1-8

第三位の経済大国といいながら国民ベースで見れば、経済運営の明らかな失敗といわなければなりません。政府も、七月の記者会見において、実感の伴わない景気回復が昨年一〇月にピークアウトし、翌一一月から下降局面に移行していたことを公式に認め、「戦後最長の景気回復」は統計操作でも覆い隠すことができない幻となりました。

しかも、これまで不文律による禁じ手とされてきた経済・財政政策や縁故主義

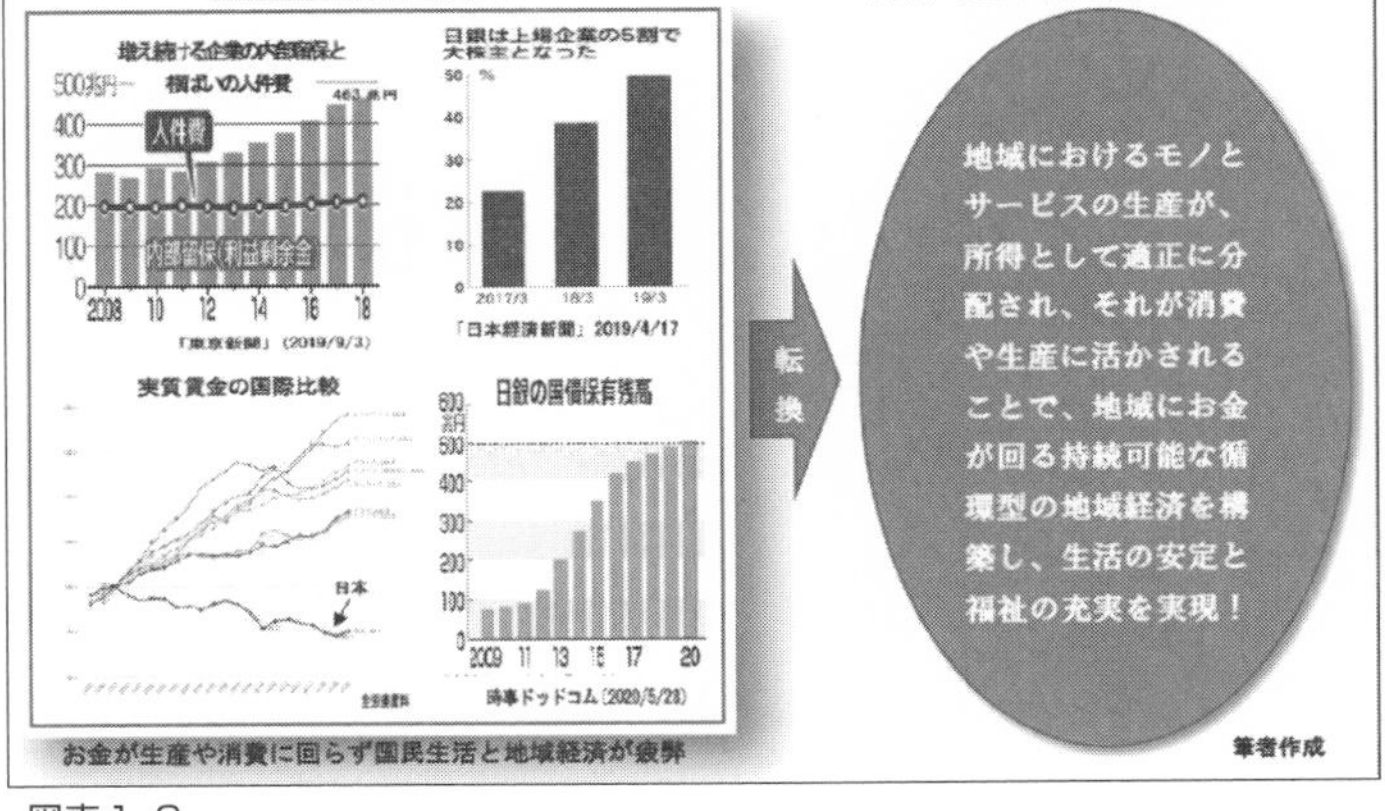

図表1-9

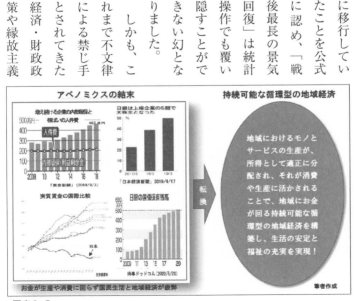

による歪んだ経済運営によって、大きな負の遺産が国民に押し付けられることになりました。たとえば日銀は、自らの独立性を放棄して政権に追従し、異次元の金融緩和を取り続けています。ETF（上場投資信託）によって上場企業の株式を大量に購入し、株高と株価の維持を演出してきましたが、これにより五割にも及ぶ上場企業の大株主になっています。また、国債についても発行残高の半分近く（約五〇〇兆円）を保有することで、金利を抑えながらアベノミクスの「機動的な財政政策」を支えてきました。こうして、日銀の総資産はアベノミクス以前の四・三倍にも膨らみGDPを超える規模となり、GDPの約二・四倍となった国債残高の累増と併せ、欧米主要国の中でも類を見ない異常な事態となっています。このような異次元状態をいつまでも続けていくことは出来ませんが、どう解消していくかの責任ある出口戦略は示されず、対応いかんでは日銀自体が市場の健全な機能を阻害し、波乱要因となる危険性が高まっています。

その一方では、こうした禁じ手を繰り返してジャブジャブの状態でお金が過剰供給され、それが四六三兆円もの内部留保となって企業内に蓄えられ、あるいは株式などの金融商品への投機資金となり、お金が実体経済（生産や消費）に回らないまま国民生活と地域経済が疲弊の度を増しています。その結果として、格差と貧困がますます拡大し、さらに固定化しつつありますが、このような国民を不幸にする構図は一刻も早く変えなければいけません。どのように変えるかについては、図表1—9に示すように、地域においてモノやサービスの生産が所得として適正に分配され、それが県民の必要とする消費や生産に活かされることで、お金が地域内で回る持続可能な循環型の地域経済を構築し、県民の生活の安定と福祉の拡充へと結びつく好循環を実現すべきではないでしょうか。

二　栃木県経済の動向と特徴

(1)　現局面の特徴と今後の見通し

図表2—1は、コロナ禍が企業経営に与えている影響

と今後の見通しに関する調査結果ですが、四～六月期の売上高が前期（一～三月）と比べ、二〇％～五〇％以上減少した割合が急増していることが分かります。また、今後の見通しについては、一年後とする企業が最も多く影響が長期に及ぶと見ています。また同調査によれば、「すでに事業を縮小あるいは今後の事業継続に懸念がある」とした企業が二〇％（n＝七六七）に及ぶことが示されています。こうした状況から雇用や賃金への影響が懸念されますが、雇用や賃金の対応状況（図表2―2）として、従業員の休業が製造業で四割超、賃金の引き下げも二割弱に及んでおり、今後の推移が懸念されます。

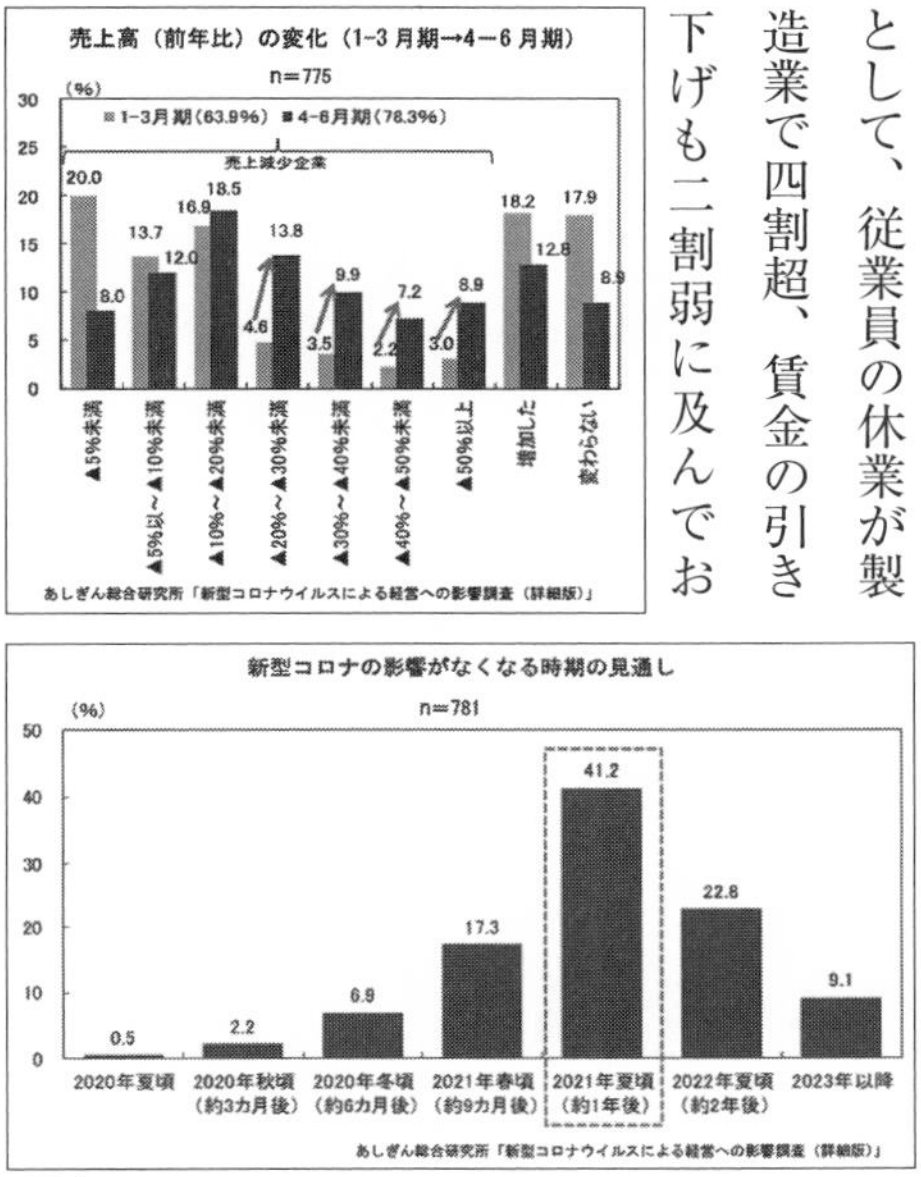

図表2-1

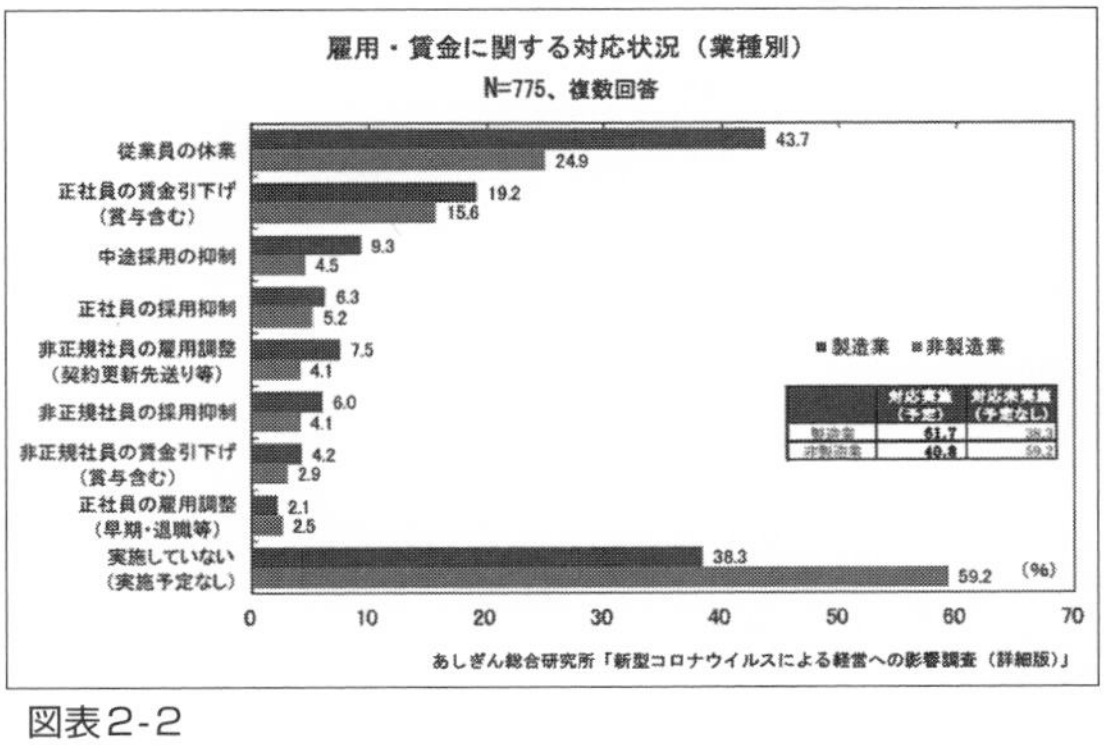

図表2-2

　このようにコロナ禍の影響は、これまでの景気循環のように、そのうち元に戻るという性格のものではなく、またリーマンショックのような金融システムへの衝撃によるものでもなく、実体経済とりわけ生活に密接な地域経済への甚大な打撃となっています。このことを正面から受け止めるならば、あるべき新常態（New Normal）に向けて、地域経済の構造をどう再構築していくかが問われねばなりません。

⑵ 立地企業と地域経済循環

栃木県による「工業基本調査報告書」（二〇二〇年一月）によると、図表２—３に示されるように、大手企業（大規模事業所）の「本社所在地」は栃木県内には一社もありませんが、中小規模の場合は四分の一から約半数が県内に所在しています。県外に本社があるということは地場の企業ではないということになり、企業利益も本社ベースで集計されるため、そこに吸い取られ県外へ流出することになります。図表２—３の「業務形態」では、企画から製造・販売まででについて、大手企業の場合には自己完結性が高く、約九割が社内で完結するのに対して、中小規模の場合は四～五割にとどまります。すなわち、大手企業の場合には、他の企業との連携あるいは取引関係が非常に弱いことを意味します。このことは、図表２—４により実際の「仕入れ先（仕入高）」について見るとよりはっきりとします。大手企業の県内調達割合はわずか一二％に過ぎず、大半が県外からの調達により賄われています。これに対して中小規模の場合には、これが四～六割となっていて、県内での取引が大きな割合を占めています。「県内立地評価」についても、大手企業の場合には、優秀な人材の確保とか発注元企業の集積や原材料の入手、多様な産業の集積による外注・共同化といったことを期待して立地しているところは少なく、交通の

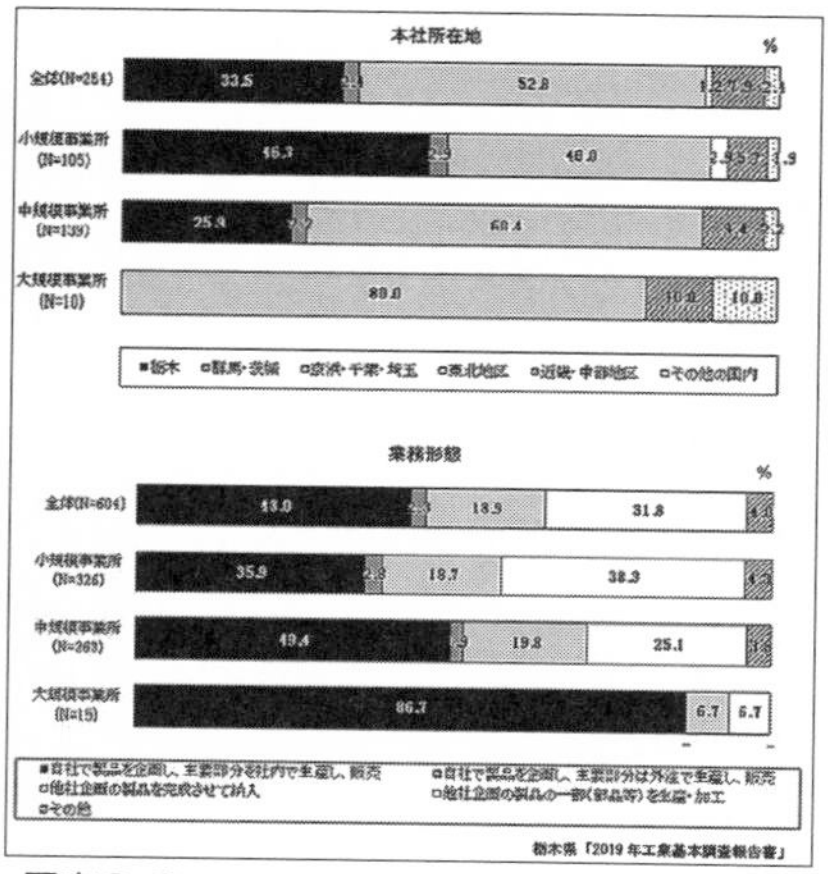

図表2-3

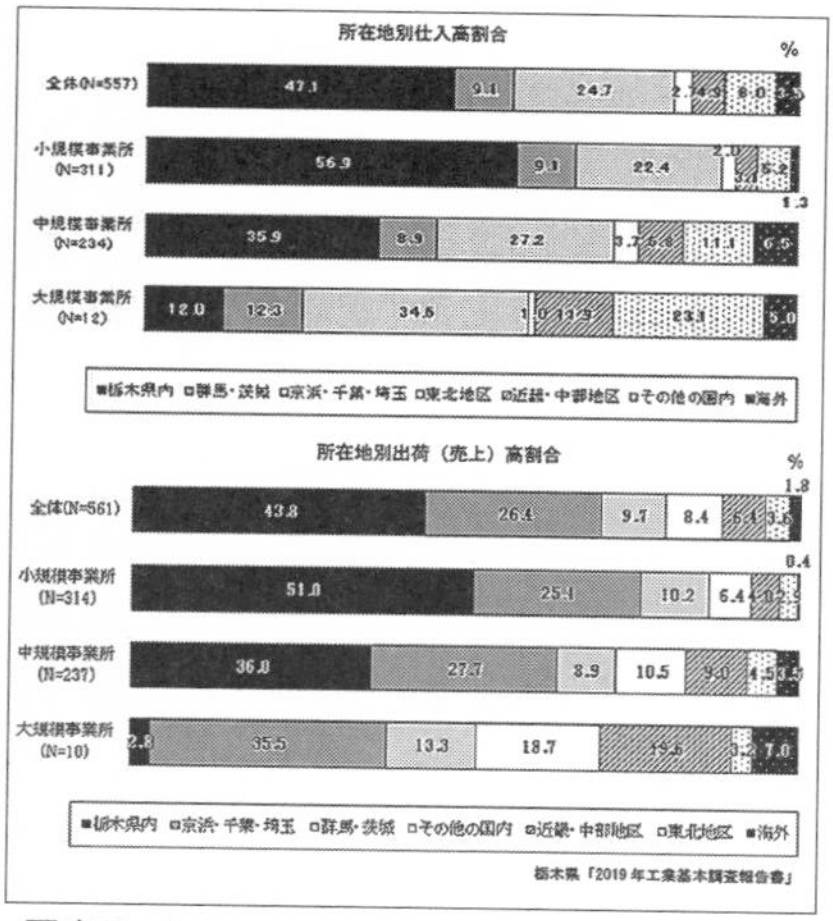

図表2-4

利便性や用地確保の容易さ、地代の安さになっています。要するに、立地コストという面で栃木県は交通の便がいい割にお買い得という、値頃感がいいといった評価結果が示されているのです。ここからは栃木県でなければならない絶対評価が低く、コスト面での相対評価になっていることが伺われます。ただ、従業員の生活・居住環境が評価されている点は、生産面での循環は期待できないものの、個人消費が県内で行われる場合にはよい影響をもたらすといえます。

三　循環型地域経済の構築に向けて

(1)　地域経済循環の現状と課題

図表3―1は、「ＲＥＳＡＳ」を使って栃木県全体の地域経済循環を見たものです。ＲＥＳＡＳ（Regional Economy Society Analyzing System）とは地域経済分析システムといい、環境省と経済産業省が立ち上げたものです。主に自治体や大学などを対象に普及が図られてきていますが、もともとは地方創生事業で地方に「総合戦略」を作らせる際のツールとして開発されたものです。これは政府・自治体が管理するビッグデータやデータベースを公開するオープンデータといわれる取り組みの一環です。ただ、基礎データに制約があるとともに、自動計算による分析結果も一定のモデル化による表示であるため、結果をどのように解釈するかが問われます。たとえば、「生産＞分配（所得）」であることを地域経済循環の前提として

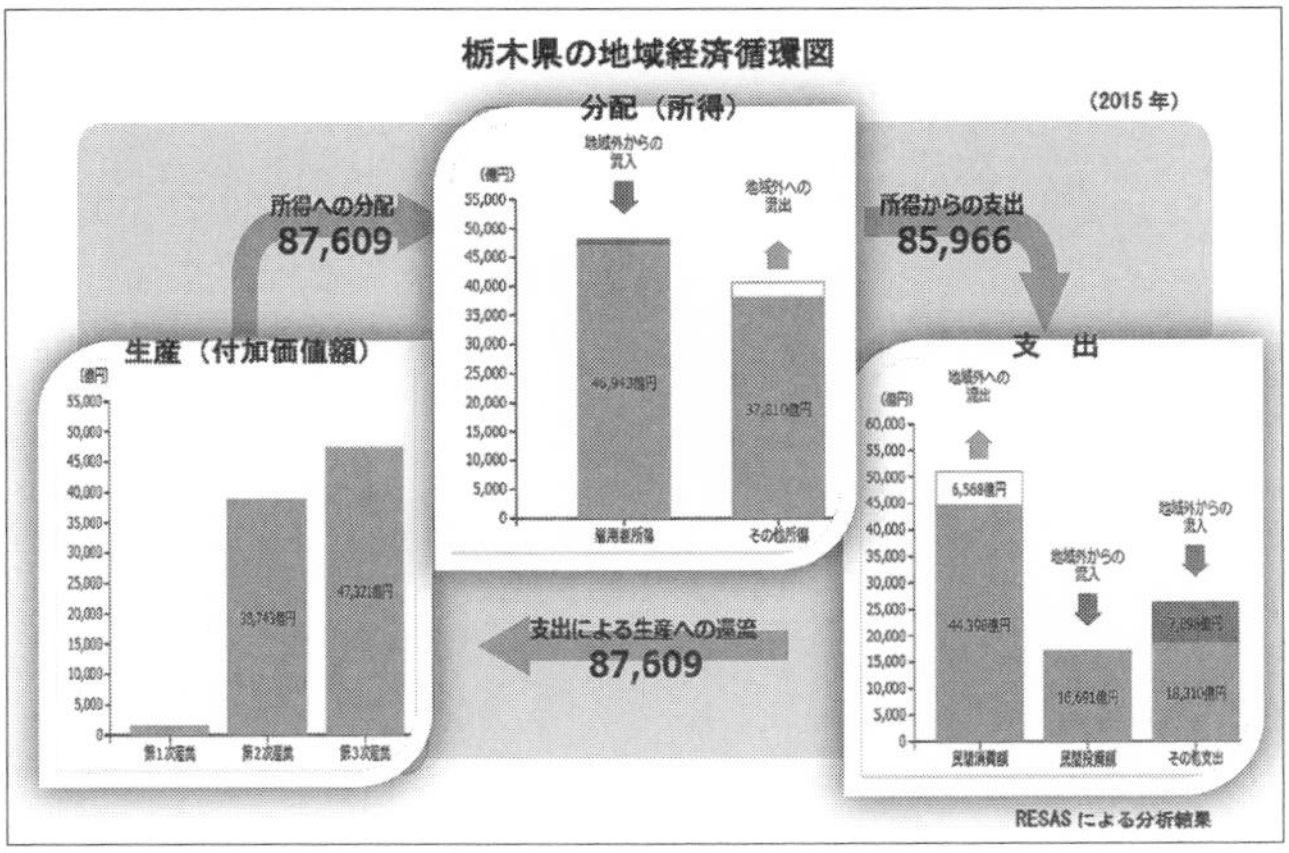

図表3-1

捉え、「生産（付加価値額）÷分配（所得）」を「地域経済循環率」と呼んで重要視しています。しかし、この発想は生産性や生産額などの「稼ぐ力」に重点を置くものであり、稼いだ富（お金）が域外に流出せずに域内に還流する視点を欠いたものであり、この点は後ほど分析することにします。ただ、そうした制約や限界を承知の上で活用するメリットはあります。

図表3―1を見ると、「生産」により生み出された付加価値額（八兆七、六〇九億円）が、所得として分配されています。そして「雇用者所得」（実際には「被雇用者所得」）のところで、矢印が地域外から流入していることが示されていますが、これは県外で働いて稼いだ所得が県内に持ち込まれていることを表しています。ただ、県外から働きに来ている人もいますので、両者が相殺された結果としての所得の流入超過（黒塗部分）になります。逆に「その他所得」では県外への流出が見られますが、これには「企業所得」や年金などの社会保障給付を含む「財政移転」が含まれています。これが流出超過（白抜き部分）ということは、県内にある企業の所得や財政移転で入ってくる所得の大きさより、企業誘致などで本社が県外にあって、そこに吸い上げられる所得などの大きさの方が大きいことを示しています。

また、こうしたお金（所得）を使う「支出」では、主に個人消費を意味する「民間消費」が、県外への流出超過となっていることが示されています。県外から来る人も含め県内で消費するよりも県外での消費の方が多いことを意味します。逆に「民間投資」では、県外への投資よりも県外から県内への投資の方が大きい流入超過となっており、企業誘致の効果といえるかもしれません。「その他支出」も流入超過が示されていますが、これは公共支出と地域内産業による「移出―移入」（国家間では「輸入」「輸出」ですが地域間では「移入」「移出」といいます）で構成されますので、これが流入超過ということは輸移入よりも輸移出が大きいことを意味します。製造業を中心に、県外への出荷額が大きい「ものづくり県」を表しているといえるでしょう。

以上は栃木県の「地域経済循環」の大まかな分析ですが、そもそも「経済循環」とは何を意味するのかが問われなくてはなりません。その前提に「生産」を置き、「稼ぐ力」を最優先することには異論があります。もちろん、「生産」が重要な素要であることは当然ですが、地域経済の「循環」や「自律」を考えた場合には、それ以上に生産された付加価値が地域外に流出することなく地域内に還流され、それが県民生活にとって必要とされるモノやサービスの供給に活かされていくことです。こうした視点から、RESASのいう循環率（生産÷分配（所得））と分配（所得）の域外流出率の関係について、県と市町の分布状況を示したものが図表3―2です。左下の横軸に密着している市町は、【生産＜分配】の関係（循環率一〇〇％未満）にありながら、流出率は〇％である八市六町です。

これによると、循環率が高い（つまり「稼ぐ力」がある）とされる市町において、稼いだ所得の域外流出が高い状況が示されています。たとえ稼ぐ力を身につけ付加価値生産額を高めても、それが地域に還流されずに、地域全体の生産や消費および住民の所得水準を高めることには十分に繋がらず、域外に流出している場合には、流出の程度にもよりますが地域経済の「循環」とはいえないでしょう。

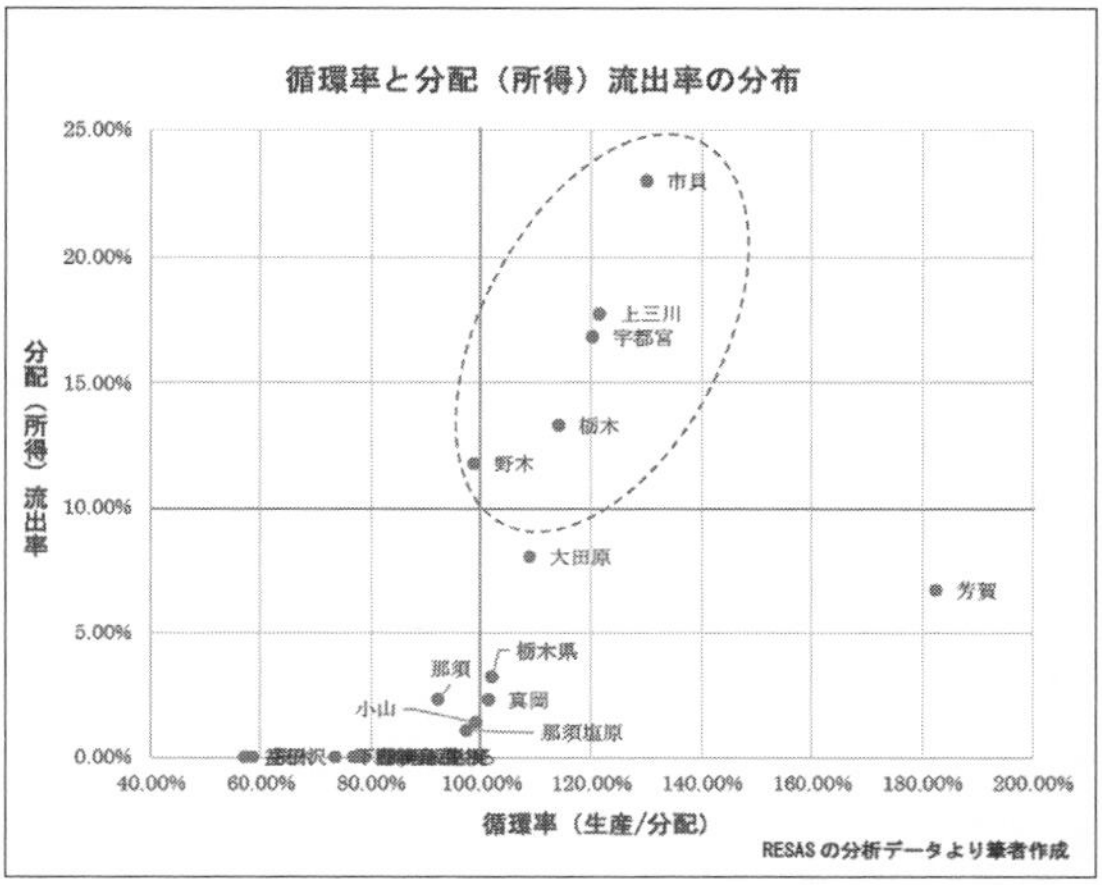

図表3-2

この意味で「稼ぐ力」とともに、「流出しない力」が必要であり、県外に本社がある大手企業や全国チェーンの商業資本では、原材料や部品の域外調達、企業利益の域外流出が避けがたく、土地や労働力の安上がりな利用を許すだけでは望ましくありません。この点で図表3―3は、個人消費や設備投資などの支出面における流出率と循環率の関係に着目して県と市町の分布状況を示したものです。これによれば、稼ぐ力の弱さだけではな

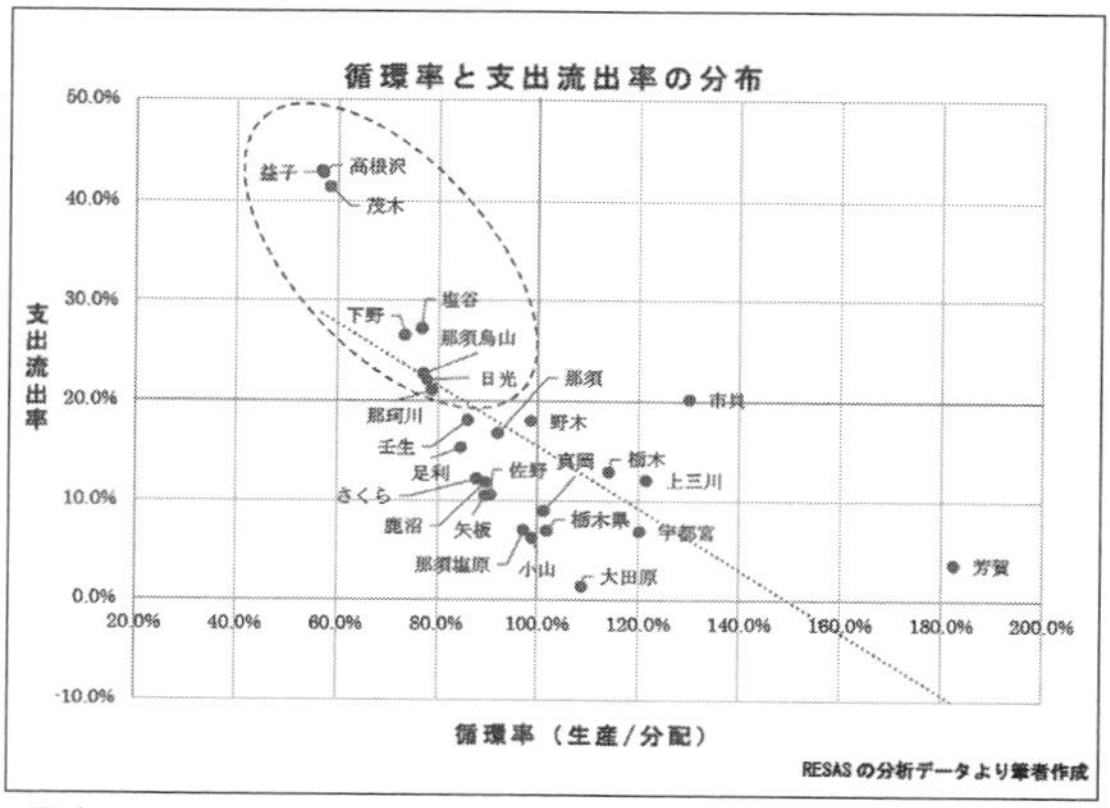

図表3-3

く支出流出率が二〇％を超える市町が九市町（うち八市町は循環率も八〇％未満）存在しますが、こうした市町ではとくに地域の特性や条件を活かした循環型経済の構築が急務といえるでしょう。

(2) 循環型地域経済の構築と中小企業振興条例

お金が地域で回る循環型の自律的で持続可能な地域経済をどう創っていくかが問われています。そのための鍵となるのは、担い手となるさまざまな経済的な主体をどう活性化させ、持続可能な存在にしていくのかということです。そうしたとき中小企業の役割が非常に大きく、中小企業であれば基本的に地元の企業が多いことから、本社が県外にある大手企業のように企業所得が外部に流出することもなく、また農業の六次産業化のように地域内で業種や産業を超えて、さまざまな主体が相互に連携することも実現し易いと考えられます。そうしたものが、行政による支援を含め商品開発や販路開拓を地域ぐるみで行い、そこで生産されたモノやサービス（医療・介護を含む）を地域の内外に提供していくことができれば、域外からの所得の確保も可能となります。

栃木県は、二〇一五年に県の中小企業振興条例を制定し、地域経済や県経済を支える担い手として、中小企業の育成強化を図ろうとしています。そして、これと前後して県内の各自治体でも、図表3―4に示すように中小企業振興条例を制定しています。

こうした中小企業振興条例を制定または見直す際には、金太郎飴のような地方創生事業の焼き直しではなく、地域ごとの特性や事情に基づきながら地域に合っ

県内における中小企業振興条例の制定状況

栃木県	栃木県中小企業・小規模企業の振興に関する条例	2015年
足利市	足利市中小企業及び小規模企業振興条例	1975年
栃木市	栃木市中小企業・小規模企業の振興に関する条例	2017年
佐野市	佐野市中小企業及び小企業振興条例	2018年
日光市	日光市中小企業・小規模企業振興基本条例	2016年
大田原市	大田原市中小企業・小規模企業の振興に関する条例	2017年
矢板市	矢板市中小企業及び小規模企業の振興に関する条例	2017年
那須烏山市	那須烏山市中小企業振興基本条例	2017年
野木町	野木町中小企業・小規模企業の振興に関する条例	2017年
高根沢町	高根沢町中小企業及び小規模企業の振興に関する条例	2017年
真岡市	真岡市中小企業・小規模企業の振興に関する条例	2018年
那須町	那須町中小企業・小規模企業の振興に関する条例	2018年

図表3-4

た形で、実効性のある中小企業の振興を進めていくことが不可欠になります。

そうした根拠となる中小企業振興条例をどのように作り上げていくのか、また制定後にそれをどのように有効活用していくのか、ということが重要になりますが、そのことに関して五点ほど提案します。

①地域の実情に即した政策・施策とするために、まず地域経済の実態調査と、それにもとづく分析を綿密に行い、地域経済の課題や可能性が何かを明らかにする必要があります。観光、農業、製造業、医療や介護も含め、それ以外にも地域の眠った資源を掘り起こしてつぶさに調査分析しながら、地域の特性と強みを活かして地域経済の課題や可能性を探っていくことが求められます。

②そのうえで理念倒れにならないように、①の調査結果にもとづいて、地域経済の将来像（ビジョン）と実現方策および実施計画を定めることを明記する必要があります。理念や目的を明確にすることはとても重要なことですが、それを住民が理解し共有できなければ何の意味もありません。そのためには、みんなが共感し共有できる将来ビジョンを住民参加によりつくり、それを実現するための実効性ある方策と計画を定め、それを裏付ける予算化を図りながら、具体的な取り組みとしてロードマップに落とし込んでいくことが必要になります。

③中小企業の持続可能な発展による地域経済の活性化に、自治体がどのような責任を持つべきかを条例の基本施策として明確にする必要があります。単に中小企業振興の必要性を呼びかけたり、政策的

に提起するといったことだけに終わらせずに、自治体としての責任ある振興を継続的に推進することを明確にする必要があります。そのためには、そのことを行政責任が伴う基本施策として示すことが重要です。

④大企業、金融機関の役割と責任の明確化とともに、大学や住民の関わりについても明確にし、条例を活かしていくために必要な実効性のある協議機関の設置を定める必要があります。大企業や金融機関については、責任を追及するだけではなく、その責任ある役割を果たすよう促していくことが必要です。適切にお金が回っていくために、中小企業との取引で買い叩きなどがないよう対等な関係が形成され、さらに地元優先の雇用や調達が促進され、商談や販路のマッチングのほか、技術移転や人材育成についても責任ある対応を求めていくことが重要です。

⑤条例にもとづく具体的な取り組みをチェックし、改善を勧告できる住民参加型の評価委員会を設けることも重要です。条例を制定しても放置した状態ではいけないので、計画や取り組みの進捗状況を常にチェックし、その成果（効果）を評価しながら必要な見直しを行うことが重要です。そのうえで、評価のための評価に終わらせないためにも、自治体の役割が不十分であれば改善を勧告する、あるいは商取引で地位を利用した不当な要求を中小企業にするような元請けに対しては是正指導や一定のペナルティ（社名の公表など）を行うことなども含めて、実効性のある仕組みを設けることです。こうした仕組みを住民参加によって効果的に働かすことで、循環型地域経済の環境づくりを進めていく必要があります。

〔当研究所理事長、作新学院大学名誉教授　太田　正〕

コロナ禍のもと、労働者の生活と権利の向上へ

安倍晋三首相（当時）は八月二八日、自身の病気の悪化を理由に辞任を表明しました。しかし、その実態は、国民世論との戦いで追い詰められたゆえの結末です。退陣の記者会見で、自身の経済政策「アベノミクス」について、「四〇〇万人を超える雇用を生み出した」と成果を強調しました。が実は、増加した労働者の大半は非正規労働者でした。一時、「非正規はなくす」とも豪語していた安倍首相。その後の結末はどうなったのか、新型コロナウイルス感染症拡大（コロナ禍）をめぐり首相の一言で決まったとされる「マスク配布」をみれば一目瞭然です。

立憲主義破壊、国政私物化、生活破壊の約八年間の政治と決別し、「市民と野党の共闘」の発展を土台に新しい政治の転換を進めなければなりません。

栃木県から安倍政権の中枢を支える多くの自民党国会議員が選出されています。自公政権とそれを補完する維新勢力に対抗する運動の高揚が急務です。

一　荒《すさ》む労働者

「仕事が終わったら、事務所に寄ってください」。非正規労働者に解雇を告げる「枕言葉」です。大手自動車会社に自動車部品の主要パーツを納品するある中堅有力企業が、労働者を切り捨てる「一場面」です。正規労働者は一〇人、非正規六〇人の計七〇人が毎日忙しく働いていました。その空気が変わったのは四月初め、コロナ感染拡大などで受注激が顕著になったのです。「肩たたき」がはじまりました。毎日のように一人、二人と呼び出し

が続き、「今日は誰が呼ばれるかな」といった会話が職場のあちこちで交わされていました。九月一日現在、非正規労働者だけが四五人も解雇され、二五人体制で仕事を回しています。

五月から、通常の週休二日制を三日に増やして人件費削減をすすめたにもかかわらず、六月には、「仕事がないから、やめてもらいたい」と言い放つ企業体質は、一ミリも労働者の思いに寄っていません。労働組合もなく、外国人労働者も多いことから、要求も不満を会社側に伝えられていません。

お盆明け、事態がさらに悪化しました。受注増に伴い仕事量が増えたのです。一見、好転かと思いきや、三時間残業が日常化し、休日返上のうえ土曜日まで出勤というありさまです。退職を強要された労働者の約九割は外国人労働者です。

こうした問題は、この会社だけに限らず、広範囲にあると考えられます。社会的規制が必要ですが、問題解決を援助する人的支援も急務です。

「人手が足りない」「外国人労働者抜きに日本の産業は成り立たない」と声高々に叫ばれていた数カ月前までの「人手不足」は一変しました。総務省による六月の労働力調査で、完全失業者のうち、勤め先の都合で離職した人が四一万人にのぼり、前年同月に比べ一九万人増加し、非正規雇用労働者は前年同期比一〇四万人減ったとされています。また、厚生労働省の集計によると、コロナ禍に起因する解雇や雇い止めにあった労働者は、八月末日現在、五万三二六人にのぼったことが判明しました。全国のハローワークなどを通じて集計した一部であることから、実際の数はさらに多くなるとみられています。

内閣府が八月一七日発表した二〇二〇年四～六月期の国内総生産（GDP、季節調整済み）速報値は、物価変動の影響を除いた実質で前期比七・八％減、年率換算で二七・八％減としました。実態経済を反映していない現在の株価は、いびつな格差社会の異常な広がりを示す「悪魔の指標」ともいうべきものです。

規模も内容も違いますが、県民はかつて、経済の激変を「体験」したことがあります。二〇〇三年一一月一九日、県内経済を支える主力銀行・足利銀行（本店・宇都宮市）の一時国有化です。足銀銀行株が紙くず同然となり、融資を断られた企業の連鎖倒産が相次ぎました。

それに続いたのが〇九年のリーマンショックによる経済危機です。大企業による期間労働者、派遣労働者ら非正規労働者の大量解雇、大量派遣切りが続発しました。「住居さえも奪われ、生きることすらままならなかった」と当時を振り返る労働者。一年間で約二二万人が職場を強制的に追われました。解雇撤回を求め立ち上がった非正規労働者のたたかいは全国に広がりました。

県内では「いすゞ自動車の派遣切り」とのたたかいがすすめられ、全国で初めて、非正規労働者による労働組合が結成されました。

今起きている、コロナ禍のもとでの事態は、これまでの経済危機とも比較にならないほど大きく、戦後最大のものともいわれています。世界と日本が直面している大問題です。

いま政治に求められていることは、労働者の暮らしと権利を守り、経済の発展を図る道筋を示すことです。その立場から労働者の団結が求められています。

二　パワハラ問題解決へ新たなステージ

労働者が気持ちよく働くうえで、法律に基づく労働条件の整備は当然ですが、職場内の人間関係の改善も重要な課題です。

国は「労働施策総合推進法」を今年五月に制定し、六月一日から施行しました。職場におけるパワーハラスメント（パワハラ）防止対策の強化にのりだしました。中小事業主には、二二年四月一日から義務化されます。

パワハラに該当する行為は、①優越的な関係を背景とした言動（例―人格否定など）②職務上必要かつ相当な範囲を超えた言動（例―過大な要求）③労働者の就業が害される（例―人間関係からの切り離し）などが要素とされています。しかし、パワハラが認定されても、会社側には罰則規定はありません。

では、パワハラの実態はどうなのか。ある会合で、耳を疑う発言に接しました。紹介します。

公務に準ずる仕事を担う、ある法人の理事一部によるパワハラです。二〇一七年度に行われた当該理事の改正選挙後から本格的に始まったもので、いまだに続いています。許しがたい行為です。

被害者の女性は、今年一月、宇都宮市の会合で、はじめて人前でマイクを握り、訴えました。前任の役員の指示で行ってきた業務内容を全面否定されたうえ、「間違いだ。責任をとれ」と繰り返し罵倒され、挙句の果てに懲戒処分を受けたと職場内のパワハラの実態を告発しました。そのうえで、労働組合を結成し、たたかうと決意表明。参加者から大きな拍手を受けました。勤務して一五年、女性のたたかいがはじまりました。

日本自治体労働組合総連合を上部組織とする栃木公務公共一般労働組合（栃木公務公共）は、事態を重視し、調査しました。その結果、職場の全員が何らかのパワハラ行為を受けていることが判明しました。日常的にパワハラが横行していたことから、職員が自主的に録音を取り続けていたこともわかりました。この数年間に音声で確認されており、組合が確認しただけでもパワハラ件数は三桁にもおよびます。異常事態です。

男性職員も証言しました。「最初のパワハラは八年も前だった。帰宅後の夕食時に電話をかけてきて、『仕事やめた方がいいんじゃない』などの暴言を執拗に浴びせられた」と言います。

栃木労働局は今年八月、同局の「個別労働相談紛争解決制度」に寄せられた二〇一九年度の相談のうち、パワハラを含む「いじめ・嫌がらせ」について公表。一五年から連続増加に入り、過去最高となる一三三三件へと更新したとしています。

何がパワハラに該当するのか周知する必要があります。パワハラ根絶へのたたかいが、労働組合の結成と結んで高まっていることは意義あることです。

三　県内労働者、労働組合の実態

県内労働者をめぐり、直近の二件の事例を紹介しました。このような事例は文字どおり氷山の一角です。また、「強者」が「弱者」を虐げるようなことが後をたたないことも残念ながら事実です。

では、県内の労働者の実態はどうなっているのでしょうか。働いている形態、労働組合、最低賃金などの点から考察してみたいと思います。

県が毎年実施している労働環境等事情調査結果に記載された就業形態別雇用状況によると、二〇一九年度就業人口全体に占める正規労働者の割合は六五・八％で、非正規は三四・二％です。正規を男女別にみると、男性が七七・九％も占める一方で、女性は四八・七％と大きく開きがあります。非正規を男女別に分析すると、男性が二二・一％で、女性は四八・七％と反転します。また、産業別にみると、正規の割合が最も高いのが建設業の八八・九％で、非正規では「宿泊業、飲食サービス業」の八五・六％です。

正規労働者が当たり前の就業形態や性別なく等しく働ける職場づくりが必要です。

表1—1　就業形態別雇用状況【全体】

区分		集計事業所数	集計労働者数	正社員	非正規社員							
						フルタイムパート	短時間パート	契約社員	嘱託社員	出向社員	派遣社員	臨時的労働者	その他
			人	%	%	%	%	%	%	%	%	%	%
全体		779 (922)	35,822 (50,045)	65.8 (62.0)	34.2 (38.0)	8.0 (7.7)	16.8 (17.4)	1.3 (1.9)	2.5 (2.8)	1.0 (1.0)	3.3 (5.0)	0.5 (0.5)	0.8 (1.7)
男性			20,917 (29,347)	77.9 (75.2)	22.1 (24.8)	4.8 (4.3)	6.9 (7.5)	1.3 (1.7)	3.5 (4.0)	1.5 (1.2)	2.9 (4.4)	0.4 (0.6)	0.7 (1.1)
女性			14,905 (20,698)	48.7 (43.5)	51.3 (56.5)	12.5 (12.7)	30.6 (31.4)	1.4 (2.1)	1.1 (1.1)	0.2 (0.5)	3.7 (5.8)	0.6 (0.4)	1.0 (2.6)
企業規模別	10～29人	246	4,097	65.1	34.9	7.3	21.8	1.2	2.1	0.6	0.6	0.2	1.0
	30～99人	206	8,607	62.6	37.4	9.4	19.5	1.2	2.2	0.9	2.4	0.6	1.2
	100～299人	123	6,178	64.8	35.2	8.1	15.5	1.9	3.7	1.2	4.3	0.2	0.3
	300人以上	204	16,940	67.9	32.1	7.4	14.7	1.2	2.3	1.0	4.0	0.6	0.8
産業別	建設業	69	1,350	88.9	11.1	2.7	2.7	1.0	2.7	1.1	0.0	0.2	0.7
	製造業	168	13,724	73.9	26.1	7.7	5.4	0.9	2.5	1.7	6.7	0.5	0.9
	情報通信業	10	416	77.9	22.1	1.4	5.0	9.1	0.7	1.9	3.8	0.0	0.0
	運輸業，郵便業	50	1,831	75.8	24.2	3.1	8.4	3.4	6.5	0.7	1.1	1.0	0.0
	卸売業，小売業	124	4,137	48.7	51.3	8.0	38.0	1.0	1.4	0.2	0.6	0.0	2.1
	金融業，保険業	23	424	76.7	23.3	6.1	9.2	0.2	2.6	5.2	0.0	0.0	0.0
	不動産業，物品賃貸業	5	202	80.7	19.3	1.5	7.9	0.0	8.9	0.0	1.0	0.0	0.0
	学術研究，専門・技術サービス業	15	657	82.2	17.8	3.8	8.5	0.0	2.6	1.1	1.1	0.0	0.8
	宿泊業，飲食サービス業	57	1,538	14.4	85.6	14.9	64.8	2.7	0.8	0.1	1.6	0.3	0.5
	生活関連サービス業，娯楽業	21	740	34.3	65.7	20.3	37.2	3.6	0.7	2.0	0.3	0.5	1.1
	教育，学習支援業	21	824	54.2	45.8	6.4	36.0	2.8	0.4	0.0	0.0	0.0	0.1
	医療，福祉	131	7,239	71.6	28.4	6.7	16.0	0.5	2.0	0.2	1.5	0.9	0.6
	サービス業（他に分類されないもの）	85	2,740	49.6	50.4	14.8	24.1	2.9	4.9	0.4	1.8	0.8	0.8

（　）は、平成30年同調査結果

資料提供・県産業労働観光部労働政策課

求められる労働組合員組織率の向上　現状は一七・五％

下記棒グラフは、県内の労働組合に加盟した組合員数の推移を表したものです。組合数は一九九四年の一八万六七五一人をピークに年々減少しつつも、ここ数年は増勢へと転換しています。しかし、組織状況は、県労働組合基礎調査結果によると、二〇一九年度の県内の労働組合数は、六七二組合で組合員は一五一、七九九人、組織率は一七・五％と減少傾向に歯止めがかかっていません。

組織化されている組合員のうち約一〇万人は、東京などに本社を置く大企業の出先事業所（工場）で働く県内労働者と、県内の自治体職員ら約一六、〇〇〇人が加入する全日本自治団体労働組合自治労栃木県本部（自治労栃木）の組合員が主力となり、連合栃木に組織されています。

大企業だけでなく、県内中の小・零細企業にも多くの労働者がいます。労働者の要求にそった活動をすすめ、組合員の組織化を進めることが大切です。

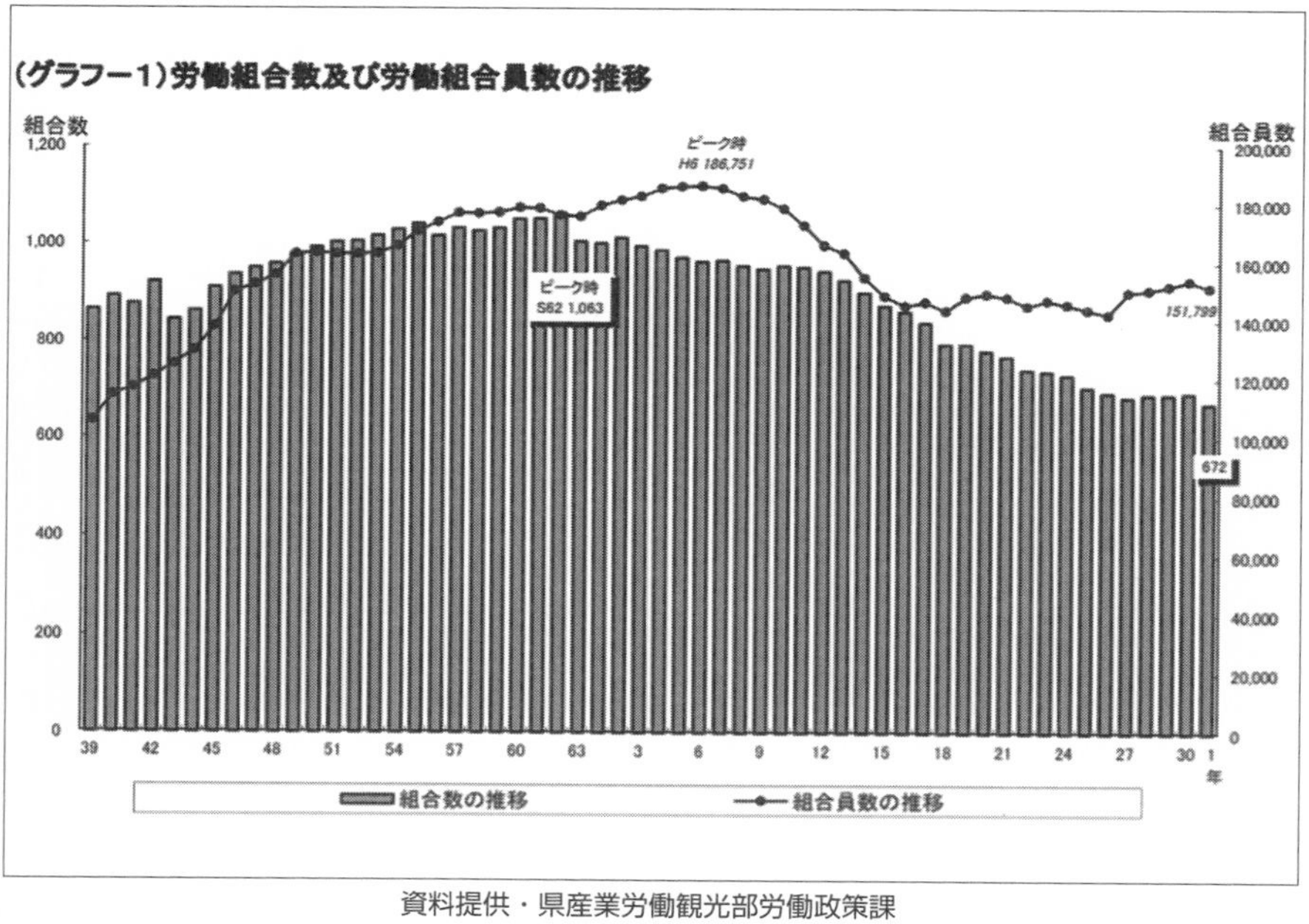

資料提供・県産業労働観光部労働政策課

四　最賃一円引上げ　栃木県は時給八五四円

これでは生活できない

最低賃金の増額をめぐり、中央最低賃金審議会は七月、リーマンショック後の〇九年以来一一年ぶりに引上げ額の目安を示せませんでした。しかし、各地の地方審議会は、コロナ禍のもと、苦境に立つ労働者の思いに押され、答申しました。

都道府県の答申は、引き上げ額が一円は一七県、二円は一四県、三円は九県です。最高額（一〇一三円）と最低額（七九二円）の金額差は昨年より二円縮まっただけです。

栃木県も一円の引き上げで時給八五四円では、年平均所定内労働時間で働いても、生活保護基準並みの賃金しか受け取れません。全労連の最低生計調査で必要とされた月二二～二四万円より数万円も低くなっているのが実態です。

さらに引き上げるとともに、全国一律の最低賃金制度に移行することが求められています。

五　労働条件への不満　高止まり

コロナ禍で急増か

前記などの労働環境で働く県内労働者の意識動向を分析したものがあります。県産業労働観光部が二〇二〇年三月にまとめた労働環境等調査結果です。七七九事業所に働く（正規、非正規『二カ月に一八日以上勤務』）労働者からの回答（一九年一〇月）を整理しました。

何といっても、最大の特徴が、高止まりで推移する相談内容が「労働条件」となっていることです。一五年から急増し、第二位となる「人間関係」の二・五倍を超えています。背景には、同年一〇月から実施された消費税率一〇％引上げなどが推測されます。「人間関係」との相談で寄せられている理由の多くは、パワハラ・いじめです。厚生労働省が一六年にまとめた「職場のパワハラ実態調査」（全国集計）では、労働条件の相談割合よりパワハラ件数が上回っています。

コロナ禍のもと各地で、休業補償がない、サービス残業が横行しているなどの不満の声が上がっており、さらなる増加が懸念されます。

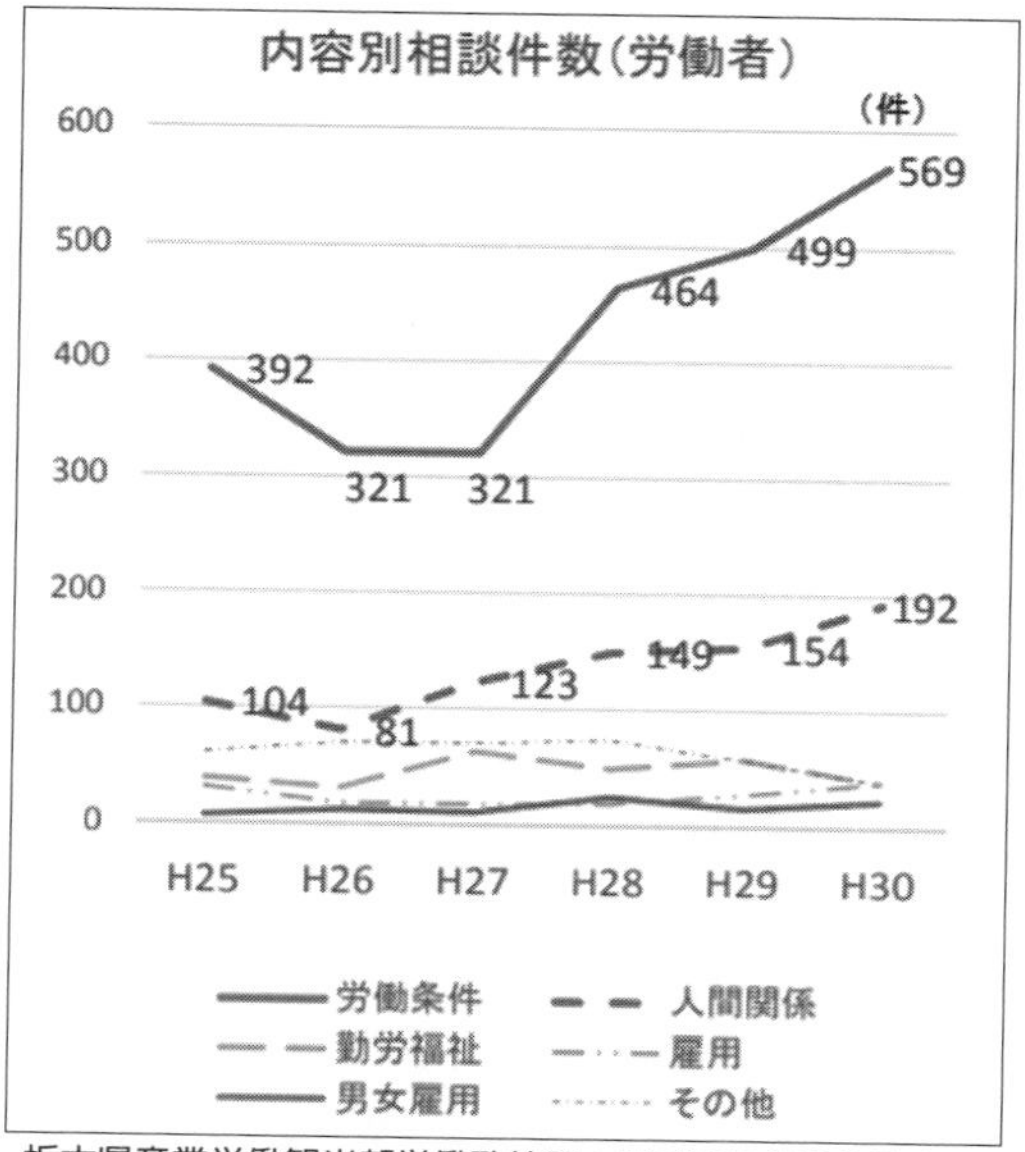

栃木県産業労働観光部労働政策課：平成30（2018）年度の労働相談状況について

六　今こそ公務労働者の出番

コロナ禍問題は、全国のあらゆる分野で働く公務員労働者と公共関係にたずさわる労働者の必要性をリアルし

ました。「新自由主義」のもと、歴代自民党政治がすすめた社会保障体制の容赦ない弱体化は、公衆衛生の要とも言える保健所の削減にもあらわれています。

感染症やその発生時の対応に欠くことのできない保健所は、一九九三年に全国八四八カ所ありましたが、翌年からの削減で、二〇一九年度には四七二カ所となり、三万四〇〇〇人いた職員は二万八〇〇〇人に減らされ、医師も四割減です。各地の保健所が統廃合され、エリアが広がったままでの、今回のコロナ禍です。県内でも五カ所が減らされました。しかし、今、保健所の職員は、自らの責務を自覚し頑張っています。保健所に勤める娘と同居している母親が、こう言いました。「娘の仕事をささえるために、子ども面倒や、買い物など、娘がしてきた家庭内の仕事を家族全員でうけもち、娘が仕事に専念できるようにしている」と。

昨年一〇月の台風一九号による栃木県内の洪水被害に対応した自治体関係者の奮闘も同様です。被害は全二五市町におよび、全県で死者四人、家屋の全壊八三棟、半壊五二三三棟、一部損壊八六六六棟など甚大な被害が発生しました。栃木市では、自身の自宅の復旧を後回しにして、不眠不休ともいえる過酷なもと被災者支援活動に多くの公務労働者が参加しました。

一方で、公務労働者でありながら、非正規であるため、避難所の業務につけないという問題も発生しました。被災当時、県内には二五市町に三六九カ所に避難所が設けられていました。

しかし、宇都宮市のある避難所では、避難者が一五〇人もかけつけたのに、その対応にあたる市職員は三人だったそうです。市職員は、その地域に数多くいます。「市は何をやっているのだ」と非難の声が上がりました。正規職員でないと、災害対応の業務につけないとの規則が障害となっていたのです。宇都宮市の職員は三二八六人ですが、非正規職員は内二〇〇〇人です(二〇二〇年四月一日現在)。正規職員化をすすめるとともに、行政と地域が実情に即した支援体制を日常から築くことが大切です。

にもかかわらず、公務員バッシングは、陰に陽に広げられ、今の内閣は「人口減少」を理由に「自治体戦略二〇四〇構想」に基づき、「地方統治構造」改革として中心都市に行政・経済機能を集中させる「圏域」行政の推進や、AIの導入・公共サービスの産業化を図り二〇四〇年までに地方公務員を半減させる計画です。

公務の民営化は、憲法に抵触するさまざまな問題を抱えています。その議論もなく、一方的な推進計画は撤回させなければなりません。

公務労働者は「憲法の視点に立ち、人をつなぎ、歴史につむぐ人」

地方の公務員は、正規が二〇一八年度で約二七四万人(一般行政職約九二万人、教育・公営等約一八四万人)非正規は二〇一六年度で約六〇万人です。非正規採用は、自治体職員の三割ともいわれ、さらに増加が見込まれています。いずれにせよ、この大集団が、憲法の精神に立ち、住民の声をもとに行政に関わるなら、国民の生活がさらに豊かになることは確実です。

そのためにも、公務労働者の労働条件の改善等をめざす活動は重要です。

栃木公務公共一般労組は、自治労連が毎年実施している『働くみんなの要求・職場アンケート』に取り組んでいます。二〇一九年度は、県内のある職員を対象にアンケートを行い、正規四二人、非正規五八人から回答を得ました。そこから見えてきたものは、多くの人が低賃金で働かされているという実態です。

回答した非正規五〇人のうち、四割余を超える人の時給は八〇〇円台で、県最賃に「接近」する低額さです。また、時給一〇〇〇円台の人を含めると、全非正規の八割近くを占めています。仕事や職場での不満などの質問では、「賃金が安い」が圧倒的でした。

正規労働者の職場質問では、賃金引き上げを求める要望が人員を増やすの四倍近くなっています。非正規、正規ともに賃金引き上げは急務の課題です。

【役場職員のアンケート結果】

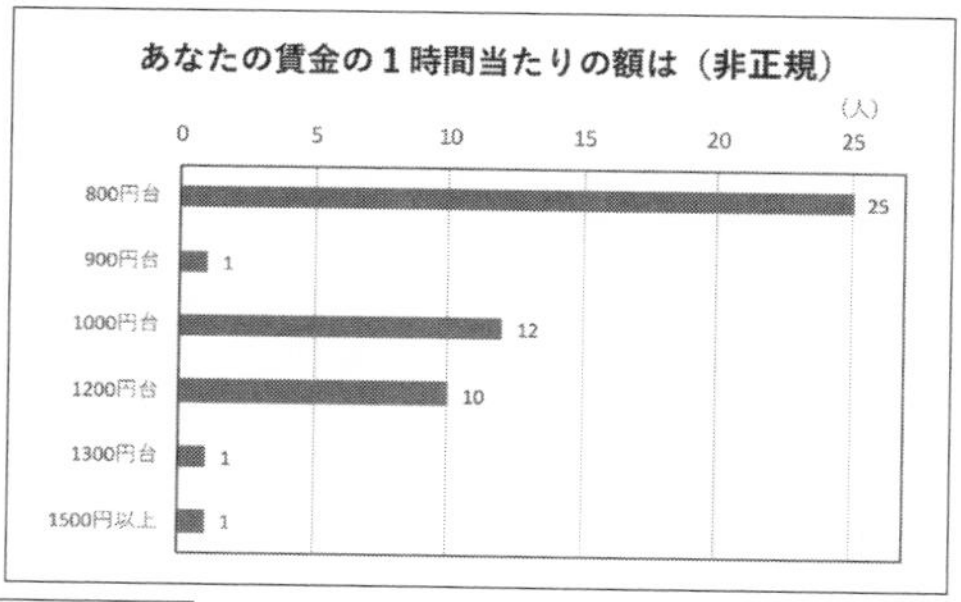

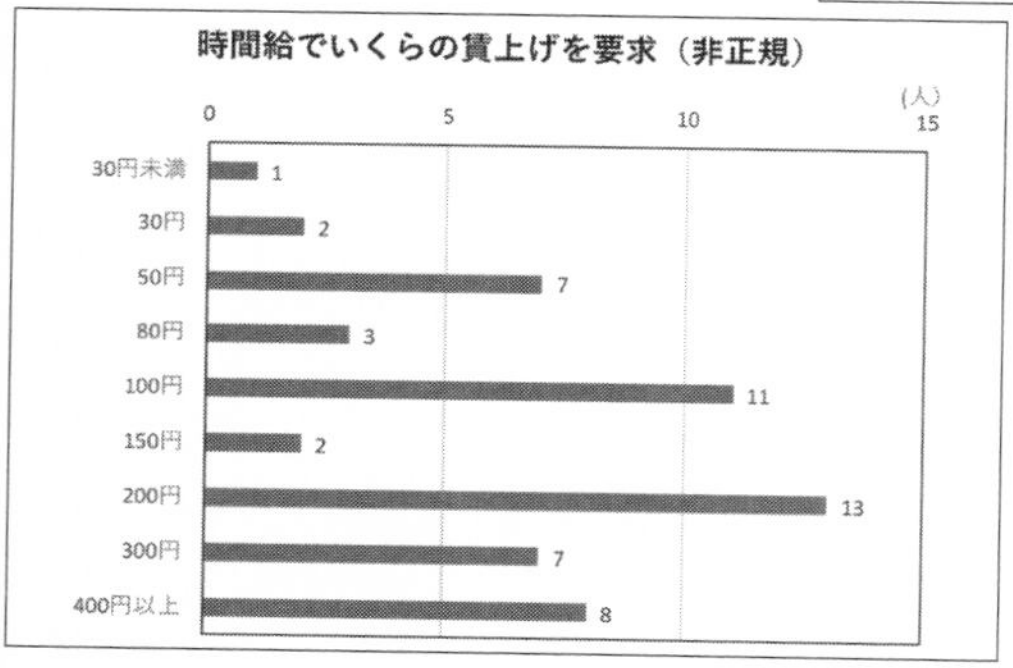

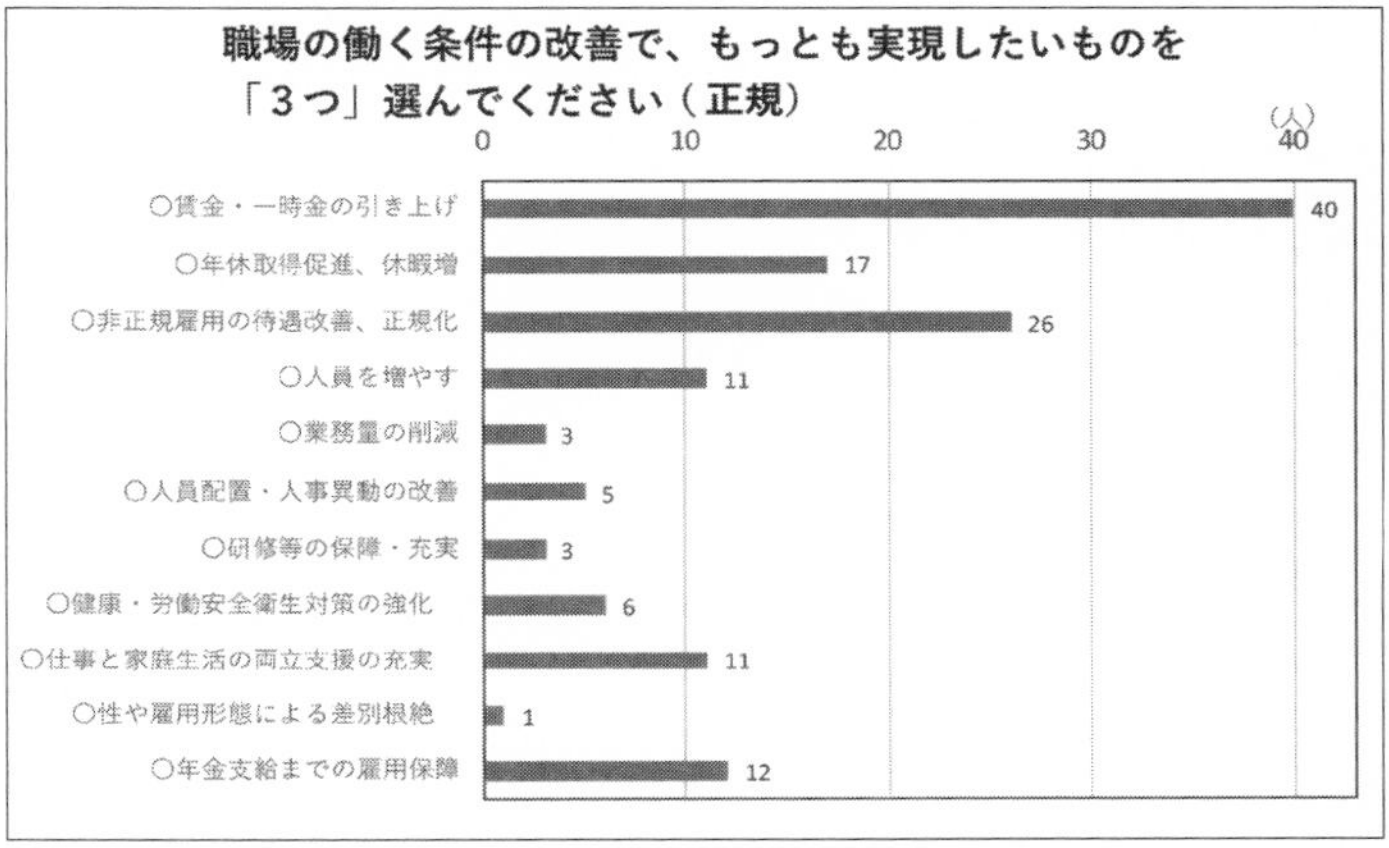

七　結びに

多くの人々の努力が積み重ねられていますが、新型コロナウイルスへの打開策はこれからです。歴史をさかのぼると、ウイルスとのたたかい（影響）で、その時代が大きく変わったという事実を知りました。人類とウイルスは「共存」する関係性なのかもしれません。コロナ禍を押さえ、経済を前向きすすめる「処方箋」が必要です。そのために、世界と日本と地域が協力し、現代のあらゆる英知の到達点を活かした取り組みら参加しなければなりません。「あなたが手をこまめによく洗うこともひとつの活動です」。公務関係労働者は、その推進者として、「憲法の視点に立ち、人をつなぎ、歴史につむぐ人」との自覚でその輪を広げましょう。

（栃木公務公共一般労働組合執行委員長　團原《だんばら》　敬）

多発する水害―復旧・防災の課題

はじめに

栃木県は二〇一九年一〇月に東日本台風（台風一九号）による大雨で全県的な被害を受けました。二〇一五年九月関東・東北豪雨災害からわずか四年後のことです。地球規模の気候変動によって、「これまで経験したことのない大雨」による水害が全国で多発しています。これまでも栃木県は「本県の主な災害は、水害が圧倒的に多く、その水害の主な原因として台風がもたらす大雨による被害である」（『栃木県土木史』一四編）と分析してきました。激甚化する水害への備えは、街づくりは、ふさわしいものになっているのか問われています。多発する水害から県民のいのちと暮らしを守るために国と自治体が果たす役割はかつてなく重要です。

本稿では、限られた範囲ではありますが、東日本台風災害の救援・調査、議会活動を通して見えてきた①東日本台風の被害状況、②被災者支援の課題、③避難生活の新たな課題、④河川復旧と流域治水、について記述します。

一　東日本台風の被害状況

(1)　被害の概要

東日本台風は二〇一九年一〇月一一日から一三日にかけて栃木県に接近し、一〇月一二日に一四市町に大雨特別警報が発表されました。二五市町中二四市町に避難勧告、一町に避難準備が発表され、避難者数は最大二三、三三六人、人口の一・二%におよびました。降水量は、一〇月一二日の日降水量が気象庁観測所一九カ所のすべてで一〇月の極値を更新、宇都宮など一三カ所では統計開始以来の極値更新となりました。（表1）

被害状況は、人的被害は死者四人、重軽傷者二三人、住家被害二四、一一七棟、河川の決壊・越水四〇河川六七か所におよびました。（表2）

表1　東日本台風の降水量 ＊印は統計開始以来の極値更新

観測所名	総降水量（10月11日00時～13日09時）	10月12日の日降水量（00時～24時）		統計開始年
那須高原	354.0	332.5		1976
五十里	272.5	255.5		1976
黒磯	300.0	289.0		1976
土呂部	424.5	395.0		1978
大田原	312.5	298.5	＊	1976
奥日光	512.5	481.0		1944
今市	400.0	383.5	＊	1979
塩谷	423.0	413.5	＊	1979
足尾	438.5	424.0	＊	1976
高根沢	210.0	203.5	＊	1976
那須烏山	222.0	212.5	＊	2009
鹿沼	375.5	370.0	＊	1976
宇都宮	330.0	325.5	＊	1890
葛生	416.5	410.0	＊	1976
真岡	215.5	209.5	＊	1976
足利	257.0	253.0	＊	1976
佐野	267.0	261.5	＊	1976
栃木	305.0	298.0		1976
小山	218.5	213.5	＊	1976

宇都宮地方気象台「令和元年台風19号に関する栃木県気象速報」10月17日版より抜粋

災害救助法が二一市町に適用されました。同法が適用された過去の災害との比較でも最多です。（表3）そのうち八市町に被災者生活再建支援法が適用されました。

表2　被害の概要

項目	被害内容
人的被害	死者4人、重軽傷者23人
住家被害	全壊83棟、半壊5,233棟、一部損壊8,666棟、床上浸水2棟 床下浸水133棟
河川の状況	決壊・越水等40河川67か所（決壊13河川27か所）
土砂崩れ	112か所
道路通行止	243か所
ライフライン	停電20,100軒、断水5市町13,183戸
災害廃棄物	7.2万トン
主な被害額（概算）	農業関連177.6億円、森林関連56.5億円、土木施設関連443億円

「第12回栃木県災害対策本部」（2020.3.26）資料より抜粋

栃木県が発表した主な被害概算額は二〇二〇年三月二六日現在、農業関連一一七・六億円、森林関連五六・五億円、土木施設関連四四三億円で、ほかに公立学校関連二五億円、中小企業関連一九〇億円などです。国土交通省が八月二一日に発表した一般資産等の被害も含む栃木県の被害額の暫定値は、二、五四七億円で、全国二番目に多く、一九六一年の統計開始以来最大の被害額となりました。

表３　災害救助法が適用された災害一覧　　＊被災者生活再建支援法適用

災害発生年月	災害名	適用された自治体（数）
1949 年 12 月（S24 年）	今市地震	今市市（1）
1986 年 8 月（S61 年）	茂木水害	茂木町、益子町、芳賀町（3）
1998 年 8 月（H10 年）	那須水害	那須町、大田原市、黒磯市、黒羽町（4）
2011 年 3 月（H23 年）	東日本大震災	宇都宮市、小山市、真岡市、大田原市、矢板市、那須塩原市、さくら市、那須烏山市、益子町、茂木町、市貝町、芳賀町、高根沢町、那須町、那珂川町　（15）（＊県全域）
2012 年 5 月（H24 年）	竜巻災害	真岡市、益子町、茂木町（3）
2015 年 9 月（H27 年）	関東・東北豪雨	栃木市＊、佐野市、鹿沼市＊、日光市＊、小山市＊、下野市、野木町、壬生町（8）
2019 年 10 月（R1 年）	東日本台風（台風 19 号）	宇都宮市＊、足利市＊、栃木市＊、佐野市＊、鹿沼市＊、日光市、大田原市、矢板市、那須塩原市、さくら市、塩谷町、高根沢町、那須町、那珂川町（12 日４号適用）那須烏山市＊（16 日１号適用）、小山市＊（17 日２号適用）下野市、上三川町、茂木町＊、市貝町、壬生町（19 日４号適用）（21）

栃木県ホームページ「災害救助法について」参照

全国から寄せられた義援金は一億七千七百万円に達し、一八市町の被災者に配分されました。

(2)　現場で聞いた被災者の声

私は、台風翌日の一三日の朝から二〇日までに、居住地の宇都宮市に始まり、鹿沼市、栃木市、那須烏山市、大田原市、足利市、佐野市の七市二五か所の被災現場に足を運び、被害状況を視察するとともに被災者に話を聞きました。

宇都宮市では、田川が宇都宮駅前の市街地で氾濫、浸水面積一五〇ha、浸水家屋二、三九六戸の被害が出ました。ビルや店舗、住宅街が腰のあたりまで浸水し、食品製造の事業所では「機械が水没し、もう使えないかもしれない。そうなったら店じまいだ」と話していました。宮の橋から川を見ていた市民は「宇都宮の顔とも言える場所が氾濫するなんて、ＬＲＴどころじゃない。根本的に改修してもらいたい」と訴えていました。姿川が関東・東北豪雨に続いて氾濫した大谷地域では、市民が「四年ごとに床上浸水するんじゃ住んでいられない」と悲痛な声をあげていました。地域から撤退した事業者もあり、観光地としての再生への大打撃となりました。

栃木市永野川の決壊現場近くの住宅地では、自治会の役員が「決壊した水の勢いはすごかった。決壊だけは絶対に防いでほしかった」と語気強く話していました。佐野市秋山川の決壊現場近くでは、住宅の石塀が押し倒され、水圧のすごさが目に見えてわかりました。家主は「とても逃げられないと思い、二階に避難した」と話していました。那須烏山市では「いったん近くの保育所に避難したが、ここも危ないというので、また避難した」と、当時の緊迫した状況を聞きました。田んぼのそばの数メートルの高さの電線に稲わらがすだれのように引っかかっていて、目を疑いました。

大田原市の蛇尾川の決壊現場では田畑がえぐられ池ができていました。足利市や鹿沼市ではアスパラ栽培、イチゴ栽培の農業被害を調査しました。若い後継者が土まみれのイチゴの苗を前に「悔しい」とつぶやいていた姿が忘れられません。現場に立って知った被害の大きさは衝撃的でした

二　被災者支援の課題

被災者救援・支援の課題は多岐にわたりますが、住家被害への支援を中心に記述します。り災証明書交付の内訳、災害救助法住宅応急修理の申請、被災者生活再建支援金の支給状況を表にまとめました。（表4）

表４　住家被害と住宅修理・再建支援制度の実施状況

自治体名	り災証明交付の内訳　3/20 現在					住宅応急修理申請		被災者生活再建支援金支給	
	全壊	大規模半壊	半壊	準半壊	一部損壊	半壊以上	準半壊	基礎支援金	加算支援金
○●宇都宮市	2	0	429	26	663	159	10	9	4
○●足利市	0	62	369	8	398	271	2	51	41
○●栃木市	13	104	2,918	397	2,849	1,348	49	106	66
○●佐野市	6	74	964	94	907	468	13	71	38
○●鹿沼市	7	2	64	132	515	29	25	12	3
○日光市	0	1	7	1	13	0	0	県制度(1)	県制度(1)
○●小山市	0	12	234	11	260	16	0	10	9
真岡市	0	0	0	1	5	—	—	—	—
○大田原市	0	0	0	10	14	0	0	—	—
○矢板市	0	0	7	3	13	2	0	—	—
○那須塩原市	0	0	0	0	16	0	0	—	—
○さくら市	0	0	0	0	9	0	0	—	—
○●那須烏山市	40	50	59	0	32	82	0	85	51
○下野市	0	4	3	0	12	5	0	—	—
○上三川町	0	0	0	0	6	0	0	—	—
益子町	0	0	0	0	8	—	—	—	—
○●茂木町	8	10	10	5	9	23	5	16	9
○市貝町	0	0	0	2	3	0	2	—	—
芳賀町	0	0	0	0	0	—	—	—	—
○壬生町	0	1	0	2	3	0	0	県制度(1)	県制度(1)
野木町	0	0	0	0	2	—	—	—	—
○塩谷町	0	0	1	0	9	0	0	—	—
○高根沢町	0	0	0	0	2	0	0	—	—
○那須町	0	1	5	2	10	3	0	県制度(1)	県制度(1)
○那珂川町	1	0	0	0	0	0	0	県制度(1)	
合計	77	321	5,070	694	5,758	2,406	106	360（4）	221（3）

○災害救助法適用　●被災者生活再建支援法適用　（2020年3月26日「第12回栃木県災害対策本部」資料より抜粋）

(1) り災証明書の交付と被害認定

住家の被害は栃木市（七、九八一棟、五七％）が最も多く、次いで佐野市（二、三七〇棟、一七％）で、二市で県全体の七四％を占めました。り災証明書発行や住家被害認定にあたる自治体職員の不足は明らかで、県は二市にり災証明書発行業務にあたる短期派遣の職員を延べ四三三人派遣しましたが、発生から一カ月以上経過しても、発行数は栃木市で八割、佐野市で七割弱の状況でした。

被害認定とり災証明書の発行は、被災者が受けられる救援・支援の内容を規定します。浸水被害は、浸水の深さによって全壊（住家流出又は床上一・八《メートル》以上の浸水）、大規模半壊（床上一《メートル》以上一・八《メートル》未満）、半壊（床上一《メートル》未満）、一部損壊・準半壊（床下浸水で損壊割合一〇％～二〇％未満）、一部損壊（床下浸水で損壊割合一〇％未満）に区分されます。床上浸水すれば、壁も畳も使い物になりません。一部損壊でも半壊同様の修理を余儀なくされる場合もあります。このような線引きが被災者を苦しめてきました。「被害認定の区分を水害の実態に合うものに見直してほしい」というのが被災者の切実な声です。国に強く働きかける必要があります。

県は今後、大規模な災害発生に備え、迅速な被害認定やり災証明書の発行をすすめるためにＩＣＴを活用したシステムの導入を検討しています。ＩＣＴの有効活用は重要ですが、被災者の依頼による再調査への対応など被害認定事務に精通した自治体職員の育成が不可欠です。災害の際に自治体間のすみやかな相互支援を可能にする応援力、受援力を培うためにも、ゆとりのある職員体制にすることが求められます。

(2) 住宅応急修理制度

災害救助法の住宅応急修理制度は、半壊以上五九万五千円以内、準半壊三〇万円以内の現物給付の修理が受けられます。発生から一カ月以内の完了が基準ですが、一五市町が特別基準で二〇二〇年二月～四月まで期間を延長し、半壊以上二、四〇六件、準半壊一〇六件、合計二、五一二件の申請がありました。関東・東北豪雨災害の時、早々に申請期間を打ち切ってしまい、県内で一棟も住宅応急修理を実施できなかった反省が活かされたと言えます。県は「住まいの確保対策チーム」を設置、相談や訪問活動を実施するなどこれまでにない取り組みも行いましたが、制度の周知、運用には大きな課題を残しました。

一一月末に栃木市議の有志が住宅再建支援制度の「青空説明会」を開催し、私も参加させてもらいました。説明を聞いて初めて制度を知った人もあり、すでに自分で修理した人、借金して修理した人、修理業者が見つからず親族に直してもらった人などがいました。「自力」で修理した人は、制度の対象になりません。ある被災者は「この制度（住宅応急修理は）は、救助のための制度か、それとも排除のための制度か」と問いかけ、別の被災者は「ひどい目に遭った上に、知らなかったために制度を受けられなかった。悲しい涙と悔し涙がこぼれる」と言いました。誰一人取り残さない救助には程遠く、胸が痛みました。

一方、小山市は半壊二三四世帯のうち、住宅応急修理申込数が一六件だけでしたが、市独自の「被災者住宅復旧支援制度（半壊・一部損壊住宅復旧支援制度）」を利用した人が多かったことが分かりました。この制度は、住宅応急修理制度、被災者生活再建支援制度など国等の支援制度の適用を受けていない人を対象に「支援金」を支給します。支給額は半壊の限度額五〇万円で、住宅応急修理制度より低額ですが、住宅本体および住宅と一体の附属設備（エアコン室外機、給湯器など）の復旧工事などにも使え、申請期間も発生から約一年間あります。小山市の制度は、国の制度の「穴」から零れ落ちた被災者を救済する受け皿になったと言えます。この制度ができたのは、関東・東北豪雨災害で被災した市民の運動があったからです。県は、財政支援を行うなどして、このような制度を全市町に普及すべきです。

こうした事例からも、自治体には住宅応急修理を被災者に寄り添い、生活再建に効果的に結びつくように運用する努力が求められます。同時に、あまりにも制度が複雑すぎるため、基準期間や修理範囲の拡大、給付上限の増額、現物給付に限定しないことなど見直しを求めて行かなければなりません。被災直後の混乱した状況でも理解しやすく使い勝手の良い制度に改善することが急がれます。

(3) 被災者生活再建支援制度

国の被災者生活再建支援法による支援金支給は、適用された八市町で基礎支援金三六〇件、加算支援金二二一件でした。被災者生活再建支援法の適用外の市町では、県の制度により四件（二〇二〇年七月時点）に国の制度と同等の支給が行われました。

支給限度額は全壊でも三〇〇万円で、対象は原則、全壊と大規模半壊です。生活再建には程遠いことから、災害が発生するたびに改善が求められ、全国の自治体が何らかの形で独自支援の制度を創設するなどして補ってきました。県段階で半壊世帯を対象にした支援制度があるのは二七都道府県におよびます。私も関東・東北豪雨災害の時に続いて県の制度の対象拡大を要求しましたが実現していません。

二〇二〇年七月豪雨災害を受け、国は被災者生活再建支援制度の支給対象に半壊を加える検討に入ったことが伝えられています。支援の対象を半壊だけでなく「一部損壊」に広げること、支援金額を少なくとも五〇〇万円以上に引き上げることは喫緊の課題です。野党共同の「被災者生活再建支援法改正案」が国会に提出されており、一日も早い審議・成立が求められます。

(4) 生活必需品の給与

災害救助法の「生活必需品の給与」は、床上浸水以上の世帯を対象に、生活必需品を失い日常生活が困難になった人に布団や肌着、炊飯器等の台所用品、紙おむつ、石けん等衛生用品などを現物支給する制度です。被害程度や世帯人数によって上限額が定められています。

この制度が十分活用されていないことを日本共産党南部地区議員団が掴み、県・市町に強化を求めました。避難所に避難した人の多くが、水が引くと住宅の機能を失った状況にもかかわらず自宅に戻り、二階などで避難生活を送っていました。さまざまな情報も救援物資も、避難所に行かなければ手に入らない状況でした。

生活必需品の給与は、県の調べで栃木市、足利市、佐野市、小山市、鹿沼市、宇都宮市の六市が実施。給与ゼロが九市町ありました。給与件数を自主調査したところ、六市で三、〇四二件（二〇二〇年二月一九日時点）でした。栃木市は対象となる約三、八〇〇世帯に通知と物品リストを郵送、小山市は対象となる全世帯を直接訪問し、必要な給与を実施しました。一方、宇都宮市は仮設の市営住宅に入居した世帯を対象にしたため二世帯のみでした。給付ゼロの市町についても調べましたが、制度の解釈に相当な開きがありました。

災害救助法は県が実施主体ですが、多くの救助事務を市町に委任しています。それだけにアンバランスを生じさせないよう市町と連携し、支援するのが災害救助法を適用した県の責任です。この点を県議会で質しましたが、納得できる答弁は得られませんでした。

三　避難生活の新たな課題

(1) 新型コロナ感染症と在宅避難者への対応

「避難所が満員で入れなかった」「避難所が浸水した」「川に近いため開設できない避難所があった」など避難所の課題が明らかになり、緊急避難場所や避難所の指定取り消しや追加の指定など見直しが進められています。

新型コロナウイルス感染症の流行に伴う避難所のあり方の見直しも急務です。県は国の通知を踏まえ、避難所における新型コロナウィルス感染症への対応についての留意事項をまとめました。収容人数の見直しと臨時避難所の確保、家族間で二メートル以上のスペースを確保する、感染防止に必要な物資・備品の確保、健康状態の確認や感染者が出た場合の対応など、不十分ではありますが改善を急がなければなりません。

避難所の過密状態を防ぐため、ホテルや旅館の活用、親せき・友人宅への避難または自宅での避難も推奨されています。その際、情報提供や食事、物資の提供など避難生活をどうサポートするのかが課題です。東京都三鷹市、国分寺市など在宅避難者支援の仕組みづくりを進めている自治体もあります。市町と自治会、民間との連携が必要な課題であり、住民の高齢化や自治会加入者の減少など地域が抱える課題への対応も含め、丁寧な具体化が必要です。在宅避難者をはじめ指定避難所以外の避難者の把握と避難生活の環境改善をすすめることは、喫緊の課題です。

従来から指摘されてきた避難所の劣悪すぎる環境の改善（プライバシーの確保や食事、トイレ、ベッドの改善）、福祉避難所の整備等要配慮者への対応なども、この機に抜本的な改善が必要です。

県地域防災計画では、避難所の設置、運営、物資の備蓄等は市町が行い、県は補完する役割としています。役割分担で終わらせず、市町を支援・連携し、市民参加による防災のまちづくりに取り組むことが求められます。

⑵　人権とジェンダー平等の視点で

人口の半数を占める女性の視点を避難所の運営や避難生活支援に生かすことも課題です。今年八月に栃木県地方議会女性議員連盟の研修で、内閣府の「男女共同参画の視点からの防災・復興ガイドライン」（二〇二〇年五月）とりまとめの座長をつとめた浅野幸子氏の講演を聞く機会がありました。ガイドラインは①平時からの男女共同参画の推進、②女性は「主体的な担い手」、③災害から受ける影響やニーズの違い男女の違いに配慮する、④男女の人権尊重と安全・安心を確保する、などの基本方針を打ち出しました。社会生活においてジェンダー（社会的性差）への配慮が立ち後れている日本で、非常時の避難所ではなおさらです。乳幼児のいる母親や若い女性の要望などがなかなか反映されず、避難所運営のリーダーが男性が多いため問題が表明化しにくいとも指摘されます。性的マイノリティへの配慮も同様のことが言えます。

浅野氏は、女性の避難生活中の健康被害や関連死の要因に「性別・立場による避難生活上の問題」があると指摘します。トイレ・衛生の問題で体調悪化やエコノミークラス症候群等のリスクが大きい、プライバシーが守りにくく性暴力など犯罪リスクが高まる、車中泊等支援から取り残される傾向がある、などです。女性の視点での改善はすべての避難者の安全と安心につながることを支援に関わるすべての人に、市民全体に理解を広げていく大切さを学びました。

四　河川復旧と流域治水

決壊、氾濫した九河川の現場を視察しましたが、支川の合流点や蛇行している所で被害が集中しており、現場近くの住民は、堆積物で中州ができたり、河床が上がっていたことに「不安を感じていた」と訴えていました。どの河川も、今回のような規模の流量を想定しておらず、河川整備計画が完了した河川でも氾濫が起きました。思い切った改良復旧が必要です。県議会でも私を含め、多くの議員が県に対策を迫りました。

(1)　七河川の改良復旧と堤防強化

県は二〇二一年の梅雨の時期までに被害箇所の原形復旧工事を完了させる計画です。改良復旧が採択された鹿沼市の思川、栃木市の永野川、壬生町の黒川、那須烏山市の荒川、佐野市の秋山川の五河川については、二〇二五年までに完了させる方針です。五河川の改良復旧の概算事業費は三四一億円で、事業費の約五割が国庫です。宇都宮市の田川と栃木市の巴波川は、今年度中の改良復旧事業の採択を国に求めています。

田川については、今回の災害規模を想定した流量にどのように対応するか、県・宇都宮市による検討会を設置し、今年度中に総合的な治水対策計画を策定させたいとしています。市中心部の上流、下流に調節池を設置するほか、宇都宮市の田んぼダム等流域対策と一体で「床上浸水被害の解消」を目指す方針です。概算事業費は一三〇億円を見込んでいます。

巴波川は、栃木市の市街地の堤防のない堀割の対策が課題でした。国土交通省と栃木県・栃木市による「巴波川浸水対策検討会」が設置され、上流の遊水池整備やため池の活用に加え、地下捷水路（地下トンネル）による抜本的な対策工法が検討されています。概算事業費は一五五億円の見込みです。

宇都宮市大谷地域の姿川の洪水対策も急がれます。氾濫した大谷橋上流部は、河川整備計画が未策定です。大谷石の岩壁と道路に挟まれ、水の逃げ場がありません。県は、河川整備計画に基づく大谷橋下流の工事を今年度末までに完了させ、上流部は支川の合流点付近に調節池を先行整備する方針です。

さらに下流の状況で改良復旧が難しいとされる河川について、堤防強化緊急対策プロジェクト事業で越水・漏水を防ぐ「粘り強い堤防」の整備に取り組む方針です。二〇二八年を目途に対策見込み箇所九〇〇、そのうち六〇〇箇所は二〇二二年度完了予定で、年間事業費三〇億円を見込んでいます。県は、中小河川やため池のハザードマップの策定、ダム下流域の浸水想定図の作成、ダムの事前放流のための利水者との調整などソフト対策にも取り組みますが、激甚化する豪雨に対応するには「破堤を防ぐ」堤防強化が不可避となっています。

(2) 「流域治水」への転換を市民参加で

国も遅ればせながら治水のあり方の見直しに動き出しました。七月に国土交通省社会資本整備審議会の答申「気候変動を踏まえた水害対策のあり方」を公表。施設能力を超過する洪水が発生することを前提に「国・都道府県・市町村・企業・住民等が協働して流域全体で行う治水対策、『流域治水』への転換」で「防災・減災が主流となる社会を目指す」としています。降った雨を安全に流すための河川対策、田んぼダム、調節池、貯留タンク等で流下を遅らせる流域対策、避難・水防などソフト対策で、中小河川も含め流域全体で洪水を防ぐ総合的な対策をすすめるとしています。土地利用をリスクの低いエリアへ誘導することも含まれます。国交省は全国の一級水系の「流域治水プロジェクト」を今年度末までに策定するとしています。

国土交通省の方針は、矛盾も内包しています。栃木県で進む思川開発南摩ダム建設もその一つです。答申を受けた毎日新聞七月一一日付の社説は「ダムの能力は限られている。経験したことのない豪雨によって緊急放流を余儀なくされ、下流域に危険が及ぶ事態も起きている。ダム優勢の政策で堤防の強化が遅れたという指摘もある」と指摘し、「ハードとソフトの両面で対策の質を高め、地域防災の総合力を底上げしていきたい」と書きました。さらに災害リスクを脇に置いたコンパクトシティ+ネットワークのまちづくりも進行中です。上流に位置する栃木県ではメガソーラーやゴルフ場の開発、工場用地開発も「流域治水」に無関係ではありません。田んぼを維持するための農家への支援や、浸水に強い住宅への「改良復旧」も必要です。まちづくり全体の問題として、市民参加で議論していく必要があります。施策の具体化、手法も含めて注視しなければなりません。

都道府県段階では、二〇一二年に兵庫県、二〇一四年に滋賀県が県条例を制定しました。滋賀県は県庁の部の中に「流域政策局」と室を置いて取り組んでいます。土地利用規制、建築規制も含まれ具体化が注目されてきました。滋賀県のパンフレット「流域治水ってなあに?」は、流域治水の考え方を市民と共有するため、わかりやすく書かれています。市民の理解と納得を得ながら取り組む重要性を感じました。水害に苦しめられてきた栃木県も、「流域治水県条例」の制定に踏み出す時ではないかと考えます。

おわりに

栃木県は、災害復旧と、いつまた起きるかわからない次の災害に備えた災害対応力の強化に取り組みつつ、次期総合計画づくりをすすめています。災害復旧費の財源は大部分が国庫支出金と地方債が充てられますが、コロナ禍による厳しい財政運営が想定されます。県税収入の落ち込みは避けられませんが、暮らしと営業も追い詰められており、県民生活へのしわ寄せは許されません。医療・福祉の充実でコロナ禍の県民生活を支えながら、いかに災害復旧と災害に強いまちづくりを推進するか、大きな課題に直面しています。

七年八カ月におよぶ安倍政権の終焉を契機に、国の税金の使い方を転換させ、軍事費を減らし、公共事業全体を見直し防災優先へシフトすること、医療・福祉の地方や国民の負担を軽減すること、地方交付税を増やすことが求められます。県においても、地方自治法の精神に立って、住民の生命、身体、財産を災害から守り、福祉の増進につとめる栃木県への転換が求められています。

〔栃木県議会委員　野村　せつ子〕

参考資料・文献

・「豪雨災害と自治体」自治体問題研究所外編　２０１９年2月発行
・「栃木県土木史（七〇年史）」栃木県２０１７年３月発刊
・「令和元年台風19号に関する栃木県気象速報」宇都宮気象台２０１９年10月17日修正版
・資料「令和元年東日本台風による被害等の概要」第一二回栃木県災害対策本部（２０２０年3月26日）
・「社会資本整備審議会答申」国土交通省報道資料（２０２０年7月9日）
・とちぎ・地域自治研究所主催講座での中村八郎氏講演（２０２０年2月9日）
・栃木県地方議会女性議員連盟主催研修会での浅野幸子氏講演（２０２０年8月6日）

指定廃棄物処分場建設問題について

一　栃木県内の指定廃棄物の現状

指定廃棄物とは、福島第一原発事故由来の放射性物質であるセシウム１３４および１３７の放射線濃度の合計が八〇〇〇Bq／kgを超える廃棄物で「平成二十三年三月十一日に発生した東北地方太平洋沖地震に伴う原子力発電所の事故により放出された放射性物質による環境の汚染への対処に関する特別措置法」一七条一項によって、環境大臣によって指定されたものをいいます。同法一九条によって、指定廃棄物は、国が、収集、運搬、保管、処分をしなければならないとされています。

環境省によると、栃木県内の二〇二〇年三月三一日時点での指定廃棄物の量は、合計一三五三三・一ｔで、内訳は、焼却灰二四四七・四ｔ・浄水発生土七二七・五ｔ・下水汚泥（焼却灰を含む）八件二二〇〇・〇ｔ・農林業系副産物八一三七・〇ｔとなっています。

また、栃木県内の指定廃棄物について、指定申請時の放射性物質の濃度を前提に自然減衰による将来推計をした場合、八〇〇〇Bq／kgを超えるものは、二〇一六年一〇月一日現在では七三七三ｔ、二〇二一年一〇月一日では四八一三ｔ、二〇二六年一〇月一日では四〇七八ｔに減少するとされています。

栃木県内の二〇二〇年六月時点での一時保管者の状況は、次のとおりです。

①那須塩原市（農家五三、公共五、民間事業者二）、②那須町（農家五三、民間事業者六）、③大田原市（農家九、公共二）、④矢板市（農家六、公共一）、⑤日光市（農

家一、公共二）、⑥那珂川町（農家一）、⑦宇都宮市（公共二、民間事業者三）、⑧鹿沼市（民間事業者六）、⑨高根沢町（公共二）、⑩塩谷町（公共一）⑪上三川町（公共一）
したがって、県内の市町で指定廃棄物を農家が保管しているのは、①～⑥の六市町のみです。

二　二〇一六年再測定の結果

環境省が二〇一六年六月上旬から九月下旬にかけて行った再測定の結果では、公共系（公共施設で保管されている焼却灰等）指定廃棄物五三九六ｔのうち、八〇〇〇Bq／kgを超えたものは三〇七〇ｔ、八〇〇〇Bq／kgを下回るものは二三二六ｔで、再測定値と推計値との差は比較的小さかったのに対し、農業系（農家等で保管されている稲わら、牧草等）指定廃棄物については、再測定した七七一ｔのうち八〇〇〇Bq／kgを超えたものは二九三ｔ、八〇〇〇Bq／kgを下回るものは四七八ｔで、再測定値が推計値より低い値を示すものが比較的多い傾向が見られたとのことです。

そして、この再測定値を基に、自然減衰による将来推計をした場合、八〇〇〇Bq／kgを超えるものは、二〇一六年一〇月一日現在では公共系三〇七〇ｔ・農業系二一〇〇～三四〇〇ｔ程度・合計五二〇〇～六五〇〇ｔ程度、二〇二一年一〇月一日では公共系一五三二ｔ・農業系一〇〇〇～二六〇〇ｔ程度・合計二五〇〇～四一〇〇ｔ程度、二〇二六年一〇月一日では公共系一二四八ｔ・農業系一〇〇〇～二四〇〇ｔ程度・合計二二〇〇～三六〇〇ｔ程度になるとのことです。

三　二〇一九年再測定の結果

また、二〇一九年七月下旬から一一月下旬にかけて、農業系指定廃棄物のうち二九九三・二ｔ（内訳―牧草七九ヶ所一八八〇・六ｔ、稲わら四九ヶ所二七八・五ｔ、堆肥一八ヶ所八三四・一ｔ）について、再測定を行った結果では、八〇〇〇Bq／kgを超えたものは六〇ヶ所（四一・一％）五七六・三ｔ（一九・三％）、八〇〇〇Bq／kgを下回るものは八六ヶ所（五八・九％）二四一六・九ｔ

（八〇・七％）であり、指定申請時濃度に基づく推計（八〇〇〇Bq／kg超―九五ヶ所（六五・一％）一八六七・〇t（六二・四％）・八〇〇〇Bq／kg以下―五四ヶ所（三四・九％）一一二六・二t（三七・六％）よりも、濃度が低いことが明らかになったとのことです。

四　第四次県政白書での指摘

環境省は、指定廃棄物の処理について、二〇一二年三月に策定した「指定廃棄物の今後の処理の方針」（以下「処理の方針」といいます）による県内一箇所集約の方針を維持しており、栃木県においては、二〇一四年七月に塩谷町寺島入の国有林を詳細調査候補地として選定し、同所に長期管理施設（最終処分場）を建設することを予定しています。

二〇一六年八月上旬に脱稿した第四次県政白書では、候補地とされた各地域で強烈な反対運動が起こり、県内一箇所集約が実現する見込みがなくなることが明らかになったことから、環境省は二〇一六年二月四日に「茨城県における指定廃棄物の安全・安心な処理方針について」を公表し、茨城県では分散保管を容認する姿勢を示すなど、県内一箇所集約一辺倒の方針を変化させつつあることを述べました。

さらに、自民党の西川公也衆議院議員（当時）が候補地の白紙撤回を求めるなど、指定廃棄物処分場をめぐる情勢が変化しているにもかかわらず、福田知事は同年七月二六日の定例記者会見において、塩谷町の姿勢に対し、「いまだ国が住民説明会を開けていないことは残念だ。保管者の負担も限界ではないか」等として、処分場の早期建設の必要性を強調する発言を続けていました。

しかし、私が直接話を聞いた農業系指定廃棄物の保管者が望んでいるのは、土地利用ができないことへの補償であり、塩谷町に最終処分場を建設することではありませんでした。

また、福田知事は、エコシティ問題では農水省の求めるままに補助金を返還し、栃木県にとって必要性もない思川開発事業に参画するなど、県民ではなく国に顔を向けた県政を行ってきました。

そこで、第四次県政白書では、「こと指定廃棄物問題については、環境省も態度を変えつつあるのです。福田知事は、将来を見通して、今までの態度を改め、現地に出向いて保管状況を視察し、農家の声を聞くべきです。そして、処分場建設ではなく、保管状況の強化や農家への補償を実現させるべきです」と指摘したのです。

なお、福田知事は、七月二六日の定例記者会見では、「地域によっては、複数作ることだって考えられなくありませんねと、いくつかの選択を示しながら、国と地方が議論しながら方向付けをしていくという作業があってもよかったと思います」とも述べていましたが、環境省に対して、県内一箇所集約との「処理の方針」の変更を求めることはありませんでした。

五　環境省の暫定集約案の提示

福田知事は、八月二三日の会見において、「長期管理施設が設置されるまでの過程として、農家の皆さんの今日までのご苦労や精神的な苦痛などを考えれば、一時的に農家のものを集約するということは可能性としてあると申し上げた」と発言するに至りました。この発言は、本人が明言しているように、県内一箇所集約を前提にしたもので、茨城県の場合のように各自治体の分散保管を前提にしたものではありません。

福田知事は、九月一五日の会見でも「各農家の庭先のものについては特に優先的に何か対応策を考えていくべきであると私も考えております」と述べ、四選を果たした後の一一月二二日の会見でも「現実的に農家や事業者に仮置きされている指定廃棄物をどうするか、これが喫緊の課題であります。優先的に対応すべきだと思います。国は農家等の負担軽減策を講じたいとのことですので、集約や減容化について知恵を絞りながら、国と市町、保管者の間に入って調整するなど積極的に対応して参ります」と述べました。

また、環境省も、同年一〇月一七日に開催された「第八回栃木県指定廃棄物処理推進市町村長会議」において、前記二の二〇一六年再測定の結果を報告すると共に、「農業系の指定廃棄物については、八〇〇〇Bq／kg

を下回っているものも相当量あると見込まれることから、農家等の保管者の負担軽減の対策を講じたい。具体的には、既存の処理施設での通常処理や、中間処理による減容化や集約化などについて、国の責任において、関係者と協議したい」として、保管農家の負担軽減についても言及するに至りました。なお、この「既存の処理施設での通常処理」とは、八〇〇〇Bq／kgを下回っている指定廃棄物については、指定を解除して、通常の廃棄物として処理することを意味すると思われます。

そして、環境省は、農家が指定廃棄物を保管している六市町長を集めて、二〇一八年一一月二六日に開催された「栃木県における指定廃棄物の保管農家の負担軽減策に関する市町長会議」において、「栃木県における指定廃棄物の保管農家の負担軽減策について（案）」を提示するに至りました。

詳しい内容は、次項で述べますが、以下では、この「保管農家がある市町単位（又は広域処理組合単位）で、一ヶ所又は数ヶ所の暫定保管場所を確保し、農家保管の指定廃棄物を（必要に応じ減容化した上で）集約する」案を「暫定集約案」と呼ぶことにします。

六　暫定集約案の内容

暫定集約案の内容は、以下のとおりです。

○　国が長期管理施設を県内一ヶ所に整備する方針は堅持。指定廃棄物は、最終的には国で責任をもって処理する。

○　しかし、同施設の整備に相当の期間を要すると見込まれるため、それまでの間は各市町での保管をお願いすることになるが、特に負担の大きい農家が保管している農業系指定廃棄物については、可能な限り速やかに、中間処理による減容化や集約化等を行うことにより、保管の負担の軽減を図る。

○　具体的には、保管農家がある市町単位（又は広域処理組合単位）で、地元のご意向を踏まえ一ヶ所又は数ヶ所の暫定保管場所を確保し、農家保管の指定廃棄物を（必要に応じ減容化した上で）集約する。

そして、暫定集約案の具体化については、次のような提案もなされました。

(1) 集約のあり方、暫定保管の場所、減容化の方法、保管の方法等については、市町のご意向、ご提案に基づき、環境省・県・市町とで協議し、連携して対応する。

(2) 減容化の方法としては焼却が望ましいが、市町の御意向より、乾燥圧縮等の方法も取り得る。

(3) 集約先の暫定保管場所においては、市町のご意向を踏まえ必要があれば、現在の一時保管場所以上の安全性が確保される保管強化措置を講じる。

(4) 指定廃棄物に係る国の責任を十分に果たすべく、減容化・集約化に要する経費は全額国費をあてるほか、安全性に係る技術的説明を行う。

(5) これらはあくまで暫定的な保管であり、将来的には、国が県内一ヶ所に整備する長期管理施設へ搬出する。

指定廃棄物指定の解除に反対する意見や一度指定したものは国が責任を持って管理すべきだとの意見が出たものの、この暫定集約案に対して特に反対意見を述べる者はいなかったことから、暫定集約案の実施に向け国と関係市町との協議が進んで行くことになります。

七　指定解除等についての下野新聞社の六市町長へのアンケート回答

二〇二〇年七月三〇日付け下野新聞に、農家が保管する指定廃棄物がある六市町長に対して行ったアンケート結果が掲載されました。その内容は次のとおりです。

(1) 指定解除について

日光市　反対—最後まで国が責任を持つべきだ。

大田原市　反対—解除後の処分先や処分方法が決定していないため。

矢板市　どちらでもない—農家に意向があれば協議に応じる。焼却しないことなどが条件。

那須塩原市　賛成—保管量が多いため、解除し減容化を検討する必要がある。

那須町　反対―国の責任で処分するもの。解除しても処分先がないため困難。
那珂川町　どちらでもない―町としての意見は控える。

指定解除に賛成なのは那須塩原市だけで、その理由は「保管量が多いため、解除し減容化を検討する必要がある。」ですが、同市と同様に保管農家が多い那須町は「解除しても処分先がないため困難」として、反対しています。独自の処分先を有しているかどうかが、意見の違いを生んでいるものと思われます。

(2) 焼却による減量化について

日光市　反対―減容化率は高いが、放射能濃度の高さが懸念される。
大田原市　反対―周辺の住民に恐怖心を与える。乾燥圧縮の方がいい。
矢板市　反対―減容化率は高いが、放射能濃度が上昇する。乾燥圧縮が望ましい。
那須塩原市　どちらでもない―まずは基準値以下の減容化から考えるべき。
那須町　どちらでもない―効果はあるが、町内に焼却施設がなく、風評の危惧もある。
那珂川町　どちらでもない―国が責任を持って処理すべき。

焼却による減量化については、放射線濃度の上昇や周辺住民の恐怖心を理由に、賛成する市町はまったくありません。那須塩原市は「どちらでもない」との回答ですが、「まずは基準値以下の減容化から考えるべき」ことを理由にしていますので、当面は焼却による減量化は考えていないものと思われます。

八　暫定集約案についての栃木県弁護士会主催のシンポジウムと意見書

栃木県弁護士会は、二〇一九年一二月八日、環境省の吉野議章氏、那須塩原市長の渡辺美知太郎氏、那須塩原市で酪農を営む真嶋雄二氏および元ゴミ問題を考える栃木県連絡会の長谷川憲文氏をパネリストとして、暫定集約案についてのシンポジウムを開催しました。

減容化としての焼却や集約場所の選定に当たっての懸念が示され、暫定集約案の具体的実施については情報公開および住民参加が必要であることが確認されたと感じました。

また、渡辺美知太郎氏が、暫定集約案を積極的に支持し、これを進めることが、保管農家の負担軽減にもなるだけでなく、長期管理施設の候補地とされた塩谷町のためにもなると強調していたのが極めて印象的でした。

栃木県弁護士会は、それまでの調査研究やこのシンポジウムでの議論を踏まえ、二〇二〇年五月二八日に「指定廃棄物の『暫定集約案』についての意見書」を採択しています。この意見書の「意見の趣旨」（判決書では主文に相当するもの）は次のとおりです。

一　国及び関係自治体は、暫定保管場所の選定、減容化の方法及び保管の方法等の決定に当たって、徹底した情報公開を行い、住民が意思決定に参加できる機会を確保するべきである。

二　国及び関係自治体は、暫定保管場所の選定及び保管の方法等の決定に当たって、長期管理施設に搬出するまでの暫定的な保管であることを理由として、安全性を軽視してはならず、長期間の保管に耐えうる安全性が確保されるようにするべきである。

三　国及び関係自治体は、暫定保管場所の運営に当たって、徹底した放射能濃度測定と情報公開を行うとともに、監視機関の設置など住民が運営に関与できる制度を設けるべきである。

九　暫定集約案の実施に当たって知事が果たすべき役割

塩谷町寺島入の国有林を詳細調査候補地として選定したものの、強烈な住民の反対にあって未だに解決の糸口さえも見出せないのは、指定廃棄物の最終処分場という住民にとって迷惑施設（重大な影響を及ぼしかねない一方メリットは全くない）であるに係わらず、県内一箇所集約との「処理の方針」も、詳細調査候補地の選定も、住民の頭ごなしに環境省が一方的に決めてしまったからに他なりません。

前記四のとおり、福田知事は、定例記者会見で、「地域によっては、複数作ることだって考えられなくありませんね」と述べるも、環境省に対して、県内一箇所集約の「処理の方針」の変更を求めることはありませんでした。

しかし、環境省が保管農家の負担軽減策として暫定集約案を提示するに至ったのは、その過程で、前記五のとおり、福田知事が一時集約の可能性に言及していたことが相当影響しているものと推測されます。

環境省は、この知事発言の半年以上前には茨城県での分散保管を容認していましたので、福田知事がもっと早くこの提言をしていれば、より早期に暫定集約案の提示がなされていたと思われます。

新知事には、これまでの指定廃棄物問題に対する福田知事の対応を教訓にして、住民の側に寄り添った迅速かつ果敢な提言が求められます。

今後、暫定集約案の実施に当たって、国と関係自治体との間で協議が進んでいくと思われますが、この両者の協議だけで決定しては、塩谷問題のミニ版が起きるだけです。そうならないためには、栃木県弁護士会の意見書にあるように、徹底した情報公開と住民参加、そしてそれらによる住民意見の十分な反映が必要となります。

新知事には、六市町において徹底した情報公開と住民参加が行われるよう積極的に助言・援助すると共に、環境省に対してはそれに協力するよう強く申し入れることが求められます。

また、六市町には財政規模や処分先のあるなし等の違いがあって、一市町では解決できない事柄もあります。

新知事には、市町間の調整役を適正に行うとともに、環境省に対しては、市町の意見を尊重することや財政的・技術的な支援を果たすようきちんと申し入れをする姿勢も求められます。

〔当研究所副理事長、弁護士　大木　一俊〕

思川開発事業の現状と県南の地下水源を守る市民運動

一　南摩ダム（思川開発事業）の建設計画

思川開発事業は、高度経済成長期における首都圏の水需要の増大を背景に一九六九年実施計画調査が行われ、具体化するに至りました。南摩ダム予定地は、地形的にはダム建設に適しているものの、小川のような小河川で、流域面積も一二・四㎢と狭く、自流では水を貯めることができません。そこで、水量の豊富な大谷川の水を年平均で約一二、〇〇〇万㎥取水し、直径五ｍもの導水トンネルで日光（旧今市）市から約二〇㎞も水を運んで貯水し、かんがい用水および都市用水として最大一七㎥／秒を開発することを計画しました。これに対し、水没予定地の住民だけでなく日光市の住民からも強い反対を受け、一九九四年には大谷川からの取水量をこれまでの二分の一に減じるとともに、日光市への都市用水の供給が可能となるよう、途中にある行川にダムを建設するものに改められました。その後も反対運動が続き、二〇〇〇年に大谷川からの取水計画が中止となりました。また、思川開発事業と密接な関係がある鹿沼市に計画されていた県営の東大芦川ダムの建設も地元住民の強い反対で中止されました。

それでもなお、南摩ダムを造るため、二〇〇二年、黒川および大芦川から取水して建設予定の南摩ダムに水を貯めるという現計画に変更されました。大谷川からの導水中止により南摩ダムの貯水池運用は極めて厳しいものとなり、南摩ダムの総貯水容量は、一億一〇〇万㎥から五一〇〇万㎥に半減されました。

二〇二〇年七月時点で、付替道路の新設工事一一件、ダム本体の準備工事一件、導水施設工事二件が実施されています。昨年度からは、黒川および大芦川から取水した水を南摩ダム貯水池へ注ぎ込み、逆に、黒川および大芦川の水が不足した際には、ダム貯水池の水を送水する導水路工事を施工しています。

南摩ダムの本体工事については、工事発注に向けた手続を開始し、二〇二〇年一一月には工事受注者が決定し、二〇二四年度の事業完了を目指しています。

二　栃木県の南摩ダムからの取水計画

事業計画によると南摩ダムからの取水を予定しているのは、栃木県、鹿沼市、小山市、茨城県古河市、五霞町、埼玉県、千葉広域水道事業団の七団体です。

栃木県は、全体の約一三・五%にあたる〇・四〇三㎥/秒を取水して、栃木市、下野市、壬生町（以下「二市一町」といいます。）に対して、水道用水供給事業（水道用水の卸売り）をすることを予定しています。二市一町は、現在、水道用水の全てを表流水ではなく地下水で賄っており、何も問題は起きていません。

しかし、栃木県は、二〇一三年三月「栃木県南地域における水道水源確保に関する検討報告書」を策定し、二市一町の地下水比率の基本目標を四〇%、中間目標としては六五%にする方針を打ち出し、地下水から表流水への転換を進めようとしています。

栃木県は、水輸送コストの観点から、南摩ダムから直接取水するのではなく、既存若しくは新たな堰から取水して、二市一町それぞれの浄水場に送水する予定です。

絞り込まれた取水予定候補地は、清洲橋付近、小倉堰、雷電橋付近の三か所です。取水予定候補地から送水するためには新たに送水管を建設することとなり、送水管の長さは取水地点によっても異なりますが、約一三km〜約三九kmが見込まれます。

それぞれの建設事業費と二〇年間の維持管理費の概略費用は、清洲橋付近が約三〇七億円、小倉堰が約二六一億円、雷電橋付近が約二五八億円です。南摩ダムの建設負担金とは別に、浄水場に送水するためだけに、数百億円が必要となってしまいます。

その他、南摩ダムは、水が溜まらなく低水位の期間が長くなることが予想されており、ダム湖の水質が相当悪化するのではないかと危惧されています。

三　表流水への水源転換の必要性がないこと

栃木県は、表流水への水源転換の必要性として、水源バランス論を根拠とし、新規水需要に対応するとともに、栃木県南地域で深刻とされている地盤沈下対策、地下水が汚染されたときのリスク分散をあげてきました。

しかし、栃木県は、これまで水需要予測の推計を実績と比べ過大に推計してきましたし、人口減少による新規水需要がないことはいうまでもありません。地盤沈下については、かつて栃木県南地域のうちもっとも激しかった野木町の観測地点においても、一九九七年以降、沈静化しています。加えて、地盤沈下の原因は、春から夏にかけて必要となる農業用水の取水にありますので、水道用水の一部を地下水から表流水に転換したところで、地盤沈下対策の役には立ちません。また、深井戸が用いられる水道水源井戸の汚染が問題とされることはほとんどありません。たとえ、汚染されるようなことがあったとしても、赤外線殺菌・膜ろ過、井戸の掘りなおし、水処理施設施設の変更等で対応することが可能です。

地下水は、安価でおいしく、それを放棄してまで表流水に転換する必要はありません。水道水源の一〇〇%を地下水で賄っている熊本市は「市民の水道水の一〇〇%を地下水で賄っている日本一の地下水都市です」と、昭島市は「地下水一〇〇%のおいしい水」と誇りにしています。

他方、福田富一栃木県知事は、思川開発事業の検証作業のために設けられた「思川開発事業の関係地方公共団体からなる検討の場」において「思川開発事業は、利根川・思川の治水安全度の向上とともに、将来的に安定した都市用水の供給や、異常渇水時の緊急水の補給を含む流水の正常な機能のために必要不可欠な事業である」「一刻も早く事業を完成されること」「ダム建設に伴う生活関連事業についても早期に完成させること」を望むと述べています。

ところで、宮ケ瀬ダム建設から生じた川崎市生田浄水場廃止問題からすると、ダムの水源を確保することが、地下水放棄につながります。川崎市では、数次の拡張事業を実施し、一日一〇〇万m³の給水能力を有するに至りましたが、新規水需要は伸び悩み、一日最大給水量は五三万m³程度で、給水能力と給水量の乖離が大きな課題となりました。今後の水需要の減少を踏まえると、効率的な経営をするため、ダウンサイズすることにしたのです。生田浄水場は、地下水を原水とし、水温は一定していて、水質的にも申し分なく、ペットボトルに詰めて売り出す位おいしいと評判でした。しかし、水源開発によるダム等の建設費用や維持管理費を負担する責任があり、これらは、たとえ受水量を削減したとしても、ダム等がなくならない限りこの費用を負担し続けなければならないのです。そこで、ダム等によって開発された五〇万五六〇〇m³／日の水を使用することを前提に、ダウンサイズをすることにしたため、地下水から受水していた生田浄水場を廃止せざるを得なかったのです。

四　市民団体の活動

二〇一六年から、「思川開発事業と栃木市の水道水を考える会」、「下野市の水道水を考える市民ネットワーク」、「壬生町の水と環境を守る会」を立ち上げ、二〇一七年八月に「栃木県南地域の地下水をいかす市民ネットワーク」も立ち上がりました。二市一町に住んでいても水源転換がされることを知らない方も多く、現状を理解してもらうため、集会だけでなく、「高くてマズい水はごめんだ 地下水一〇〇%の水道水を守ろう！」と書いたチラシを作成して配布やポスティングをしてきました。二市一町の首長に対する「地下水一〇〇%の水道水の維持を求める要望書」の署名を取り組み、二〇一八年三月、栃木市民から一四七六筆、下野市民から七三八九筆、壬生町民から六五五筆、その他一四五〇筆を集めて提出しました。二〇一九年一月（第二次集約）として、栃木市民から七七二筆、下野市民から一八筆、壬生町民から三四五筆、その他九七〇筆を集めて提出しました。合計一万三〇七五筆にのぼります。

二〇一八年一一月、水源開発問題全国連絡会との共催で、南摩ダム予定地の視察と栃木県南地域水道問題全国集会を開催して、思川開発事業の問題を全国に発信しました。

二〇一九年二月、栃木県との協議を設け、表流水導入の必要性、県南広域的水道整備計画の策定手順、住民意見の反映などについて意見交換をしました。

私たちは、栃木県で行われている「栃木県広域的水道整備協議会」および、県南広域的水道整備を検討する「県南広域的水道整備事業検討部会」の傍聴が認められていないことも問題視してきました。それに対し、栃木県知事や検討部会の部会長（栃木県保健福祉部生活衛生課長）は、検討部会を公開とした場合、検討過程にある各種情報に対して県民からさまざまな反応が生じる場合も予想され、事務担当者間による自由な率直な意見交換を行うことを目的とする検討部会の今後の運営に少なからず影響が出るとして、部会長の判断により非公開としていると回答しました。住民自治をないがしろにして秘密裡に事業を進めようとしていることに対して、再要望をしたりして、公開するように求めています。

五　最後に

思川開発事業は、無駄な公共事業であるし、栃木県はダム建設の負担金を支出するだけでなく、数百億円かけて新たな取水場を設けて導水管の建設工事をすることになります。二市一町の市民は、表流水から受水をすることで、水道料金の値上げも生じます。全国的にも、水道水の最優先課題は、施設の老朽化対策であるし、人口減少により既存の水源でさえいらなくなるのだから、多額の投資をして水源開発をする必要はありません。

それに対して、市民が、地下水一〇〇％を維持するように要望したとしても、首長は、署名を受け止め政策に反映させようとはしていません。栃木県は、会議の傍聴を許さず、二市一町の担当職員と秘密裡に卸売り事業を実現させようとしています。

〔弁護士　服部　有〕

とちぎ地域・自治研究所の紹介

沿　革

　とちぎ地域・自治研究所は、県内大学の研究者、自治体の首長、議員、行政職員、弁護士、医療・福祉、住民運動関係者などが参加して地域・自治にかかわる広範な諸問題についての調査研究と学習交流を目的として2002年に設立しました。
　設立以来、平成の大合併を考えるシンポジウムはじめ、三位一体の財政改革、地方主権改革、道州制問題、近年では地方創生や全世代型社会保障改革、自治体行政の産業化など地域・自治にかかわる問題をテーマに「とちぎ地域・自治フォーラム」・「とちぎ自治講座:地方議員研修会」の開催や県知事選の際の四次に亘る「県政白書」の発刊、所報「とちぎの地域と自治」の発行などの活動をしてきました。

目的や性格

○調査・研究および学習・交流活動を通じて、地方自治の本旨に基づき住民が主人公となる民主的で住み良い栃木県を創造し、住民の豊かな暮らしの実現を図ることを目的としています。
○住民、自治体職員・議員、研究者の協同による調査・研究組織です。
○自治体問題研究所（全国研）と連携する地域研究所です。

主な事業

○調査・研究活動
　・地域・自治に関わる資料やデーターの収集
　・テーマ別研究グループによる調査・研究
　・県民を対象にした幅広い意見交換の場の設定
○学習・交流活動
　・地域、自治に関わる問題をテーマにした「とちぎ自治講座」の開催
　・月刊誌「住民と自治」（自治体研究社発行）による学習と普及
　・「とちぎ地域・自治フォーラム」の開催
　・「自治体学校」（毎年７月下旬）や「小さくても輝く自治体フォーラム」、「市町村議員研修会」等への参加
○ その他の事業
　・所報「とちぎの地域と自治」の発行、講師紹介、書籍の紹介等

会　費

○ 個人会員（月刊誌「住民と自治」の購読を含む）	年会費		10,800円
○ 個人会員	年会費		3,000円
○ 団体会員	年会費	一口	12,000円

ホームページ　http://tochigi-jichiken.jp/index.htm

〈入会を希望する方は下記までご連絡ください〉

E-mail：support@tochigi-jichiken.jp／**FAX**：0282−83−5060

とちぎ地域・自治研究所

「とちぎ地域・自治研究所」は、自治体職員・議員や研究者、多くの住民が参加して、自治体の行政、社会・経済、医療・福祉、環境、教育・文化など地域・自治にかかわる広範な諸問題についての調査研究と学習交流を目的として2002年7月に設立しました。これまで、自治体の行財政やまちづくり・地方自治制度のあり方を考えるフォーラムや講座・講演会などの開催とともに、2004年から4次にわたり県政白書を出版してきました。

「まちの将来は住民が決める」ものです。今後も、21世紀を地方自治の時代とするために活動していきます。

ホームページ：http://tochigi-jichiken.jp　メール：support@tochigi-jichiken.jp

執筆者
太田　　正（当研究所理事長、作新学院大学名誉教授）
大木　一俊（当研究所副理事長、弁護士）
佐々木　剛（当研究所副理事長、社会福祉法人役員）
三橋　伸夫（宇都宮大学名誉教授）
陣内　雄次（宇都宮大学共同教育学部教授）
野村せつ子（栃木県議会議員）
服部　　有（弁護士）
團原　　敬（栃木公務公共一般労働組合執行委員長）
山口　誠英（当研究所事務局長）

刊行のことば

中国で発明されたとされている木版印刷で初めて多部数の出版物が出現してから現在まで、数知れない点数の出版物が刊行されてきた。その一点一点には、「伝えたい」という出版者の熱気があり、それをむさぼり読んだ読者が必ずいたことと思う。

「ずいそうしゃブックレット」は、最初に木版印刷で出版物を出版した人たちの熱気に幾らかでも迫り、何事かを伝えたいひとを著者として、何事かを知りたいひとを読者として、両者の出会いをつくっていく場にしたいと思う。

さらに、著者と読者が柔軟に入れ替わり、著者が読者に、読者が著者になるような関係が造り得れば、出版社として今の文化状況に何かしら触れ得ているのではないかと考える。

ずいそうしゃブックレット21
コロナ禍を乗り越え
新しい地方自治のあり方を考える
とちぎ自治白書2020

二〇二〇年一〇月一五日　第一刷発行

とちぎ地域・自治研究所［編］

発行所　有限会社 随想舎
〒320-0033
栃木県宇都宮市本町10-3 TSビル
TEL 028-616-6605
FAX 028-616-6607
振替 00360-0-36984